神 算 六 爻

神算六爻精解

— 신산육효 실전 상담 종합 응용편 —

김용연/노응근 공저

안암문화사

神 · 算 · 六 · 爻

神算六爻精解

—— 신산육효 실전 상담 종합 응용편 ——

1판 1쇄 / 2013. 1. 21
1판 2쇄 / 2015. 10. 30
1판 5쇄 / 2022. 6. 30
저 자 / 김용연 · 노응근 공저
발 행 인 / 이 창 식
발 행 처 / 안암문화사
등 록 / 1978. 5. 24. 제2-565호
135-200 서울시 강남구 자곡로 230
포레APT 311동 807호
전화 (02)2238-0491 / Fax (02)2252-4334
E-mail. anam2008@naver.com

ISBN 978-89-7235-049-103150

서문

〈神算六爻精解〉를 출간하면서!

六爻는 자연의 의중을 묻는 학문으로 다른 점술에 비해 배우기 쉬우면서도 탁월한 적중률을 자랑한다. 그러나 시중에는 고전을 단순 번역·해석한 책이 난무하고 있다. 고서의 예문을 인용한 막연한 해설에 불과한 내용이 초학자에게는 상당히 많은 혼란을 주고 있다. 이런 문제를 해소하기 위해 〈神算六爻·이것이 神이 내려주는 점술이다〉를 전면 개정증보하여 출간한 것이 〈神算六爻精解〉이다.

이 책에서 신산 육효 예문은 현시대에 맞고 현실성 있게 적중률에 중점을 두고 예문을 선택하여 육효를 공부하고 연구하는 이들에게 도움이 되게 하였다.

〈神算六爻·이것이 귀신도 곡하는 점술이다〉가 육효의 기초와 함께 육효점을 각 분야·사례별로 소개한 입문서라면, 〈神算六爻精解〉는 상담 실전에서 바른 점사와 정확한 괘 풀이로 전율할 만큼 신묘하고도 높은 적중률로 안내하는 종합 실전·응용편이라 할 수 있다.

이 책은 복서정종과 증산복역의 해석본 책으로만 공부하던 역학인들에게 육효학과 육효점, 즉 이론과 풀이를 동시에 만족시키기 위해 필자의 〈신산육효학 강의〉에서만 들을 수 있는 내용을 다수 포함시키고 비전도 감추지 않고 공개하였다.

이 책은 8가지 분야로 구성되어 있다.

1 **〈신산육효학의 기본 조견표〉**에서는 육효·작괘에 필요한 조견표를 쉽게 찾아 볼 수 있도록 하였다. 도표마다 설명을 붙이면 기존에 출간된 필자의 다른 책 내용과 중복이 되므로 도표만 실었다.

2 **〈신산육효학의 기본 원리〉**는 소강절, 왕홍서의 십팔문답을 연구 · 발전시킨 것으로 이해하면 된다. 원전의 문답 형식과 현시대에 맞지 않는 내용을 과감히 버리고, 신산육효학의 이론을 바탕으로 설명하였다.

3 **〈하지장〉**은 육수에 지나치게 비중을 두고 있어 혼란을 가중 시킨다는 문제가 있다. 초판에서 필자가 설정한 예문·보충 설명은 삭제하고, 하지장의 원문만 간단·명료하게 옮겼다

4 **〈이차지장〉**은 현시대와 어울리지 않는 내용과 신뢰할 수 없는 예문이 많다. 초판에서 필자가 설정한 예문·보충 설명은 삭제하고, 이차지장의 원문을 옮겼다.

〈하지장〉과 〈이차지장〉은 문복하는 점사의 내용이 서로 중복된 것이 많다. 하지장은 예문이 없고, 이차지장은 예문은 있으나 가상적이다. 이런 점이 안타까워 초판에서는 필자가 예문·작괘·보충 설명을 곁들여 독자가 비교하면서 공부하도록 하였으나, 개정판에서는 이 부분을 삭제하였으니 〈하여지장〉을 참고하기 바란다.

5 **〈하여지장〉**은 하지장과 이차지장의 중복되는 부분을 정리하고, 신산육효학의 이론을 바탕으로 새롭게 구성하여 현실성 있고 정확한 점사 판단이 되도록 노력했다.

6 **〈대정수 작괘법〉**은 사주팔자에 선천수와 후천수를 적용해 卦를 작성한 후 육효로 운세를 판단하는 방법이다. 내용은 기존과 동일하다.

7 **〈내정법〉**은 문복하러 온 사람의 사안을 예측하는 법이다. 모든 역술인들의 숙원(宿願)으로 육효점의 정수(精髓)다. 더 자세한 내용은 2009년에 출간된 〈神算六爻秘傳要訣〉을 참고하면 된다.

8 **〈신산성명학 신수요결 작괘법〉**은 성명(姓名)과 생년(生年)을 이용한 당년 신수의 판단법이다. 신산성명학 신수요결은 주자결을 바탕으로 필자가 오랜 연구 끝에 보완하여 완성했다. 부족한 점이 있으나, 놀랄 만큼의 정확한 적중률이 있다. 이 책에서는 수명(壽命)에 대한 부분만 예(例)를 들었다.

이 책은 〈神算六爻·이것이 귀신도 곡하는 점술이다〉, 〈神算六爻·이것이 神이 내려주는 점술이다〉, 〈神算六爻秘傳要訣〉에 대한 독자들의 뜨거운 관심과 격려에 보답하기 위해 최선을 다해 만들었다. 神算六爻를 사랑하는 제현의 더 많은 격려와 지도편달을 바란다.

이번 개정판을 내는 데 자료와 원고를 정리하고 도와준 역술인 박혜경 선생을 비롯하여 신산육효연구회 회원들과 안암문화사 이창식 사장님께 감사드립니다.

2013. 正初

神算 金 用 淵

차례

제 2 장

신산육효학의 기본 원리 (神算六爻學의 基本 原理)

Talk

신산 김용연의 톡톡톡!!!

제 1 장

신산육효학의 기본 조견표(속견표)
(神算六爻學의 基本 早見表)

태극에서 육십사괘까지 발전 진행도
팔괘 구성도
팔괘 소속 일람표
납갑 일람표
육십사괘의 오행 속궁표
64괘 구성 일람표
신 · 명 찾는 법
육수
공망
육효 신살
오행의 소속
왕상휴수사
절기
십이운성
구궁도
괘신 찾는 법
육십갑자의 납음오행

제 1 장 신산육효학의 기본 조견표

태극에서 육십사괘까지 발전 진행도

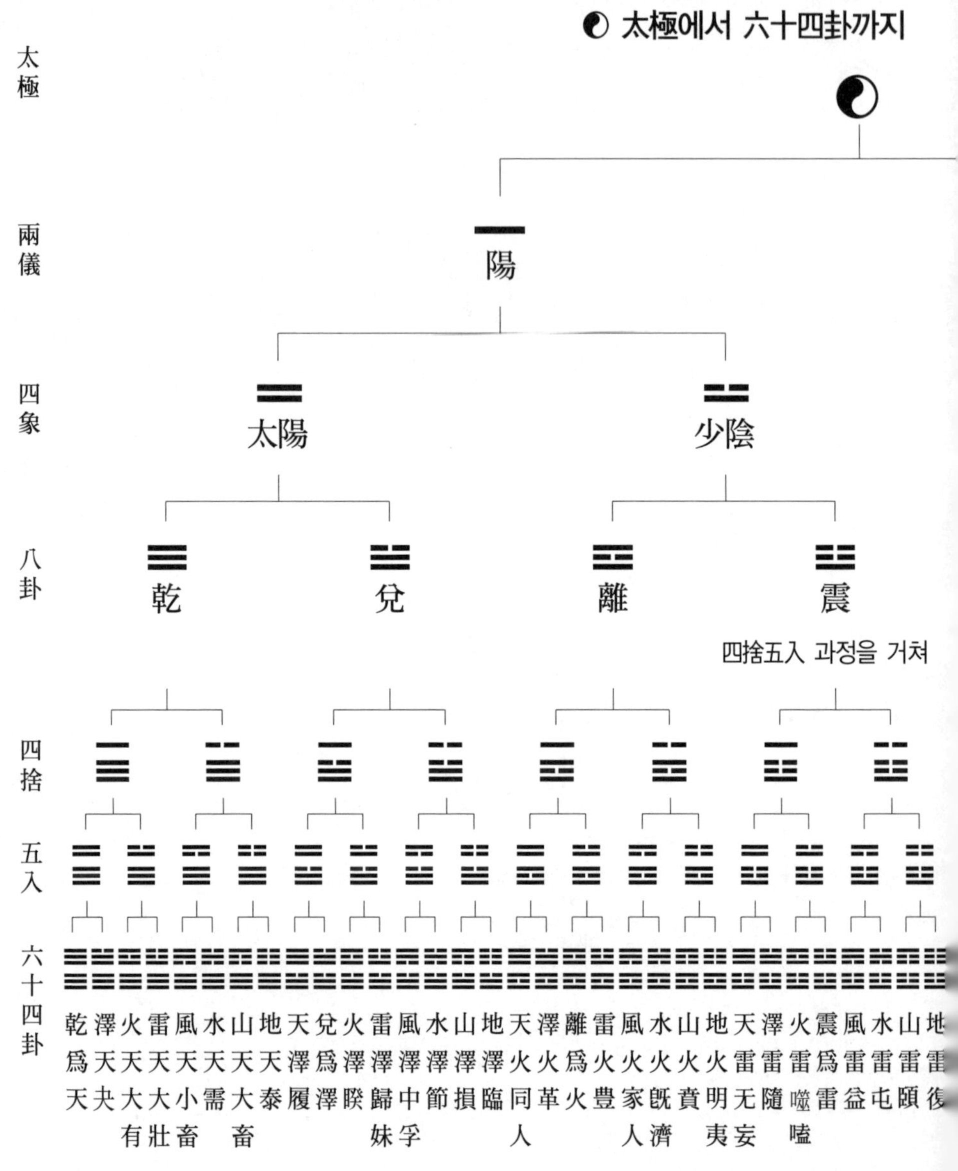

發展進行圖

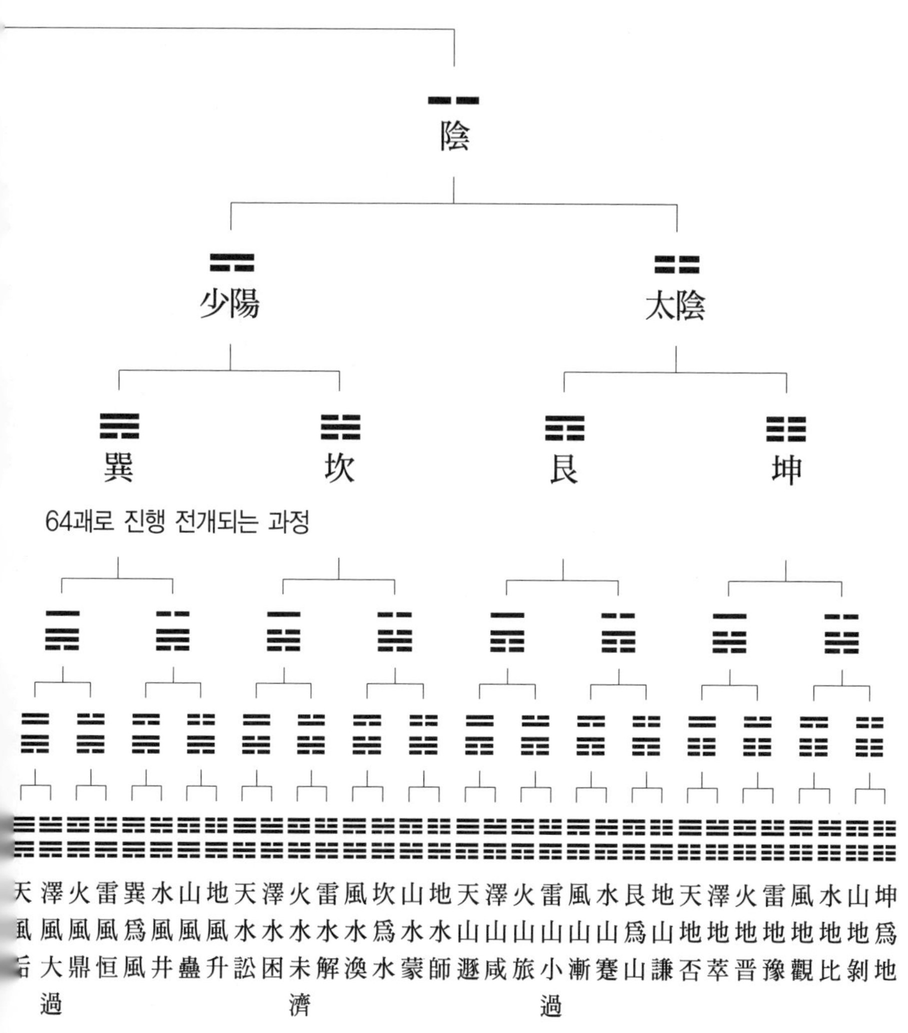

陰
少陽
太陰
巽
坎
艮
坤
64괘로 진행 전개되는 과정
天風姤
澤風大過
火風鼎
雷風恒
巽爲風
水風井
山風蠱
地風升
天水訟
澤水困
火水未濟
雷水解
風水渙
坎爲水
山水蒙
地水師
天山遯
澤山咸
火山旅
雷山小過
風山漸
水山蹇
艮爲山
地山謙
天地否
澤地萃
火地晋
雷地豫
風地觀
水地比
山地剝
坤爲地

팔괘 구성도 (八卦 構成圖)

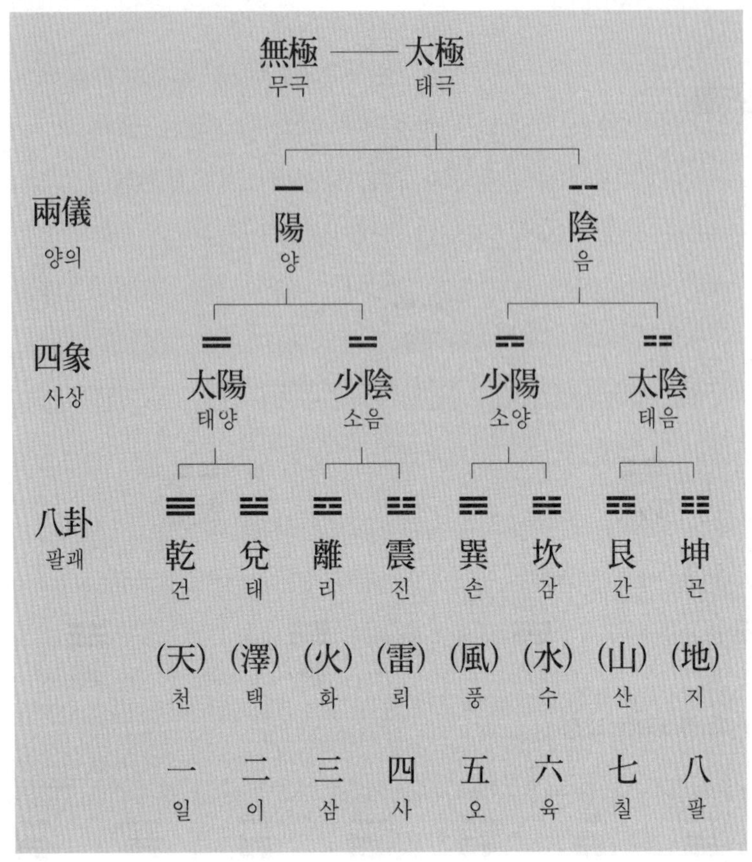

無極 —— 太極
무극 태극
兩儀
양의
陽
양
陰
음
四象
사상
太陽
태양
少陰
소음
少陽
소양
太陰
태음
八卦
팔괘
乾 兌 離 震 巽 坎 艮 坤
건 태 리 진 손 감 간 곤
(天) (澤) (火) (雷) (風) (水) (山) (地)
천 택 화 뢰 풍 수 산 지
一 二 三 四 五 六 七 八
일 이 삼 사 오 육 칠 팔

팔괘 소속 일람표 (八卦 所屬 一覽表)

순서	八卦(팔괘) 모양	八卦(팔괘) 명칭	自然(자연)	陰陽(음양)	五行(오행)	對人(대인)	方位(방위)	八獸(팔수)	人身(인신)
1	☰	乾 건	天 천	○	金 금	老父 노부	西北 서북	馬 말	頭 머리
2	☱	兌 태	澤 택	●	金 금	少女 소녀	西 서	羊 양	口 입
3	☲	離 리	火 화	●	火 화	中女 중녀	南 남	雉 꿩	目 눈
4	☳	震 진	雷 뢰	○	木 목	長男 장남	東 동	龍 용	足 발
5	☴	巽 손	風 풍	●	木 목	長女 장녀	東南 동남	鷄 닭	股 대퇴부
6	☵	坎 감	水 수	○	水 수	中男 중남	北 북	豕 돼지	耳 귀
7	☶	艮 간	山 산	○	土 토	少男 소남	東北 동북	狗 개	手 손
8	☷	坤 곤	地 지	●	土 토	老母 노모	西南 서남	牛 소	腹 배

납갑 일람표 (納甲 一覽表)

數		一	二	三	四	五	六	七	八
卦		乾건 宮궁	兌태 宮궁	離리 宮궁	震진 宮궁	巽손 宮궁	坎감 宮궁	艮간 宮궁	坤곤 宮궁
外卦(上卦)	6효	戌술	未미	巳사	戌술	卯묘	子자	寅인	酉유
	5효	申신	酉유	未미	申신	巳사	戌술	子자	亥해
	4효	午오	亥해	酉유	午오	未미	申신	戌술	丑축
		壬	丁	己	庚	辛	戊	丙	癸
內卦(下卦)	3효	辰진	丑축	亥해	辰진	酉유	午오	申신	卯묘
	2효	寅인	卯묘	丑축	寅인	亥해	辰진	午오	巳사
	초효	子자	巳사	卯묘	子자	丑축	寅인	辰진	未미
		甲	丁	己	庚	辛	戊	丙	乙

육십사괘 오행 속궁표 (六十四卦 五行 屬宮表)

乾宮 건궁 金(금)	兌宮 태궁 金(금)	離宮 리궁 火(화)	震宮 진궁 木(목)	巽宮 손궁 木(목)	坎宮 감궁 水(수)	艮宮 간궁 土(토)	坤宮 곤궁 土(토)	世 위 치
乾爲天 (건위천)	兌爲澤 (태위택)	離爲火 (이위화)	震爲雷 (진위뢰)	巽爲風 (손위풍)	坎爲水 (감위수)	艮爲山 (간위산)	坤爲地 (곤위지)	六 爻
天風姤 (천풍구)	澤水困 (택수곤)	火山旅 (화산려)	雷地豫 (뇌지예)	風天小畜 (풍천소축)	水澤節 (수택절)	山火賁 (산화비)	地雷復 (지뢰복)	初 爻
天山遯 (천산둔)	澤地萃 (택지췌)	火風鼎 (화풍정)	雷水解 (뇌수해)	風火家人 (풍화가인)	水雷屯 (수뢰둔)	山天大畜 (산천대축)	地澤臨 (지택림)	二 爻
天地否 (천지비)	澤山咸 (택산함)	火水未濟 (화수미제)	雷風恒 (뇌풍항)	風雷益 (풍뢰익)	水火旣濟 (수화기제)	山澤損 (산택손)	地天泰 (지천태)	三 爻
風地觀 (풍지관)	水山蹇 (수산건)	山水蒙 (산수몽)	地風升 (지풍승)	天雷无妄 (천뢰무망)	澤火革 (택화혁)	火澤睽 (화택규)	雷天大壯 (뇌천대장)	四 爻
山地剝 (산지박)	地山謙 (지산겸)	風水渙 (풍수환)	水風井 (수풍정)	火雷噬嗑 (화뢰서합)	雷火豊 (뇌화풍)	天澤履 (천택리)	澤天夬 (택천쾌)	五 爻
火地晋 (화지진)	雷山小過 (뇌산소과)	天水訟 (천수송)	澤風大過 (택풍대과)	山雷頤 (산뢰이)	地火明夷 (지화명이)	風澤中孚 (풍택중부)	水天需 (수천수)	四 爻
火天大有 (화천대유)	雷澤歸妹 (뇌택귀매)	天火同人 (천화동인)	澤雷隨 (택뢰수)	山風蠱 (산풍고)	地水師 (지수사)	風山漸 (풍산점)	水地比 (수지비)	三 爻

64괘 구성 일람표

1 상이 乾卦(건괘)로 된 것 (☰)

一一	一二	一三	一四	一五	一六	一七	一八
乾爲天 (건위천)	天澤履 (천택리)	天火同人 (천화동인)	天雷无妄 (천뢰무망)	天風姤 (천풍구)	天水訟 (천수송)	天山遯 (천산둔)	天地否 (천지비)
䷀	䷉	䷌	䷘	䷫	䷅	䷠	䷋
乾金	艮土	離火	巽木	乾金	離火	乾金	乾金
父戌 / 世	兄戌 / 命	孫戌 / 應 身	財戌 /	父戌 /	孫戌 /	父戌 /	父戌 / 應
兄申 / 身	孫申 / 世 (子財)	財申 /	官申 /	兄申 / 命	財申 /	兄申 / 應	兄申 /
官午 /	父午 /	兄午 /	孫午 / 世 命	官午 / 應	兄午 / 世 命	官午 / 命	官午 / 身
父辰 / 應	兄丑 // 身	官亥 / 世 命	財辰 //	兄酉 /	兄午 //(亥官)	兄申 /	財卯 // 世
財寅 / 命	官卯 / 應	孫丑 //	兄寅 //	孫亥 /(寅財) 身	孫辰 /	官午 // 世 (寅財)	官巳 //
孫子 / (六冲卦)	父巳 /	父卯 /	父子 / 應 身 (六冲卦)	父丑 // 世	父寅 // 應 身	父辰 //(子孫) 身	父未 //(子孫) 命 (六合卦)

2 上이 兌卦(태괘)로 된 것 (☱)

二一	二二	二三	二四	二五	二六	二七	二八
澤天夬 (택천쾌)	兌爲澤 (태위택)	澤火革 (택화혁)	澤雷隨 (택뢰수)	澤風大過 (택풍대과)	澤水困 (택수곤)	澤山咸 (택산함)	澤地萃 (택지췌)
坤土	兌金	坎水	震木	震木	兌金	兌金	兌金
兄未 //	父未 // 世	官未 // 身	財未 // 應	財未 // 身	父未 // 命	父未 // 應 命	父未 // 身
孫酉 / 世	兄酉 / 命	父酉 /	官酉 / 身	官酉 /	兄酉 /	兄酉 /	兄酉 / 應
財亥 / 身	孫亥 /	兄亥 / 世	父亥 / (午孫)	父亥 / 世 (午孫)	孫亥 / 應	孫亥 /	孫亥 /
兄辰 /	父丑 // 應	兄亥 / (午財) 命	財辰 // 世	官酉 / 命	官午 // 身	兄申 / 世 身	財卯 // 命
官寅 / 應 (巳父)	財卯 / 身	官丑 //	兄寅 // 命	父亥 / (寅兄)	父辰 /	官午 // (卯財)	官巳 // 世
財子 / 命	官巳 / (六冲卦)	孫卯 / 應	父子 /	財丑 // 應	財寅 // 世 (六合卦)	父辰 //	父未 //

3 上이 離卦(이괘)로 된 것 (☲)

三一	三二	三三	三四	三五	三六	三七	三八
火天大有 (화천대유)	火澤睽 (화택규)	離爲火 (이위화)	火雷噬嗑 (화뢰서합)	火風鼎 (화풍정)	火水未濟 (화수미제)	火山旅 (화산려)	火地晋 (화지진)
䷍	䷥	䷝	䷔	䷱	䷿	䷷	䷢
乾金	艮土	離火	巽木	離火	離火	離火	乾金
官巳/應	父巳/	兄巳/世 身	孫巳/	兄巳/ 身	兄巳/應	兄巳/	官巳/
父未// 身	兄未//(子財)	孫未//	財未//世 命	孫未//應	孫未//	孫未// 身	父未//
兄酉/	孫酉/世 身	財酉/	官酉/	財酉/	財酉/ 命	財酉/應	兄酉/世 身
父辰/世	兄丑//	官亥/應 命	財辰//	財酉/ 命	兄午//世 (亥官)	財申/ (亥官)	財卯//
財寅/命	官卯/	孫丑//	兄寅//應 身	官亥/世	孫辰/	兄午// 命	官巳//
孫子/	父巳/應 命	父卯/ (六冲卦)	父子/	孫丑//(卯父)	父寅// 身	孫辰//世 (卯父) (六合卦)	父未//應 (子孫)命

4 上이 震卦(진괘)로 된 것 (☳)

四一	四二	四三	四四	四五	四六	四七	四八
雷天大壯 (뇌천대장)	雷澤歸妹 (뇌택귀매)	雷火豊 (뇌화풍)	震爲雷 (진위뢰)	雷風恒 (뇌풍항)	雷水解 (뇌수해)	雷山小過 (뇌산소과)	雷地豫 (뇌지예)
䷡	䷵	䷶	䷲	䷟	䷧	䷽	䷏
坤土	兌金	坎水	震木	震木	震木	兌金	震木
兄戌 //	父戌 //應	官戌 // 命	財戌 //世	財戌 //應	財戌 //	父戌 //	財戌 //
孫申 //	兄申 // 命	父申 //世	官申 // 身	官申 //	官申 //應 身	兄申 //	官申 // 命
父午 / 世 命	官午 / (亥孫)	財午 /	孫午 /	孫午 / 身	孫午 /	官午 / 世 (亥孫)命	孫午 / 應
兄辰 /	父丑 //世	兄亥 / 身	財辰 //應	官酉 / 世	孫午 //	兄申 /	兄卯 //
官寅 /	財卯 / 身	官丑 //應	兄寅 // 命	父亥 / (寅兄)	財辰 / 世 命	官午 //(卯財)	孫巳 // 身
財子 / 應 身 (六冲卦)	官巳 /	孫卯 /	父子 / (六冲卦)	財丑 // 命	兄寅 //(子父)	父辰 //應 身	財未 //世 (子父) (六合卦)

5 上이 巽卦(손괘)로 된 것 (☴)

五一	五二	五三	五四	五五	五六	五七	五八
風天小畜 (풍천소축)	風澤中孚 (풍택중부)	風火家人 (풍화가인)	風雷益 (풍뢰익)	巽爲風 (손위풍)	風水渙 (풍수환)	風山漸 (풍산점)	風地觀 (풍지관)
䷈	䷼	䷤	䷩	䷸	䷺	䷴	䷓
巽木	艮土	巽木	巽木	巽木	離火	艮土	乾金
兄卯 /	官卯 /	兄卯 /	兄卯 / 應	兄卯 / 世	父卯 / 身	官卯 / 應 命	財卯 /
孫巳 /	父巳 / (子財) 命	孫巳 / 應 命	孫巳 / 身	孫巳 /	兄巳 / 世	父巳 / (子財)	官巳 / (申兄) 命
財未 // 應 命	兄未 // 世	財未 //	財未 //	財未 // 身	孫未 // (酉財)	兄未 //	父未 // 世
財辰 / (酉官)	兄丑 // (申孫)	父亥 / (酉官)	財辰 // 世 (酉官)	官酉 / 應	兄午 // (亥官) 命	孫申 / 世 身	財卯 //
兄寅 /	官卯 / 身	財丑 // 世 身	兄寅 // 命	父亥 /	孫辰 / 應	父午 //	官巳 // 身
父子 / 世 身	父巳 / 應	兄卯 /	父子 /	財丑 // 命 (六冲卦)	父寅 //	兄辰 //	父未 // 應 (子孫)

6 上이 坎卦(감괘)로 된 것 (☵)

六一	六二	六三	六四	六五	六六	六七	六八
水天需 (수천수)	水澤節 (수택절)	水火旣濟 (수화기제)	水雷屯 (수뢰둔)	水風井 (수풍정)	坎爲水 (감위수)	水山蹇 (수산건)	水地比 (수지비)
䷄	䷻	䷾	䷂	䷯	䷜	䷦	䷇
坤土	坎水	坎水	坎水	震木	坎水	兌金	坤土
財子// 命	兄子// 身	兄子//應 身	兄子// 命	父子//	兄子//世	孫子// 命	財子//應
兄戌/	官戌/	官戌/	官戌/應	財戌/世 身	官戌/	父戌/	兄戌/
孫申//世	父申//應	父申//	父申//	官申//(午孫)	父申// 命	兄申//世	孫申// 身
兄辰/ 身	官丑// 命	兄亥/世 (午財)命	官辰//(午財) 身	官酉/	財午//應	兄申/ 身	官卯//世
官寅/(巳父)	孫卯/	官丑//	孫寅//世	父亥/應 (寅兄)命	官辰/	官午//(卯財)	父巳//
財子/應	財巳/世 (六合卦)	孫卯/	兄子/	財丑//	孫寅// 身 (六冲卦)	父辰//應	兄未// 命

7 上이 艮卦(간괘)로 된 것 (☶)

七一	七二	七三	七四	七五	七六	七七	七八
山天大畜 (산천대축)	山澤損 (산택손)	山火賁 (산화비)	山雷頤 (산뢰이)	山風蠱 (산풍고)	山水蒙 (산수몽)	艮爲山 (간위산)	山地剝 (산지박)
䷙	䷨	䷕	䷚	䷑	䷃	䷳	䷖
艮土	艮土	艮土	巽木	巽木	離火	艮土	乾金
官寅 / 命	官寅 / 應	官寅 /	兄寅 /	兄寅 / 應	父寅 /	官寅 / 世 命	財寅 /
財子 // 應	財子 // 命	財子 //	父子 //(巳孫) 身	父子 //(巳孫)	官子 // 身	財子 //	孫子 // 世 (申兄)
兄戌 //	兄戌 //	兄戌 // 應 身	財戌 // 世	財戌 // 身	孫戌 // 世 (酉財)	兄戌 //	父戌 // 命
兄辰 /(申孫) 身	兄丑 // 世 (申孫)	財亥 /(申孫)	財辰 //(酉官)	官酉 / 世	兄午 //	孫申 / 應 身	財卯 //
官寅 / 世 (午父)	官卯 / 身	兄丑 //(午父)	兄寅 // 命	父亥 /	孫辰 / 命	父午 //	官巳 // 應
財子 /	父巳 /	官卯 / 世 命 (六合卦)	父子 / 應	財丑 // 命	父寅 // 應	兄辰 // (六冲卦)	父未 // 身

8 上이 坤卦(곤괘)로 된 것 (☷)

八 一	八 二	八 三	八 四	八 五	八 六	八 七	八 八
地天泰 (지천태)	地澤臨 (지택림)	地火明夷 (지화명이)	地雷復 (지뢰복)	地風升 (지풍승)	地水師 (지수사)	地山謙 (지산겸)	坤爲地 (곤위지)
䷊	䷒	䷣	䷗	䷭	䷆	䷎	䷁
坤土	坤土	坎水	坤土	震木	坎水	兌金	坤土
孫酉//應	孫酉//	父酉//	孫酉//	官酉//	父酉//應	兄酉// 身	孫酉//世
財亥// 身	財亥//應	兄亥// 命	財亥//	父亥// 命	兄亥//	孫亥//世	財亥//
兄丑//	兄丑// 身	官丑//世	兄丑//應 命	財丑//世 (午孫)	官丑// 命	父丑//	兄丑// 身
兄辰/世	兄丑//	兄亥/(午財)	兄辰//	官酉/	財午//世	兄申/ 命	官卯//應
官寅/(巳父) 命	官卯/世	官丑// 身	官寅//(巳父)	父亥/(寅兄) 身	官辰/	官午//應 (卯財)	父巳//
財子/ (六合卦)	父巳/ 命	孫卯/應	財子/世 身 (六合卦)	財丑//應	孫寅// 身	父辰//	兄未// 命 (六冲卦)

신 · 명 (身 · 命)

身命 \ 世爻	子午	丑未	寅申	卯酉	辰戌	巳亥
身	초효	2효	3효	4효	5효	6효
命	4효	5효	6효	초효	2효	3효

육수 (六獸)

위치 \ 日干	甲乙	丙丁	戊	己	庚辛	壬癸
6爻	玄武	青龍	朱雀	句陳	螣蛇	白虎
5爻	白虎	玄武	青龍	朱雀	句陳	螣蛇
4爻	螣蛇	白虎	玄武	青龍	朱雀	句陳
3爻	句陳	螣蛇	白虎	玄武	青龍	朱雀
2爻	朱雀	句陳	螣蛇	白虎	玄武	青龍
初爻	青龍	朱雀	句陳	螣蛇	白虎	玄武

공망 (空亡)

甲子 旬中 : 甲子 乙丑 丙寅 丁卯 戊辰 己巳 庚午 辛未 壬申 癸酉
戌亥 空亡 갑자 을축 병인 정묘 무진 기사 경오 신미 임신 계유

甲戌 旬中 : 甲戌 乙亥 丙子 丁丑 戊寅 己卯 庚辰 辛巳 壬午 癸未
申酉 空亡 갑술 을해 병자 정축 무인 기묘 경진 신사 임오 계미

甲申 旬中 : 甲申 乙酉 丙戌 丁亥 戊子 己丑 庚寅 辛卯 壬辰 癸巳
午未 空亡 갑신 을유 병술 정해 무자 기축 경인 신묘 임진 계사

甲午 旬中 : 甲午 乙未 丙申 丁酉 戊戌 己亥 庚子 辛丑 壬寅 癸卯
辰巳 空亡 갑오 을미 병신 정유 무술 기해 경자 신축 임인 계묘

甲辰 旬中 : 甲辰 乙巳 丙午 丁未 戊申 己酉 庚戌 辛亥 壬子 癸丑
寅卯 空亡 갑진 을사 병오 정미 무신 기유 경술 신해 임자 계축

甲寅 旬中 : 甲寅 乙卯 丙辰 丁巳 戊午 己未 庚申 辛酉 壬戌 癸亥
子丑 空亡 갑인 을묘 병진 정사 무오 기미 경신 신유 임술 계해

육효 신살 (六爻 神殺)

十二神殺 日支	劫殺	災殺	天殺	地殺	年殺	月殺	亡身	將星	攀鞍	驛馬	六害	華蓋
申子辰	巳	午	未	申	酉	戌	亥	子	丑	寅	卯	辰
亥卯未	申	酉	戌	亥	子	丑	寅	卯	辰	巳	午	未
寅午戌	亥	子	丑	寅	卯	辰	巳	午	未	申	酉	戌
巳酉丑	寅	卯	辰	巳	午	未	申	酉	戌	亥	子	丑

日辰(干)	甲	丙	戊	庚	壬
陽刃殺	卯	午	午	酉	子

太歲(支)	子午卯酉	辰戌丑未	寅申巳亥
湯火殺	午	未	寅

月建(支)	子午	丑未	寅申	卯酉	辰戌	巳亥
水隔殺	寅	子	戌	申	午	辰

太歲(支)	子	丑	寅	卯	辰	巳	午	未	申	酉	戌	亥
喪門	寅	卯	辰	巳	午	未	申	酉	戌	亥	子	丑
弔客	戌	亥	子	丑	寅	卯	辰	巳	午	未	申	酉

日辰(支)	子	丑	寅	卯	辰	巳	午	未	申	酉	戌	亥
鬼門官殺	酉	午	未	申	亥	戌	丑	寅	卯	子	巳	辰

太歲(干)	甲	乙	丙丁	戊己	庚辛	壬	癸
雷公關殺	丑	午	子	戌	寅	酉	亥

오행의 소속 (五行의 所屬)

五行 오행	木 목		火 화		土 토		金 금		水 수	
天干	甲	乙	丙	丁	戊	己	庚	辛	壬	癸
天干先天數	9	8	7	6	5	9	8	7	6	5
地支	寅	卯	午	巳	辰戌	丑未	申	酉	子	亥
地支先天數	7	6	9	4	5	8	7	6	9	4
干支後天數	3	8	7	2	5	10	9	4	1	6
五方 오방	東 동		南 남		中央 중앙		西 서		北 북	
四季 사계	春 봄		夏 여름		四季 끝 계절		秋 가을		冬 겨울	
五色 오색	青 청		赤 적		黃 황		白 백		黑 흑	
五臟 오장	肝 간		心 심		脾 비		肺 폐		腎 신	
六腑 육부	膽 담		小腸 소장		胃 위		大腸 대장		膀胱 방광	
五味 오미	酸 신맛		苦 쓴맛		甘 단맛		辛 매운맛		鹹 짠맛	
五官 오관	眼 눈		舌 혀		口 입		鼻 코		耳 귀	
音五行 음오행	ㄱ, ㅋ		ㄴ,ㄷ, ㄹ,ㅌ		ㅇ, ㅎ		ㅅ,ㅈ,ㅊ		ㅁ,ㅂ,ㅍ	

왕상휴수사 (旺相休囚死)

五行 오행	旺 왕	相 상	休 휴	囚 수	死 사
木 목	春 춘	冬 동	夏 하	四季 사계	秋 추
火 화	夏 하	春 춘	四季 사계	秋 추	冬 동
土 토	四季 사계	夏 하	秋 추	冬 동	春 춘
金 금	秋 추	四季 사계	冬 동	春 춘	夏 하
水 수	冬 동	秋 추	春 춘	夏 하	四季 사계

절기 (節氣)

季節	春 봄			夏 여름			秋 가을			冬 겨울		
月	寅月 1월	卯月 2월	辰月 3월	巳月 4월	午月 5월	未月 6월	申月 7월	酉月 8월	戌月 9월	亥月 10월	子月 11월	丑月 12월
節氣	立春 입춘	驚蟄 경칩	淸明 청명	立夏 입하	芒種 망종	小暑 소서	立秋 입추	白露 백로	寒露 한로	立冬 입동	大雪 대설	小寒 소한

십이운성 (十二運星)

十二運星＼五行	金	水 · 土	木	火
絶절 (胞포)	寅	巳	申	亥
胎태	卯	午	酉	子
養양	辰	未	戌	丑
長生장생	巳	申	亥	寅
沐浴목욕	午	酉	子	卯
冠帶관대	未	戌	丑	辰
健祿건록	申	亥	寅	巳
帝旺제왕	酉	子	卯	午
衰쇠	戌	丑	辰	未
病병	亥	寅	巳	申
死사	子	卯	午	酉
墓묘 (庫고)	丑	辰	未	戌

구궁도 (九宮圖)

☴ 巽 巳辰 四 東南	☲ 離 午 九 南	☷ 坤 未申 二 南西
☳ 震 卯 三 東	五 中宮 中央	☱ 兌 酉 七 西
☶ 艮 寅丑 八 東北	☵ 坎 子 一 北	☰ 乾 戌亥 六 西北

괘신 (卦身) 찾는 법

世爻 의 위치 / 世爻 의 陰陽	初爻	二爻	三爻	四爻	五爻	六爻
陽	子 月卦	丑 月卦	寅 月卦	卯 月卦	辰 月卦	巳 月卦
陰	午 月卦	未 月卦	申 月卦	酉 月卦	戌 月卦	亥 月卦

육십갑자의 납음오행 (六十甲子의 納音五行)

甲子 乙丑 海中金 해중금	丙寅 丁卯 爐中火 노중화	戊辰 己巳 大林木 대림목	庚午 辛未 路傍土 노방토	壬申 癸酉 劍鋒金 검봉금
甲戌 乙亥 山頭火 산두화	丙子 丁丑 澗下水 간하수	戊寅 己卯 城頭土 성두토	庚辰 辛巳 白鑞金 백랍금	壬午 癸未 楊柳木 양류목
甲申 乙酉 泉中水 천중수	丙戌 丁亥 屋上土 옥상토	戊子 己丑 霹靂火 벽력화	庚寅 辛卯 松栢木 송백목	壬辰 癸巳 長流水 장류수
甲午 乙未 沙中金 사중금	丙申 丁酉 山下火 산하화	戊戌 己亥 平地木 평지목	庚子 辛丑 壁上土 벽상토	壬寅 癸卯 金箔金 금박금
甲辰 乙巳 覆燈火 복등화	丙午 丁未 天河水 천하수	戊申 己酉 大驛土 대역토	庚戌 辛亥 釵釧金 차천금	壬子 癸丑 桑柘木 상자목
甲寅 乙卯 大溪水 대계수	丙辰 丁巳 沙中土 사중토	戊午 己未 天上火 천상화	庚申 辛酉 石榴木 석류목	壬戌 癸亥 大海水 대해수

제 2 장

신산육효학의 기본 원리
(神算六爻學의 基本 原理)

1. 세와 응
2. 신과 명
3. 괘신
4. 간효와 방효
5. 삼전극
6. 회두극
7. 용신과 원신, 기신, 구신
8. 삼합성국
9. 반음
10. 복음
11. 순공과 진공
12. 암동과 일파, 충산
13. 월파
14. 복신
15. 진신과 퇴신
16. 충중봉합과 합처봉충
17. 사생묘절
18. 육충과 육합
19. 삼형과 육해
20. 독정과 독발
21. 진정과 진발
22. 용신다현
23. 성심장

제 2 장 신산육효학의 기본 원리
(神算六爻學의 基本 原理)

십팔문답(十八問答)의 원문은 육효점의 기본을 이루는 부분이 문답형식으로 되어 있으나, 이 형식을 버리고, 신산육효학의 이론을 바탕으로 새롭게 설명했다. 필자가 사십여 년 역술인으로 생활하면서, 상담과정을 통하여 얻은 경험으로 취(取)할 것은 취하고, 버릴 것은 버리고, 수정 · 보완하였다. 후학(後學)들이 공부하는 데 육효학의 지침이 되도록 십팔문답의 애매모호한 부분을 명료하게 규정짓고, 부족한 부분을 보완하여, 기존의 십팔문답을 〈신산육효학의 기본 원리〉로 개칭(改稱)했다.

신산육효학의 이론을 적용한 〈신산육효학의 기본 원리〉는 괘 중 각 효(爻)의 동정(動靜)을 살펴서, 문복자(問卜者)가 처해 있는 환경을 예측하여, 문복하는 사안을 좀 더 정확하고 명료하게 분별하는 데 도움이 되게 구성하였다. 예문(例文)도 좀 더 현실적인 것으로 선별하였다. 십팔문답의 원문으로 공부한다고 고집을 부리는 이가 있다면, 굳이 말리지는 않겠다. 필자의 〈신산육효학의 기본 원리〉와는 현저(顯著)하게 적중률에 차이가 있음을 피부로 직접 느끼게 될 것을 확신한다.

1. 世와 應 (세와 응)

◦ 世爻는 현재 내가 처해 있는 위치이다.

◦ 應爻는 현재 내 위치의 배경이다.

◦ 신수점(身數占)에서는 六親의 旺衰로 주위를 판단하지만, 소원(所願)하는 바를 묻는 占에서는 世爻를 배제할 수 없다.

◦ 世爻와 用神과의 관계를 참고하여 일의 성사 여부를 결정한다.

◦ 世爻가 眞空이 되거나 破絶이 되면, 내 위치가 무너지는 것이니, 진행하는 일에 어려움을 겪게 된다.

◦ 예를 들면, 병점(病占)이나 수명(壽命)을 묻는 占에서는 壽命을 보존하기가 어렵다.

자신 병점

水山蹇 ! 水風井

	父子 //	
	◦財戌 / 世	戌月
	官申 //	
	官酉 /	甲子日
孫午	◦父亥 X 應	
	財丑 //	

◦ 神算六爻 例文.

◦ 육효를 아는 이가 입원 중인 환자(患者)를 대신(代身)하여 득괘(得卦)한 占이라 한다.

◦ 戌月이 持世하고 世爻가 旺相하여 환자가 무사(無事)하지 않겠는가? 하고 물어 왔다.

◦ 世爻가 환자가 된다. 戌月이 持世한 것은 戌月까지는 세상 바람을 쐬겠다는 의미다.

◦ 그러나 이 괘(卦)가 유쾌(愉快)하지 못한 것은 卦 中에 原神이 없다는 것이다. 原神은 用神이 유지(維持)되는 生의 원천(源泉)이다.

● 더욱 불미(不美)스러운 것은 二爻 亥水 父爻가 動하여 世爻의 原神인 午火를 화출(化出)한 것이다.

● 이것은 卦 中에 世爻의 原神인 午火가 나타나면, 바로 제거해 버리겠다는 뜻이다.

● 입동(立冬)이후 戌土 世爻가 出空하는 甲戌日을 흉일(凶日)로 보았는데, 壬午日에 북망(北邙)으로 돌아갔다.

- 應爻는 내가 현재 하고 있는 일이나 앞으로 진행해 나가야 할 배경의 조건이다.
- 應爻가 世爻를 生扶하면 매사(每事) 순조(順調)로우나, 世爻를 핍박하면 모든 일이 머뭇거리게 된다.
- 應爻는 破絶이 되거나 眞空이 되어도 수명에 영향을 주지 않는다.
- 다만 진행(進行)하거나 모사(某事)하는 일이 이뤄지지 않을 뿐이다.

직업

地澤臨 ! 地水師

○父酉 // 應		
兄亥 //	申月	
官丑 //		
財午 // 世	乙亥日	
官辰 /		
財巳 孫寅 乂		

- 神算六爻 例文.
- 三爻에서 午火 財爻가 持世하나, 申月에 亥日이니, 무력(無力)하다.
- 應爻를 직업으로 보는데, 應爻에 酉金 父爻가 申月에 旺하고, 空亡이 되니 旬空이다.
- 父는 노력, 고민, 고충을 주관하는 자이며, 空亡은 잠시 머뭇거리거나 쉬고 있다는 뜻이다.
- 지금 현재는 하고 있는 직업이 힘이 들어 잠시 쉬고 있는 자가 얻은 卦다.
- 初爻에서 寅木 孫爻가 動하여 世爻를 生하고 있는 것은 내 생활권 밖에 있는 수입원(收入源)으로부터 수입이 있다는 의미다.

2. 身과 命 (신과 명)

○ 身은 내 몸을 나타낸다.

○ 命은 내 몸을 감싸고 지키며 일생을 안내하는 길이다.

○ 수요(壽夭)를 묻는 占이나 병점(病占)에서는 반드시 적용해야 할 부분이다.

○ 身은 내 몸이니, 身爻도 眞空이나 破絶이 되면 수명(壽命)에 영향을 준다.

○ 命爻 또한 내 일생을 안내하는 길이니, 破絶이 되거나 眞空이 되는 것은 바람직하지 못하다. 이 경우도 壽命에 영향을 주기 때문이다.

○ 身 · 命은 자신의 신상(身上)을 묻는 점(占) 외에는 적용하지 않는다.

형제 병점

風地觀 ! 天地否

父戌 / 應
○兄申 /
父未 官午 X 身
財卯 // 世
官巳 //
父未 // 命

寅月 丁丑日

● 神算六爻 例文.

● 五爻 申金 兄爻가 用神이다

● 五爻 申金 兄爻가 寅月에 月破를 당하고, 四爻에서 午火 官鬼가 動하여 用神을 克하니 大凶하다.

● 그러나 午火가 動하여 未土 父爻를 化出하여 午火 官爻와 合이 되니, 午火 官爻의 움직임을 묶는다.

● 丑日이 凶하다.

● 丑은 未를 冲去해 午火 官爻를 자유스럽게 풀어 주게 되며, 申金 兄爻를 잡아 가두는 庫에 해당하기 때문이다.

자신 병점

坎爲水 ! 水澤節

°兄子 // 身
官戌 /
父申 // 應
°官丑 // 命
孫卯 /
孫寅 財巳 X 世

未月 己未日

- 神算六爻 例文.
- 이 卦는 身이 六爻에 있고, 命이 三爻에 있다.
- 身命은 당사자(當事者) 점(占) 외에는 적용이 되지 않는다.
- 초효(初爻)에 있는 巳火 世爻가 스스로 動하여 化出된 寅木 孫爻의 回頭生을 받으니, 병세(病勢)가 호전될 것 같다.
- 그러나 자신의 병점(病占)에는 身과 命을 살펴야 한다.
- 身은 六爻에 있는 子水 兄爻이며, 命은 三爻에 있는 丑土 官爻다.
- 身命이 모두 眞空이다.
- 身爻인 子水 兄爻가 出空하는 날에 자연(自然)으로 귀환(歸還)했다.

3. 卦身 (괘신)

- 卦身은 점사(占事)의 틀과 규모다.
- 卦가 아무리 좋아도 卦身이 무력(無力)하면 하찮은 일이다.
- 卦가 凶해도 卦身이 旺하면 규모가 있는 일이라, 그 피해(被害)가 크다.
- 卦身이 卦 中에 있으면, 내 주변에서 발생하는 사안(事案)이다.
- 卦身이 卦 中에 없으면, 내 생활과는 전혀 무관(無關)한 일이다.

관운

火風鼎 ! 雷風恒

孫巳 財戌 X 應
官申 //
孫午 /
官酉 / 世
父亥 /
財丑 //

午月 丁未日

- 神算六爻 例文.
- 官이 持世하였다는 것은 관운(官運)이 있다는 이야기다.
- 六爻에 있는 應爻에서 午月에 生扶를 받아 旺相한 戌土 財爻가 動하여 世爻를 生하니 반드시 승진한다.
- 그러나 자세히 관찰하면 寅月 卦인데, 卦身이 卦 中에 없다.
- 또 卦身이 午月에 休囚된 중 未日에 入庫되니, 미관말직(微官末職)이다.

직장운	
澤山咸 ! 天山遯	
父未 父戌 乂	
兄申 / 應	午月
官午 /	
兄申 /	己未日
官午 // 世	
父辰 //	

● 神算六爻 例文.

● 二爻에서 午火 官爻가 持世하니 職場運(직장운)이 있는 자다.

● 未月 卦인데, 卦 中에 卦身은 없어도 日辰이 卦身이니, 직위(職位)가 있는 자다.

● 직장운이 좋은 사람 중 日月이 持世하면 한 부서를 담당하는 사람으로 결재권이 있는 자다.

● 卦 中에 世爻의 原神이 없으니 더 이상의 승진은 없다.

● 그리고 六爻에서 戌土 父爻가 旺動하여 世爻를 入庫시키니, 戌月이 다소 의심스럽다 하였더니 점사(占辭)가 귀신같다고 하였다.

● 戌月에 명예퇴직을 앞둔 사람이 얻은 괘다.

4. 間爻와 傍爻 (간효와 방효)

- 間爻는 世爻와 應爻의 중간(中間)에 있는 爻를 말한다.
- 間爻는 나의 생활권에 주어진 조건이다.
- 傍爻는 世爻와 應爻의 사이를 벗어난 爻를 말한다.
- 傍爻는 나의 생활권 밖에 비춰진 환경이다.

재수점

雷風恒 ! 雷水解

財戌 //
○官申 // 應
孫午 /
○官酉 孫午 X
財辰 / 世
兄寅 //

巳月 甲戌日

- 神算六爻 例文.
- 二爻에 持世한 世爻는 日月에 生扶되어 旺相하다.
- 그러나 應爻인 五爻에 있는 申金 官爻가 巳月에 休囚되니, 경영하는 일이 다소 어렵겠다.
- 三爻와 四爻에서 午火 官爻가 交重된 중 發動하여 世爻를 生하니 반드시 재물로 인한 즐거움이 있겠다.
- 三爻에서 午火 孫爻가 動하여 酉金 官을 化出하니, 국가기관과 관련된 사항이다.
- 국가기관의 지원이 있겠다 하였더니, 과연 그렇다 하였다.

재수점

雷水解 ! 澤水困

	○父未 //	未月 丁亥日
兄申	兄酉 X	
	孫亥 / 應	
	○官午 //	
	父辰 /	
	財寅 // 世	

- 神算六爻 例文.
- 財爻가 持世하고 亥日이 生扶하니, 재수가 좋을 것 같다.
- 그러나 五爻에서 兄爻가 旺動하여 世爻 寅木 財爻를 克하니 凶하다.
- 이 卦에서 五爻는 世應의 밖에 있는 爻이니 방효(傍爻)다.
- 생면부지(生面不知)의 인사를 친구로부터 소개 받아 투자했다가 크게 손실을 당했다.
- 兄爻가 傍爻에서 動한 연유(緣由)라 하겠다.

5. 三傳克 (삼전극)

- 三傳은 年, 月, 日을 말한다.
- 三傳克은 年月日이 동시에 하나의 爻를 克하는 것이다.
- 年月日이 용납(容納)하지 않는 爻는 쓰지 못한다.
- 三傳克을 당한 爻는 전혀 구원(救援)의 여지가 없다.
- 三傳克을 당한 爻를 문복자(問卜者)의 납음(納音)이 克하거나, 空亡이 되면 그 凶은 더욱 예측(豫測)하기가 어렵다.
- 그러나 日月의 生扶를 얻은 爻가 卦 중에서 動하여 三傳克 당한 爻를 生하면 절처봉생(絶處逢生)하게 된다.

자신 병점

水山蹇 ! 地山謙

```
      兄酉 //          未年
父戌 孫亥 X 世
     ○父丑 //          辰月
      兄申 /
      官午 // 應       己未日
      父辰 //
```

- 神算六爻 例文.
- 신수점(身數占)은 世爻로 자신의 위치를 판단한다.
- 五爻 亥水 世가 用神이다.
- 戌月 卦다.
- 卦身이 世爻를 回頭克하는 것은 卦中에서 世爻의 위치를 핍박하고 있는 것과 같다.
- 未年, 辰月, 未日이 用神을 克하니 三傳克이다.
- 用神 亥水가 三傳克을 당하고, 動하여 回頭克이 되니 더욱 凶하다.
- 巳月 甲戌日이 불미(不美)스럽다.
- 辰月에는 亥水 世爻를 回頭克하는 戌土를 冲하니 戌土가 통제를 받으나, 巳月에는 힘을 얻어 旺한 鬼殺로 변하기 때문이다.

◎ 用神이 三傳克을 받더라도 日月의 生扶를 얻은 動爻의 生을 받으면 절처봉생(絶處逢生)으로 큰일은 당하지 않는다.

◎ 특히 卦 中에서 忌神이 動해 用神을 克하고, 原神이 動해 用神을 生한다면, 탐생망극(貪生忘克)으로 動者는 用神을 克하지 않고, 生者를 먼저 生하므로 무방(無妨)하다.

아버지 병점

火風鼎 ! 澤風大過

孫巳 ◦財未 〤		未年
◦財未 官酉 〤		
父亥 / 世		午月
官酉 /		
父亥 /		己丑日
財丑 // 應		

● 神算六爻 例文.

● 四爻 亥水 父爻가 用神이다.

● 用神이 未年의 克을 받고, 午月에 休囚되며, 丑日의 克을 받으니, 三傳克이나 다름없다.

● 六爻에서 未年이 動해, 父爻를 克하니 凶해 보인다.

● 그러나 자세히 살펴보면 그렇지 않다.

● 三爻와 五爻에서 酉金이 같이 動하고, 六爻 未土는 酉金을 탐생(貪生)하고 亥水 父爻를 망극(忘克)한다.

● 酉金은 未土의 生을 받아, 다시 亥水 父爻를 生하므로 좋은 징조(徵兆)다.

● 未日 巳時에 좋은 인연을 만나 치유하게 된다.

6. 回頭克 (회두극)

○ 回頭克은 發動한 爻가 화출(化出)된 變爻로부터 克을 당하는 것이다.

○ 用神이나 原神이 回頭克을 당하면 화(禍)가 크지만,

○ 忌神이나 仇神이 回頭克이 되면 모든 재앙(災殃)이 물러간다.

처 병점	
風天小畜 ! 風火家人	
兄卯 /	子月 癸亥日
孫巳 / 應	
財未 //	
父亥 /	
兄寅 ◦ 財丑 ∦ 世	
兄卯 /	

● 神算六爻 例文.

● 병점(病占)이나 수명(壽命)을 묻는 占에는 原神의 동향(動向)이 중요하다.

● 물에 비유하면 수원(水源)에 해당하기 때문이다.

● 未月 卦다.

● 妻의 病占에는 財爻가 用神이 된다.

● 二爻에 있는 丑土 財爻와 四爻에 있는 未土 財爻가 出現하니, 用神이 多現이다.

● 卦 中에 用神이 二位가 있을 때는 문제나 변화가 있는 자를 선택하여 결정한다.

● 二爻에서 丑土 財爻가 動하니, 丑土 財爻를 用神으로 한다.

● 五爻의 巳火 原神이 子月의 克을 받고, 亥日에 日破가 되니 힘이 없다.

● 二爻 丑土 財爻가 發動, 寅木 兄爻를 化出하면서 回頭克을 당하니 凶하다.

● 내년 寅月이 염려스럽다.

자기 병점	
天風姤 ! 天山遯	
父戌 /	
兄申 / 應	寅月
官午 /	
兄申 /	丁巳日
孫亥 官午 乂 世	
父辰 //	

● 神算六爻 例文.

● 자신의 병점(病占)에서 官이 持世한 것은 현재 자기의 몸에 病이 있다는 뜻이다.

● 未月 卦다.

● 官이 持世하고 旺相하면 病이 치유되지는 않으나, 죽음에 이르지는 않는다.

● 二爻에서 持世한 午火 官爻가 動하여 亥水를 化出, 回頭克이 되나 回頭克을 하지 못한다.

● 旺한 動爻를 약(弱)한 變爻가 克하지 못하기 때문이다.

※ 신산육효학이 적중률 높은 이유 중의 하나는

→ 고서에는 자손이 持世하면 병(病)이 重하더라도 쉽게 치유되고, 관귀가 持世하면 병(病)이 가볍더라도 종당(終當)에는 죽음에 이른다고 되어 있다. 여러분도 이렇게 배우고 익혔다면, 다시 연구를 해야 한다. 그 책이 쓰인 시대에는 그랬다. 그러나 현대에는 전혀 맞지 않는 이론이다. 자신의 병점(病占)에 世爻에 관귀가 있든, 자손이 있든, 日月의 生扶가 있으면 무방(無妨)하나, 日月에 破絶되거나 眞空이 되면, 반드시 죽는다. 적중 여부는 후학들이 판단하기 바란다.

◦ 動爻가 化出된 變爻로부터 克을 당하더라도, 變爻가 日月의 生扶를 얻지 못하면 뿌리가 없다.

◦ 뿌리가 없는 爻는 他爻를 生克하기 어렵다.

◦ 變爻가 動爻를 克하지 못하면 回頭克이라 하지 않는다. 다만, 變爻는 動爻의 사안(事案)을 나타나게 하는 데 지나지 않는다.

신수점

火山旅 ! 火地晋

	官巳 /	子月
	父未 //	
	兄酉 / 世	乙巳日
兄申 ◦	財卯 X	
	官巳 //	
	父未 // 應	

- 神算六爻 例文.
- 身數占은 世爻가 자신의 위치다.
- 卯月 卦다.
- 三爻 卯木이 動해 申金을 化出하니 回頭克이다.
- 그러나 申金이 子月에 泄氣되어 休囚되었다.
- 申金 兄爻가 다시 巳日에 克을 받으니, 無力하여 卯木 財爻를 損傷시키지 못한다.
- 이런 경우 變爻 申金 兄은 卯木 財爻가 動한 사유(事由)를 나타낸다.
- 財가 動하지만, 世爻와는 무관(無關)하므로 손재(損財)로 보지 않는다.
- 妻가 형제로 인한 번민(煩悶)이 있음을 나타내는 卦다.
- 兄爻가 持世하는 것은 재물을 얻지 못한다는 뜻이다. 그렇다고 재물을 소비(所費)하거나 탕진(蕩盡)한다는 뜻은 아니다.
- 자신이 재물을 탕진하는 것은 世爻에서 兄爻가 動하는 것이며, 타인에 의해 재물이 손상(損傷)되는 것은 他爻에서 兄爻가 動하여 世爻에 있는 財를 겁탈(劫奪)해가는 것이다.

7. 用神과 原神, 忌神, 仇神 (용신과 원신, 기신, 구신)

- 用神은 占의 목적(目的)이다.
- 原神은 用神을 生하는 자다.
- 用神과 原神이 日月의 생조(生助)를 얻어 旺해지면 만사(萬事)가 순조롭다.
- 그러나 用神이나 原神이 日月에 休囚되어 眞空이 되거나, 日破나 月破를 당하면 목적하는 일이 이미 어긋났음을 알아야 한다.
- 忌神이나 仇神이 動해 用神이나 原神을 克하면 계획하거나 진행하는 일이 머뭇거리게 된다.

남편 병점

火雷噬嗑 ! 離爲火

兄巳 / 世
孫未 //
○財酉 /
孫辰 官亥 X 應
孫丑 //
父卯 /

卯月 丁丑日

- 神算六爻 例文.
- 三爻 亥水 官爻가 用神이고, 四爻 酉金 財爻가 原神이다.
- 酉金 原神은 卯月에 月破가 되고, 丑日이 入庫시키며, 空亡이니 眞空이다.
- 休囚되어 無力한 爻는 他爻를 生克하지 못한다.
- 酉金 原神이 無力해서 用神을 전혀 生하지 못한다.
- 자연의 모든 사물은 생부(生扶)가 없으면 보존되기가 어렵다.
- 用神인 亥水 官爻는 原神의 生을 도저히 기대하기 어려운 상황에서 動해 回頭克을 당하니 凶 中 凶(흉중흉)이다.
- 辰日이 위험하다.

◎ 原神은 사안(事案)의 뿌리이므로 가볍게 보면 안 된다.

◎ 用神은 旺相한데 原神이 없거나 衰絶되면, 잎은 무성(茂盛)하나 뿌리가 없는 것과 같다. 꾀하고 계획하는 일이 현재는 순조롭고 탄탄해 보이나, 끝내는 허망하게 된다.

형제 병점

澤水困 ! 雷水解

	°財戌 //	辰月 丁卯日
官酉	官申 X 應	
	孫午 /	
	孫午 //	
	財辰 / 世	
	兄寅 //	

● 神算六爻 例文.

● 初爻 寅木 兄爻가 用神이다.

● 卯日에 寅木이 旺相하니 무방(無妨)할 것 같다.

● 그러나 卦 中에 子水 原神이 初爻에 은복(隱伏)되고 空亡이니 眞空이다.

● 原神은 생존의 근원이며 미래다.

● 原神이 소멸되니, 미래가 없다.

● 申月에 자연으로 귀환하겠다.

남편 병점

乾爲天 ! 天火同人

	孫戌 / 應	午月 丁丑日
	°財申 /	
	兄午 /	
	官亥 / 世	
父寅	孫丑 X	
	父卯 /	

● 神算六爻 例文.

● 三爻에 있는 亥水 官爻가 用神이고, 五爻에 있는 申金 財爻가 原神이다.

● 用神 亥水 官鬼가 休囚되고, 丑日이 動하여 克하니 아름답지 못하다.

● 原神 申金 財爻가 午月의 克을 받고, 丑日에 空亡인데 다시 丑 動墓에 入庫되니 凶하다.

● 申金이 出空하는 甲申日이 크게 흉하다.

8. 三合 成局 (삼합 성국)

- 三合은 申子辰, 寅午戌, 巳酉丑, 亥卯未이다.
- 三合 成局은 三合字에서, 一字가 動하거나 二字가 動해야 한다.
- 一字가 動해서 成局이 된 경우는 三合字 중에서 중심자(中心字)인 子 · 午 · 卯 · 酉을 말한다.
- 用神이나 原神 三合局은 모든 일이 순조롭다.
- 忌神이나 仇神 三合局은 풀 한 포기 없는 사막을 헤매는 것과 같다.

부동산 투자
水火旣濟 ! 風火家人

父子◦兄卯 X
孫巳 / 應
財未 //
父亥 /
財丑 // 世
◦兄卯 /

亥月 癸丑日

- 神算六爻 例文.
- 未月 卦다.
- 이득을 얻고자하는 占이니, 二爻에 있는 丑土 財爻가 用神이다.
- 丑日 日辰 財가 持世하니, 얼핏 보아 재수(財數)가 있는 듯 보인다.
- 卯木 兄爻가 初爻와 六爻에 交重되어 있는데, 六爻에서 卯木 兄爻가 旺動하여 凶하다.
- 흉자(凶者)가 動하는 경우, 卦 中에서 凶者를 극제(克制)하는 자가 없으면 그 피해는 더욱 크다.
- 四爻에서 未土 財爻가 暗動하여 三合 兄 忌神局을 이루니 凶卦다.
- 기신국(忌神局)이 動하는 것은 적이 무리를 지어 나를 핍박하는 것과 같다.
- 수억을 투자했으나, 단 한 푼도 건지지 못했다.

- 原神 三合局은 三字 중에서 一字가 原神이다.
- 仇神 三合局은 三字 중에서 一字가 仇神이다.

남자 결혼점

澤風大過 ! 兌爲澤

父未 // 世
兄酉 /
孫亥 /
兄酉 父丑 X 應
財卯 /
父丑 ○官巳 X

巳月 乙未日

- 神算六爻 例文.
- 妻를 맞이하는 占은 財爻가 用神이다.
- 初爻와 三爻가 같이 發動하여 五爻에 있는 酉金과 三合 兄弟局이 되니 忌神 三合局이다.
- 酉年까지는 妻를 맞이하기 어렵다. 酉年이 지나 妻를 구(求)해야 한다.
- 三合局을 얻은 占의 응기(應期)를 정(定)할 때는 三字 중에서 二字가 動하면 靜者를 참고하고, 一字가 動하면 動者를 참고한다.

자손 병점

水雷屯 ! 風火家人

父子 ○兄卯 X
孫巳 / 應
財未 //
財辰 父亥 X
財丑 // 世
○兄卯 /

亥月 丙午日

- 神算六爻 例文.
- 자손 病占에는 孫爻가 用神이다.
- 五爻에 있는 巳火 孫爻가 亥月에 月破를 당하나, 午日이 도와 月破라고 하지 않는다.
- 三爻와 六爻가 動하여 亥卯未 三合成局하니 原神局이며, 그 중에서 卯木 兄爻가 原神이다.
- 卯月에 반드시 치유된다.

◎ 三合 成局에서 一字가 靜하고, 二字가 動하면 靜한 字로 성사일(成事日)을 결정한다.

◎ 그리고 一字가 動하고, 二字가 靜하면 動한 字로 成事日을 판단하면 된다.

승진점
水天需 ! 乾爲天

○孫子	父戌 ╳ 世	
	兄申 /	巳月
兄申	官午 ╳	
	父辰 / 應	丁巳日
	財寅 /	
	○孫子 /	

● 神算六爻 例文.

● 用神은 四爻 午火 官爻다.

● 四爻 午火와 六爻 戌土 世爻가 함께 發動하여, 二爻 寅木 財爻와 寅午戌 三合 火 官局을 이루어, 世를 生하니 반드시 승진한다.

● 用神 午火 官爻의 原神인 寅木 財爻가 靜하니 寅日에 승진한다.

승진점
風天小畜 ! 乾爲天

	父戌 / 世	
	○兄申 /	寅月
父未	官午 ╳	
	父辰 / 應	辛巳日
	財寅 /	
	孫子 /	

● 神算六爻 例文.

● 四爻 午火 官爻가 發動해 二爻 寅木 財爻, 六爻 戌土 父爻와 寅午戌 三合 火 官局을 이루어, 生世하니 大吉하다.

● 三合하는 寅午戌 중에서 午火 官爻만 發動하니, 午火로 성사되는 시기를 판단한다.

● 그러나 午火가 發動해 未土를 化出, 午未合이 되어 묶이니 午火가 작용하지 못한다.

● 未土를 冲해 合을 풀어주는 丑日에 승진한다.

9. 反吟 (반음)

○ 發動한 爻를 化出된 變爻가 冲하는 것이 反吟이다.

○ 反吟은 卦가 뒤집혔다는 의미를 갖는다.

○ 世爻나 用神이 反吟이 되면 진행하는 일이 어긋나거나 결과가 凶하다.

○ 그러나 世爻나 用神이 反吟이 되지 않는 한, 일의 성사 여부(成事 與否)는 五行의 왕상휴수(旺相休囚)와 六神의 생극제화(生克制化)로 판단해야 한다.

처 병점

山風蠱 ! 山地剝

	財寅 /	戌月 己未日
	○孫子 // 世	
	父戌 //	
兄酉	財卯 X	
孫亥	官巳 X 應	
	父未 //	

● 神算六爻 例文.

● 三爻 卯木 財爻가 用神이다.

● 戌月 卦다.

● 五爻에서 子水 世爻가 用神인 卯木을 生하는 관계에 있는 것은 妻를 구하고 싶은 생각이 간절하다는 뜻이다.

● 그러나 卯木 財爻가 動해 反吟이 되니 아름답지 못하다.

● 그리고 妻의 자리인 二爻에서 巳火 官爻가 動하여 亥水 孫을 化出, 反吟이 되었다.

● 日月이 財爻의 原神인 子水 孫爻를 克하니 凶하다.

● 오늘 酉時를 조심하여야 한다.

◦ 反吟은 爻가 動해 變爻와 反吟을 이루기도 하지만, 六冲卦가 六合卦로 변하거나, 六合卦가 六冲卦로 변한 것도 反吟이라 한다.

火山旅 ! 雷山小過

官巳 父戌 X
兄申 //
官午 / 世
兄申 /
官午 //
父辰 // 應

- 神算六爻 例文.
- 雷山小過 卦에서 六爻가 動하여 火山旅 卦로 변했다.
- 雷山小過 卦는 本宮이 兌宮이나, 火山旅 卦는 本宮이 離宮이다.
- 本卦인 兌宮에서 變卦인 離宮으로 변하니 反吟卦다.

어머니 병점

乾爲天 ! 風天小畜

兄卯 /
孫巳 /
孫午 財未 X 應
財辰 /
兄寅 /
○父子 / 世

申月 己未日

- 神算六爻 例文.
- 初爻 子水 父爻가 用神이다.
- 申月이 生하고 未日이 克하는 것은 반길반흉(反吉反凶)이다.
- 그러나 卦 中에 子水 父爻의 原神이 없는 것은 生氣가 단절(斷絶)됨을 나타낸다.
- 申月 月建이 原神이 되나, 日月은 순환(循環)이 된다.
- 四爻에서 日辰 未土 財가 旺動하여 用神을 克傷하니 大凶하다.
- 申酉月은 월건(月建)에 의지하여 어려움을 견딜 수 있으나, 戌月을 넘기기가 어렵겠다.

10. 伏吟 (복음)

- 伏吟은 動爻와 變爻의 飛神이 서로 중복되는 것이다.
- 乾宮과 震宮은 서로 飛神이 동일(同一)하다.
- 內卦 二爻와 三爻, 外卦 五爻와 六爻가 乾宮이나 震宮에서 동시에 動하면 발생한다.
- 內卦 伏吟은 안의 일이 불리(不利)하고, 外卦 伏吟은 밖의 일이 불리하다.
- 모든 占에 일이 지연되고 막힌다. 그러나 결과의 길흉 여부(吉凶 與否)는 用神의 旺衰로 판단해야 한다.

가족 안부

雷風恒 ! 天風姤

父戌 父戌 X
兄申 兄申 X
○官午 / 應
兄酉 /
孫亥 /
父丑 // 世

酉月 癸巳日

- 神算六爻 例文.
- 午月 卦다.
- 六爻에서 戌土 父爻가 動해 伏吟이 되면서, 二爻 亥水 孫爻를 克하니 아름답지 못하다.
- 그러나 五爻에서 申金 兄爻가 動해 伏吟이 되나, 六爻 戌土 父爻를 탐생망극(貪生忘克)시키니 무방(無妨)하다.
- 五爻 申金 兄爻가 動한 것은 財를 克해 취(取)하기 위함이나, 寅木 財가 二爻에 伏神으로 나타나지 않았으니, 二爻 亥水 孫爻를 生한다.
- 亥水 孫爻가 暗動하니, 반드시 자손과 관련된 좋은 소식이 있겠다.

가족 안부

乾爲天 ! 天雷无妄

財戌 /
官申 /
孫午 / 世
財辰 財辰 ∦
兄寅 兄寅 ∦
◦父子 / 應

寅月 乙卯日

- 神算六爻 例文.
- 二爻에서 寅月 兄爻가 動하니 처(妻)가 불안하다.
- 三爻에서 辰土 財爻가 發動, 伏吟이 되니, 妻에게 불미스런 일이 있겠다.
- 伏吟이 凶하다 하나, 伏吟에 지나치게 비중을 두어서는 안 된다.
- 六爻는 오직 生克制化와 爻의 움직임에 비중을 두어야 한다.

처 병점

天澤履 ! 雷澤歸妹

父戌 父戌 ∦ 應
◦兄申 ◦兄申 ∦
官午 /
父丑 // 世
財卯 /
官巳 /

巳月 乙亥日

- 神算六爻 例文.
- 二爻에 있는 卯木 財爻가 用神이다.
- 五爻와 六爻가 같이 動하여 震宮 外卦가 乾宮 外卦로 變했다.
- 卯木 財爻가 巳月에 休囚되나, 亥日에 生을 받아 무방한 듯하다.
- 그러나 本卦에 原神이 없는 것은 머무르는 것이 아니므로, 흘러가는 것에 비유된다.
- 初爻에 있는 巳火 官爻가 暗動하여 六爻에 있는 戌土 父爻를 生하고, 戌土 父爻는 五爻에 있는 申金 兄爻를 生한다.
- 申金 兄爻가 旺動하여 二爻에 있는 財爻를 克하니, 妻가 크게 凶하다.
- 그러나 현재는 申金이 空亡이라 어려움이 없으나, 申金이 出空하는 甲申日이 자연(自然)으로 돌아가는 날이 된다.

11. 旬空과 眞空 (순공과 진공)

- 空亡은 旬空과 眞空으로 나누어진다.
- 空亡은 十干과 十二支의 배합(配合)에서 짝을 만나지 못한 十二支 중에서 2개의 地支를 말한다.

- 旬空은 日月의 生扶가 있는 자다.
- 사안(事案)의 성사 여부는 出空하는 날에 결정된다.
- 用神이 旬空이면 出空日에 좋은 소식을 듣게 된다.
- 忌神이 旬空이면 出空日에 괴로움을 당하게 된다.

- 眞空은 日月에 衰絶된 자다.
- 眞空은 소멸(消滅)되거나 소멸하여 가는 과정이다.
- 古書에 이르기를, 春節에 土가 空亡이거나, 夏節에 金이 空亡이거나, 秋節에 木이 空亡이거나, 冬節에 火가 空亡이면 眞空이라 했다.

- 그러나 日이 生扶하면 眞空이 아니며, 비록 克傷하는 계절은 아니더라도, 日月에 休囚된 爻가 空亡이면 眞空으로 판단해야 한다.

- 眞空은 소멸을 나타내므로, 出空하더라도 이미 소멸되었기 때문에 사용하지 못한다. 眞空의 出空은 특정한 사안의 결과를 예측하는 데 적용된다.

- 用神과 原神은 眞空을 크게 꺼리지만, 忌神과 仇神은 眞空이 되면 오히려 유리(有利)하다.

가출한 처 水火旣濟 ! 澤火革 ○官未 // 父酉 / 父申 兄亥 X 世 兄亥 / (財午) 官丑 // 孫卯 / 應	申月 丁亥日

● 神算六爻 例文.

● 卯月 卦다.

● 三爻 亥水 兄爻 아래, 伏神인 午火 財가 用神이다.

● 用神이 申月에 休囚되고, 日辰 亥水 飛神의 克을 받아, 空亡이니 眞空이다.

● 眞空은 이미 소진(消盡), 소멸(消滅)되었다는 뜻이다.

● 眞空은 소멸을 나타내므로, 현재 가출한 妻가 당신의 인생에서 지워졌다는 의미다. 찾기 어렵다.

여자에게 청혼 火風鼎 ! 雷風恒 孫巳 ○財戌 X 應 官申 // 孫午 / 官酉 / 世 ○父亥 / 財丑 //	卯月 癸酉日

● 神算六爻 例文.

● 寅月 卦다.

● 六爻 戌土 財爻가 상대 여자다.

● 月日의 生扶를 받지 못하고, 空亡을 만나니 眞空에 비유된다.

● 그러나 戌土 財爻가 스스로 動해 巳火를 化出하면서, 回頭生을 받아 절처봉생(絶處逢生)이다.

● 戌土 財爻가 三爻 酉金 世爻를 生하니, 상대 여자가 결혼할 생각이 있다.

● 내일 甲戌日 巳時에 청혼(請婚)하면 좋은 일이 있겠다.

12. 暗動과 日破, 冲散 (암동과 일파, 충산)

(1) 暗動

- 旺相한 爻가 日辰의 沖을 받으면 暗動이다.
- 暗動은 動爻와 같이 다른 효(他爻)를 生克한다.
- 世爻가 暗動하면 나의 조용한 행동이고, 應爻가 暗動하면 상대의 소리 없는 움직임이다.
- 用神이나 原神이 暗動하면 진행(進行)하는 일이나 소원(所願)하는 일이 순조롭다.
- 忌神이나 仇神이 暗動하면 경영(經營)하는 일에 장애(障碍)가 있고 환자(患者)는 약(藥)을 구하기 어렵다.

자손 병점

天地否 ! 天雷无妄

財戌 /
官申 /
孫午 / 世
○財辰 //
兄寅 //
財未 父子 X 應

亥月 丙申日

- 神算六爻 例文.
- 四爻에 있는 午火 孫爻가 用神이다.
- 午火 孫爻가 亥月에 克을 받아 쇠약(衰弱)한데, 初爻에서 子水 父爻가 發動하여 午火 孫爻를 克하니 크게 凶하다.
- 그러나 다행스러운 것은 二爻에 寅木 兄爻가 亥月에 生을 받아 旺相한데, 日辰이 沖하니 暗動이다.
- 子水 父爻를 탐생망극(貪生忘克)시키고, 子水의 生을 받아 다시 午火 孫爻를 生扶하니 대길(大吉)하다.
- 寅日에 약(藥)을 구하겠다 하였더니, 寅日에 명의(名醫)를 만났다.

(2) 日破

- 休囚된 爻가 다시 日辰에 沖을 당하면 日破다.
- 破는 부서지고 어긋나는 것을 말한다.
- 世爻가 日破되면 내가 의욕을 상실함이며, 應爻가 日破되면 상대가 의욕이 없다.
- 用神이나 原神이 日破를 만나면 소원(所願)하는 바를 기대하기 어렵다.
- 忌神이나 仇神이 日破를 만나면 환자는 약을 구하게 되고, 지체되고 머뭇거리던 일은 가뭄에 단비를 만난 것과 같다.

시험점

雷天大壯 ! 雷火豊

	官戌 //	卯月 甲寅日
	父申 // 世	
	財午 /	
	兄亥 /	
孫寅	◦官丑 〤 應	
	孫卯 /	

- 神算六爻 例文.
- 父가 持世한 것은 시험(試驗)과 인연이 있다는 의미다.
- 申金 父爻의 原神이 二爻에서 動하여 生하는 것은 바람직하다 하겠으나, 回頭克을 당해 凶하다.
- 卯月에 申金 父爻가 무력한데, 寅日이 沖하니 日破다.
- 日破는 이미 부서졌거나 소멸하여가는 과정이니, 이번 시험은 어렵겠다.

(3) 沖散

◦ 動爻가 日辰의 沖을 받으면 沖散이라 한다.

◦ 動한 자를 日辰이 沖하는 것은 日辰이 움직이는 자를 움직이지 못하게 통제하는 것과 같다.

◦ 用神이 沖散되면 계획하는 일에 장애가 발생하니 성사(成事)를 보기 어렵다.

◦ 忌神이나 仇神이 沖散되면 우환(憂患)이나 근심이 흩어지게 된다.

직장운

澤水困 ! 兌爲澤

父未 // 世
○兄酉 /
孫亥 /
父丑 // 應
財卯 /
財寅 官巳 X

申月 乙亥日

◦ 神算六爻 例文.

◦ 六爻에서 未土 父爻가 持世하였는데, 初爻에서 巳火 官鬼가 動하여 世爻를 生扶하니 반드시 직장을 구하는 卦다.

◦ 그러나 자세히 관찰하면, 動한 巳火 官鬼를 亥日이 沖하니 沖散이다.

◦ 나를 찾는 자를 중도(中途)에서 막아버리는 것과 같다.

◦ 결국은 원하는 직장을 구하지 못했다.

13. 月破 (월파)

- 破는 爻가 부서짐을 말한다.
- 休囚된 爻를 月이 沖하는 것을 月破라 한다.
- 그러나 月의 沖을 받더라도 爻가 스스로 動해, 化出된 旺相한 變爻의 生을 받거나, 日의 생조(生助)를 받으면 月破라 하지 않는다.

- 忌神이나 仇神이 月破를 당하면 吉하지만, 用神이나 原神이 月破를 만나면 계획하거나 꾀하는 일이 이미 어긋났음을 뜻하니, 계절이 바뀌어 出破한다 해도 무슨 소용(所用)이 있겠는가!

자손 병점

山火賁 ! 風火家人

			酉月 甲戌日
	兄卯 /		
父子	孫巳 X	應	
	財未 //		
	父亥 /		
	財丑 //	世	
	兄卯 /		

- 神算六爻 例文.
- 未月 卦다.
- 五爻 孫爻가 用神이다.
- 巳火 孫爻가 回頭克을 당하고, 戌日에 入墓되니 大凶하다.
- 巳火 孫爻의 原神인 卯木 兄爻가 初爻와 六爻에 交重되어 있는데, 酉月에 月破를 당하고, 日의 生扶를 받지 못해 無力하다.
- 原神의 破 또는 眞空은 問卜하는 사안의 단절(斷絶)을 예시한다.
- 오늘이 염려스럽다.
- 戌日은 用神인 巳火 孫爻를 入庫시키기 때문이다.
- 申時에 결과가 나타나는 것은 動者는 合하는 日, 時에 應하기 때문이다.

관재점

地火明夷！地天泰

	孫酉 // 應	戌月 丁卯日
	○財亥 //	
	兄丑 //	
	兄辰 / 世	
兄丑	官寅 X	
	財子 /	

● 神算六爻 例文.

● 寅月 卦다.

● 戌月이 三爻 辰土 世爻를 月破로 치니 凶하다.

● 二爻에서 寅木 官爻가 發動해 世爻를 克해오니, 반드시 관재(官災)가 있겠다.

● 甲戌日을 조심하라.

구직점

地火明夷！地天泰

	孫酉 // 應	戌月 乙卯日
	財亥 //	
	○兄丑 //	
	兄辰 / 世	
○兄丑	官寅 X	
	○財子 /	

● 神算六爻 例文.

● 寅月 卦다.

● 직업(職業)을 구하는 占은 官이 用神이다.

● 소원점(所願占)은 用神이 持世하면 原神이 動해 世爻를 生하여주거나, 用神이 動해 世爻를 生하여주거나, 用神이 動해 世爻를 克하여주는 경우에 이루어진다.

● 이 卦는 辰土 世爻가 戌月에 月破를 당해 어려운데, 다시 二爻에서 寅木 官爻가 動하여 克世해오니, 직장에서 일어난 凶을 감당(堪當)하지 못한다.

● 직업을 구하나 官鬼가 鬼殺이 되니, 그 직장에서 해(害)를 피하기 어렵다.

14. 伏神 (복신)

- 伏神은 卦 中에 나타나지 않은 六親이다.
- 卦 中에 없는 것은 현재의 환경에 그 六親의 흔적이 감춰져 있거나 없다는 의미다.
- 소원(所願)하는 바가 伏神이 되면 이미 이루어질 수 없는 사안이니 거론할 것 없다. 다만 사람을 찾거나, 물건을 찾는 데 사용될 뿐이다.

자식을 얻음	
火山旅 ! 天山遯	
父戌 /	申月
父未○兄申 X 應	
官午 /	乙亥日
○兄申 /	
官午 // 世	
父辰 // (孫子)	

- 神算六爻 例文.
- 初爻에 伏神인 子水 孫爻가 用神이다. 飛神 辰土 父爻 아래에 있고 克을 받으니 凶하다.
- 그러나 申月이 生하고, 亥日이 도우니 다행이다. 戌年에 자식을 얻겠다.
- 戌年에 應하는 것은 戌土가 辰土 忌神을 冲으로 제거하기 때문이다.

외국의 장모 귀국	
地火明夷 ! 地雷復	
○孫酉 //	丑月
財亥 //	
兄丑 // 應	己卯日
財亥 兄辰 X	
官寅 // (父巳)	
財子 / 世	

- 神算六爻 例文.
- 二爻 寅木 官爻 아래에 伏神인 巳火 父가 用神이다.
- 寅木 飛神이 巳火를 生하고, 卯日이 生하니 伏神이라도 쓸 수 있다.
- 巳火 父가 출현하는 巳日 귀국할 것이다.

15. 進神과 退神 (진신과 퇴신)

- 爻가 動해 같은 五行으로 변하면서 十二地支 順으로 볼 때, 앞으로 나아간 것이 進神이다.
- 반대로 같은 五行으로 변하되, 뒤로 물러난 것이 退神이다.
- 예컨대, 進神은 寅變卯, 申變酉, 丑變辰, 未變戌이다.
- 退神은 卯變寅, 酉變申, 辰變丑, 戌變未다.
- 用神과 原神은 進神이면 좋고, 忌神과 仇神은 退神이면 좋다.

자식을 얻는 점

水澤節 ! 水雷屯

兄子 //
官戌 / 應
父申 //
官辰 //
◦孫卯◦孫寅 X 世
兄子 /

酉月 庚戌日

- 神算六爻 例文.
- 二爻에서 寅木 孫爻가 動해, 卯木 孫으로 變하니 大吉하다.
- 그러나 현재는 寅 · 卯木 孫爻가 空亡이고, 酉月이 卯木 變爻를 月破로 치니 불미(不美)하다.
- 寅年이나 卯年이 되면, 자손을 얻게 된다.

아버지 병점

澤雷隨 ! 兌爲澤

父未 // 世
兄酉 /
◦孫亥 /
父丑 // 應
財寅 財卯 X
官巳 /

巳月 庚午日

- 神算六爻 例文.
- 六爻 未土 父爻가 用神이다.
- 二爻에서 忌神인 卯木 財爻가 發動하여, 寅木 財로 變하니 退神이다.
- 仇神인 四爻 亥水 孫爻는 月破를 당하고, 空亡이니 眞空이다.
- 仇神이 眞空이고, 忌神이 退神이 되니 반드시 치유(治癒)된다.

◎ 爻가 退神의 형태이나 日月의 生扶를 받아 旺相하면 退神이 되지 않으며, 爻가 進神의 모양을 하고 있어도 日月에 衰絶되면 進神이라 하지 않는다.

雷澤歸妹 ! 澤雷隨

	○財未 // 應	
官申	官酉 ✕	未月 乙酉日
	父亥 /	
	財辰 // 世	
兄卯	兄寅 ✕	
	父子 /	

● 神算六爻 例文.

● 二爻에서 寅木 兄爻가 發動하여 卯木 兄을 化出하니 進神이고, 五爻에서 酉金 官爻가 動하여 申金을 化出하니 退神이다.

● 그러나 자세히 살펴보면, 二爻에서 動한 寅木 兄爻는 未月에 休囚되고, 酉日에 克을 당해 무력하다.

● 형상(形象)은 進神이나, 나아가지 못하니 退神에 비유된다.

● 五爻에서 發動한 酉金 官爻는 申金을 化出하여 退神이 되나, 未月에 生을 받고 酉日에 旺相하니 進神에 비유된다.

외국에 있는 딸 언제 귀국할까
澤火革 ! 天火同人

○孫未	孫戌 ✕ 應	寅月 甲申日
	財申 /	
	○兄午 /	
	官亥 / 世	
	孫丑 //	
	父卯 /	

● 神算六爻 例文.

● 六爻에 있는 戌土 孫爻가 用神이다.

● 戌土 孫爻가 動했다는 것은 움직임, 또는 움직이고 싶은 의사(意思)가 있는 것을 말한다.

● 그러나 戌土 孫爻가 寅月에 休囚되었는데, 未土 孫을 化出하여 退神되면서, 未土가 空亡이 되니 오지 못한다.

16. 沖中逢合과 合處逢沖 (충중봉합과 합처봉충)

- 충중봉합(沖中逢合)은 六沖卦에서 爻가 動해 變爻와 合이 되거나, 爻가 日辰과 六合을 이룬 것을 말한다. 三合은 해당되지 않는다.
- 합처봉충(合處逢充)은 六合卦에서 爻가 動해 變爻와 沖이 되거나, 爻가 日辰과 沖이 되는 경우다. 合은 모이는 것이고, 沖은 흩어지는 것이다.
- 沖中逢合은 먼저 흩어지나 뒤에 모이고, 合處逢沖은 먼저 얻지만 뒤에 흩어지게 된다.
- 古書에 이르기를, 沖中逢合은 먼저 흩어지고 뒤에 이루어지며, 合處逢沖은 처음에는 순조로우나 뒤에 장애가 온다 했는데, 이것은 飛神을 붙여 통변(通辯)하는 六爻占에서는 다소 문제가 있다.
- 사안(事案)의 성사 여부는 用神의 旺相休囚와 生克制化로 결정되기 때문이다.

가출한 처

天風姤 ! 巽爲風

變爻	本卦	
	兄卯 / 世	寅月
	◦孫巳 /	戊戌日
孫午	財未 X	
	官酉 / 應	
	父亥 /	
	財丑 //	

- 神算六爻 例文.
- 初爻 丑土 財爻와 四爻 未土 財爻가 출현했는데, 未土 財爻가 發動하니 用神으로 한다.
- 비록 卦가 六沖卦이나, 未土 財爻가 發動해 午火 孫을 化出하면서, 午未 合을 이루니 반드시 귀가(歸家)한다.
- 合者는 沖日에 應하니 丑日을 기다리라.

금전차용

!火山旅

兄巳 /
孫未 //
財酉 / 應
財申 /
兄午 //
孫辰 // 世

卯月 乙卯日

● 神算六爻 例文.

● 六合卦는 꾀하는 일이 성사되는 것을 원칙으로 한다.

● 그러나 이 卦는 申·酉金 財爻가 世爻와는 무관(無關)하다.

● 그리고 卯月 卯日에 日月의 克을 받고, 生扶가 없어 금전차용(金錢借用)이 어렵다.

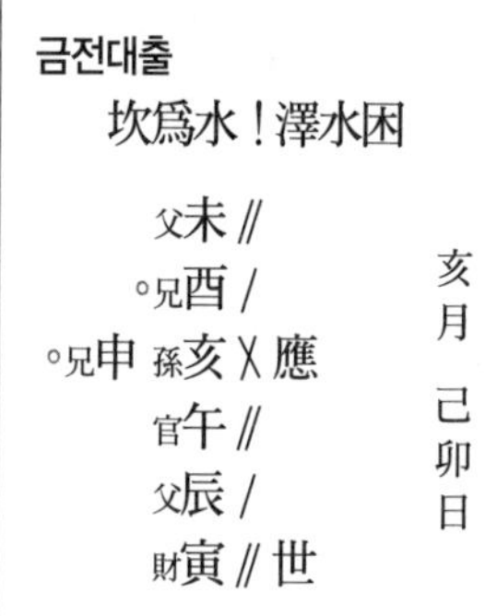

● 神算六爻 例文.

● 澤水困은 六合卦다.

● 四爻에서 亥水 孫爻가 動해 申金 兄을 化出하여, 世爻 寅木 財爻와 서로 相沖하는 형상이라, 이것이 합처(合處)에 봉충(逢沖)이다.

● 四爻 應爻에서 亥水 孫爻가 動하여 申金을 化出 回頭生이 되어, 世爻인 寅木 財爻를 生하니, 반드시 금전(金錢)을 대출(貸出)하는 데 어려움이 없다.

● 현재는 申金이 空亡이라 쉬고 있는 모습이다.

● 出空하는 甲申日에 대출이 된다.

● 四爻를 대표하는 것은 亥水 孫爻이다.

● 대외적인 일은 亥水가 한다.

● 亥水가 動하여 化出한 申金 兄은 亥水의 그늘 아래에 있는 가족일 뿐이므로, 他爻를 生克하는 것은 이치에 맞지 않다.

17. 四生墓絕 (사생묘절)

(1) 生地

- 四生地는 寅, 申, 巳, 亥로 各 五行의 生成地다.
- 木은 亥에서 生을 받고, 火는 寅에서 生을 얻는다.
- 金은 巳에서 生을 받고, 水는 申에서 生을 받는다.
- 土는 四季節이 旺하다. 그래서 특별히 生地를 정하기 어려우나, 古書에 水와 동일하게 보니 참고하기 바란다.
- 寅 · 申 · 巳 · 亥 四生을 다시 三生으로 분석한다.

三生 - 1) 日辰이 長生地가 된 경우

爻가 月에 휴수쇠절(休囚衰絶)되어도, 日辰에서 生을 얻으면 힘을 얻게 된다.

당일 재수점

!澤水困

父未 //		申月
○兄酉 /		乙亥日
孫亥 /	應	
官午 //		
父辰 /		
財寅 //	世	

- 神算六爻 例文.
- 午月 卦다.
- 初爻에서 寅木 財爻가 持世하나, 月破를 입으니 크게 이롭지 못하다.
- 日辰 亥가 長生地가 되니, 月破에서 벗어나게 되며 도리어 재수가 있다.
- 모든 占은 문복방법(問卜方法)에 따라 그 결과가 전혀 다르다.
- 이 卦로 금월(今月)의 재수를 묻는다면 재수를 말하기 어렵다.
- 그러나 卦 中에서 四爻 亥水 孫爻가 動하면, 亥水가 申月의 生을 받아 世爻를 生扶하므로, 크게 이롭다 하겠다.

三生 - 2) 動한 爻가 長生이 되는 경우

日月에 休囚衰絶된 爻가 日月에 旺相한 動爻의 生扶를 얻으면, 絶處에서 生을 얻으므로 大吉하다.
그러나 日月에 衰絶된 爻는 生을 帶하고 發動한다 해도, 힘을 쓰지 못하니 生을 기대하기 어렵다.

친구 병점
澤火革 ! 水火旣濟

兄子 // 應
官戌 /
兄亥 父申 Ⅹ
兄亥 / 世
官丑 //
○孫卯 /

未月 甲辰日

- 神算六爻 例文.
- 用神은 六爻에 있는 子水 兄爻다.
- 未月과 辰日이 동시(同時)에 克하니 大凶하다.
- 그러나 다행스러운 것은 四爻에서 申金 父爻가 日月의 生扶를 얻어 旺動하여, 兄爻를 生扶하니 絶處逢生이다.
- 申日에 貴人을 만나겠다. 과연 申日에 명의(名醫)를 만나 어려움에서 벗어날 수 있었다.

자손 병점
天澤履 ! 天雷无妄

財戌 /
○官申 /
孫午 / 世
財辰 //
兄卯 兄寅 Ⅹ
父子 / 應

子月 乙亥日

- 神算六爻 例文.
- 四爻에 있는 午火 孫爻가 用神이다.
- 근래에 얻은 병(近病)에는 六沖卦가 유리(有利)하나, 子月에 月破를 당하고 亥日의 克을 받아 大凶하다.
- 그러나 二爻에 있는 寅木 兄爻가 日月의 生을 받고 旺動하여, 用神을 生扶하니 絶處에서 生을 얻음이다. 반드시 치유된다.

三生 - 3) 化出된 變爻가 動爻를 回頭生하는 경우

衰絶된 爻가 發動하나 무력(無力)하다. 그러나 日月에 生扶를 얻어 旺相한 變爻가 動爻를 生하면, 回頭生이 되니 動爻가 힘을 얻는다.

처의 병점

水地比 ! 澤地萃

		午月 己未日
	父未 //	
	兄酉 / 應	
兄申	孫亥 Ⅹ	
	財卯 //	
	官巳 // 世	
	父未 //	

● 神算六爻 例文.

● 三爻에 있는 卯木 財爻가 用神이다.

● 財爻가 日月에 休囚衰絶되니, 大凶卦다.

● 四爻에서 原神 亥水가 發動하여, 申金을 化出하여 回頭生이 되니 절처봉생(絶處逢生)이다.

● 亥日에 유능한 의사를 만나 치유된다.

시험점

天水訟 ! 天澤履

		子月 乙未日
	兄戌 /	
	孫申 / 世	
	父午 /	
	兄丑 //	
	官卯 / 應	
官寅	◦父巳 Ⅹ	

● 神算六爻 例文.

● 시험점(試驗占)에 孫爻가 持世하는 것은 바람직하지 않으나, 父爻가 動하여 克世해 주면 크게 이롭다.

● 初爻에서 巳火 父爻가 動하여 世爻를 克하니, 시험에 유리하다.

● 그러나 巳火 父爻가 子月에 克을 당하고 休囚되어 불미(不美)하다.

● 그러나 다행인 것은 子月에 旺相한 寅木 官을 化出하여, 生을 받아 克世하니 반드시 시험에 합격한다.

(2) 絶地

- 四絶地도 寅, 申, 巳, 亥로 각 五行의 氣를 단절(斷絶)시키는 위치다.
- 木은 申, 火는 亥, 金은 寅, 水는 巳에서 氣가 멈춘다.
- 寅 · 申 · 巳 · 亥 四絶을 다시 三絶로 분석한다.

三絶 - 1) 日辰에 絶이 되는 경우

月에 休囚된 爻가 다시 日에 絶이 되면, 그 爻는 사용하지 못한다.

승진점

水雷屯 ! 水地比

財子 // 應
兄戌 /
孫申 //
官卯 // 世
父巳 //
財子 ◦兄未 X

未月 甲申日

- 神算六爻 例文.
- 申月 卦다.
- 卯木 官鬼가 持世하니, 직장운(職場運)이 있는 사람이다.
- 未月에 卯木 官鬼가 休囚되고, 申日에 絶이 되니 바람직하지 못하다.
- 初爻에서 未月이 動해 卯木 官鬼를 入庫시키니, 직장에서 어려움이 있겠다.
- 그러나 파직(罷職)을 면(免)한 것은 六爻에서 原神인 子水 財爻가 申日의 生扶를 받아 旺相하기 때문이다.
- 原神이 卦 中에 없으면 장래를 기약하기 어려우나, 原神이 卦 中에서 旺相하면 현재는 어려워도 장래(將來)가 있다.

三絶 - 2) 動爻에 絶이 되는 경우

日月에 旺相한 動爻가 休囚된 爻를 衰絶시키면, 그 爻에 해당하는 사안이 이미 어려워졌다 하겠다.

아버지 병점

澤天夬 ! 雷天大壯

兄戌 //
○孫酉 ○孫申 X
父午 / 世
兄辰 /
官寅 /
財子 / 應

未月 甲戌日

● 神算六爻 例文.

● 四爻에 있는 午火 父爻가 用神이다.

● 午火 父爻가 未月에 休囚되고, 다시 戌日에 入庫되니 凶하다.

● 의지할 곳은 二爻에 있는 寅木 官鬼인데, 五爻에서 申金이 旺動하여, 午火 父爻의 原神인 寅木 官鬼를 克絶시키니 大凶하다.

● 현재는 申金 孫爻가 空亡이라 무방한 듯하나, 申金이 出空하는 甲申日에 하늘을 바라보지 못하겠다.

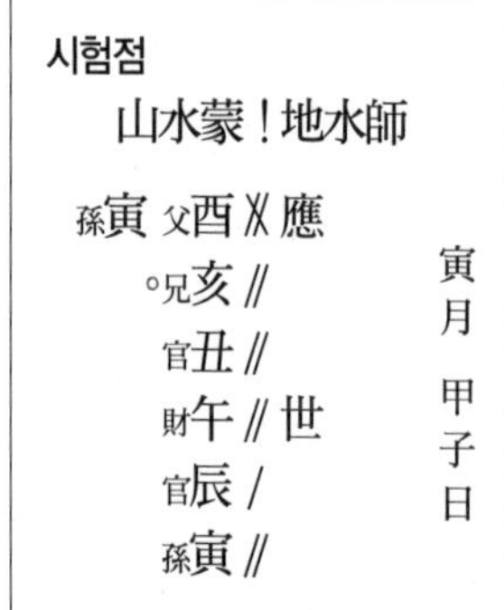

● 神算六爻 例文.

● 시험점(試驗占)은 父가 用神이다.

● 시험점에서 財爻가 持世하는 것은 절대 바람직하지 않다.

● 寅月에 生을 받아 旺相한 午火 財爻가 持世하고, 다시 子日에 暗動이 되는 것은 의욕이 넘치는 것을 나타낸다.

● 六爻에서 酉金 父爻가 動하나, 寅木 孫爻를 化出하여 絶이 되니, 다음 기회를 기다려야 한다.

三絶 - 3) 化出된 爻에 動爻가 絶이 되는 경우

衰絶된 動爻를 化出한 變爻가 日月에 힘을 얻어, 旺相한 기운(氣運)으로 動爻를 絶氣시키면 화절(化絶)이라 한다.
動爻의 움직임을 단절(斷絶)시키니, 動爻가 무력(無力)하여 기능이 상실된다.

재수점

風山漸 ! 風地觀

財卯 /		巳月 乙未日
○官巳 /		
父未 // 世		
兄申 財卯 X		
○官巳 //		
父未 // 應		

● 神算六爻 例文.

● 三爻 卯木 財爻가 用神이다.

● 재수점(財數占)은 財가 克世하는 것이 최상이지만, 世爻가 衰絶되어 財爻의 克世를 수용(受用)하지 못하면, 도리어 재물로 인해 재앙이 일어난다.

● 이 卦는 世旺하고, 卯木 財爻가 發動하나, 日月에 休囚되니 克世할 힘이 없다.

● 卯木이 動하여 申金을 化出, 絶이 되니 손재(損財)가 염려된다.

동업점

地風升 ! 山風蠱

○官酉 兄寅 X 應		戌月 乙亥日
父子 //		
財戌 //		
○官酉 / 世		
父亥 /		
財丑 //		

● 神算六爻 例文.

● 官이 持世한 것은 내 마음이 불량하거나 어둡다는 의미도 된다.

● 六爻에서 寅木 兄爻가 動하여 酉金을 化出한 것은 상대가 이미 내 의중(意中)을 알고 있다는 뜻이기도 하다.

● 應爻에 있는 寅木 兄爻가 動하여 酉金을 化出하여 絶이 되니, 상대방이 이미 나를 경계하고 있다는 뜻이며, 世爻와 應爻가 空亡인 것은 나와 상대가 서로 진실(眞實)되지 못한 것을 나타낸다.

(3) 墓地

- 四墓地는 辰, 戌, 丑, 未로 각(各) 五行의 움직임을 묶거나 잡아 가두는 곳이다.
- 木의 墓는 未, 火를 구속(拘束)시키는 곳은 戌, 水를 흐르지 못하게 막는 곳은 辰, 金의 광채(光彩)를 가리는 곳은 丑이다.
- 辰 · 戌 · 丑 · 未 四墓도 三墓로 분석한다.

三墓 - 1) 日辰이 墓가 되는 경우

月에 衰絶된 爻가 日辰에서 墓를 만나는 경우를 말한다. 모든 사안이 묶인 것 같으니, 일이 정체(停滯)되고 주위가 어둡기만 하다.

승용차를 타고 여행

山水蒙 ! 火水未濟

兄巳 / 應
○孫未 //
孫戌 財酉 X
○兄午 // 世
孫辰 /
父寅 //

申月 丙戌日

- 神算六爻 例文.
- 三爻에 있는 午火 世爻가 空亡인데, 申月에 休囚되고, 戌日에 入墓되니 眞空이다.
- 寅 · 申 · 巳 · 亥는 驛馬다.
- 初爻에 있는 寅木 父爻가 승용차가 된다.
- 驛馬가 父爻를 帶하니, 차는 오래되고 낡았다.
- 결국은 승용차에 문제가 있어, 여행을 중단한 사람이 얻은 卦다.

三墓 - 2) 動爻가 墓가 되는 경우

休囚된 爻를 動爻가 잡아 묶는 경우다. 진행하거나 계획하는 일의 진전(進展)이 없으며, 시간만 소비(消費)하게 된다.

장인 병점

火天大有 ! 雷天大壯

父巳 兄戌 X
孫申 //
○父午 / 世
兄辰 /
官寅 /
財子 / 應

戌月 乙酉日

- 神算六爻 例文.
- 卯月 卦다.
- 四爻에 持世한 午火 父爻가 用神이다.
- 用神 午火 父爻가 戌月에 休囚되고 空亡이니 眞空이다.
- 眞空은 소멸하여 가는 것을 의미한다.
- 더욱 아름답지 못한 것은 六爻에서 午火 父爻의 墓인 戌土가 旺動하여 用神을 入墓시킨다.
- 戌墓가 動하여 午火 父爻를 入墓시키니, 戌日이 凶하다.
- 모든 병점(病占)은 병이 깊으면 바로 수명(壽命)에 영향을 준다.
- 수명점(壽命占)에는 原神의 동향(動向)이 중요하다.
- 이 卦는 二爻에서 父의 原神인 木官이 戌月에 休囚되고, 酉日에 克을 당해 무력하다. 미래가 없는 것과 같다.
- 午火 父爻가 空亡을 만나니, 午火 父爻가 현재의 자리를 비운 것과 같다.
- 午火 父爻가 出空하는 甲午日에 午火가 출현하여 동묘(動墓)에 들면 凶하다.

三墓 - 3) 化出된 變爻가 動爻의 墓가 되는 경우

衰絶된 動爻가 化出된 變爻에 묶이게 된 경우로 動爻의 힘이 상실(喪失)된다.

자기 병점
火雷噬嗑 ! 離爲火

兄巳 / 世
孫未 //
○財酉 /
孫辰 官亥 X 應
孫丑 //
父卯 /

子月 己卯日

● 神算六爻 例文.

● 巳月 卦다.

● 六爻 世爻가 문복(問卜)하는 본인이니, 用神이 된다.

● 子月에 克을 받으나, 卯日에 生을 받으니 크게 어려움은 없다.

● 그러나 三爻에서 亥水 官鬼가 旺動하여, 世爻를 沖克하니 凶하다.

● 그러나 다행스러운 것은 亥水 官鬼가 스스로 動하여, 化出된 辰土에 入墓된 것이다.

● 현재는 亥水 官鬼가 子月의 生扶를 얻어, 旺相하여 入庫되지 않는다.

● 子月이 지나면서 丑月이 되면 辰土 孫이 기세(氣勢)를 얻고, 亥水 官鬼가 무력(無力)해져 화묘(化墓)에 들게 되면, 病이 물러가게 된다.

● 모든 病占에 原神의 비중이 크다.

● 原神은 用神의 뿌리가 된다.

● 病이 위중(危重)해도 原神이 旺하면 어려움을 이겨낸다.

● 그러나 아무리 用神이 旺해도 原神이 眞空이나 破絶이 되면, 미래를 기약(期約)하기 어렵다.

18. 六沖과 六合 (육충과 육합)

○ 六合卦는 八個다. 天地否, 地天泰, 澤水困, 水澤節, 火山旅, 山火賁, 雷地豫, 地雷復으로 初爻와 四爻, 二爻와 五爻, 三爻와 六爻가 서로 六合이 되는 卦를 말한다.

○ 天地否는 財가 持世하나, 財의 原神이 없으니 큰일을 기대하기 어렵다.

○ 地天泰는 兄이 持世하여, 財物이나 妻를 구하는 데 어려움이 많다.

○ 澤水困은 財가 持世하나, 應爻에 子孫이 있어 世爻와 生合이 되니 六合卦의 의미가 있다.

○ 水澤節은 비록 財가 持世한다 하나, 財數를 구하는 占에 世爻의 原神을 차단하는 父가 應爻에 있어 장래를 기약(期約)할 수 없다.

○ 火山旅는 子孫이 持世하니, 한가롭기만 하다.

○ 山火賁는 官鬼가 持世하나, 應爻에 兄이 있어 世爻의 原神을 핍박한다.

○ 地雷復은 財가 持世하나, 應爻에 兄이 있어 항시 내 재물이 타인에게 탈취당할 조건 속에 있다.

○ 雷地豫는 財가 持世하나, 應爻에서 生合하니 財數占에는 유력하나, 시험이나 부모 病占에는 아름답지 못하다.

六合卦

!天地否

父戌 / 應
兄申 /
官午 /
財卯 // 世
官巳 //
父未 //

!澤水困

父未 //
兄酉 /
孫亥 / 應
官午 //
父辰 /
財寅 // 世

!火山旅

兄巳 /
孫未 //
財酉 / 應
財申 /
兄午 //
孫辰 // 世

!雷地豫

財戌 //
官申 //
孫午 / 應
兄卯 //
孫巳 //
財未 // 世

!水澤節

兄子 //
官戌 /
父申 // 應
官丑 //
孫卯 /
財巳 / 世

!山火賁

官寅 /
財子 //
兄戌 // 應
財亥 /
兄丑 //
官卯 / 世

!地天泰

孫酉 // 應
財亥 //
兄丑 //
兄辰 / 世
官寅 /
財子 /

!地雷復

孫酉 //
財亥 //
兄丑 // 應
兄辰 //
官寅 //
財子 / 世

○ 六沖卦는 六十四卦에서, 각 宮의 수위괘(首位卦)인 乾爲天, 兌爲澤, 離爲火, 震爲雷, 巽爲風, 坎爲水, 艮爲山, 坤爲地, 그리고 天雷无妄, 雷天大壯이다.

○ 모두 十個로 初爻와 四爻, 二爻와 五爻, 三爻와 六爻가 서로 相沖되는 卦를 말한다.

○ 古書에 이르기를 六沖卦는 일이 이루어지기 어렵고, 六合卦는 모든 일이 수월하다 했으나, 이 부분은 깊이 연구해야 할 문제다.

○ 주역을 근간으로 발생한 占法이 많은데, 그 중에서 飛神을 붙여 六親의 旺衰로 판단하는 占法은 육효점 밖에 없다.

○ 他 占法을 육효점에 적용하는 것은 옳지 않다. 육효점은 오직 爻의 旺相休囚와 六親의 동정(動靜)으로 판단해야 하기 때문이다.

六沖卦

!乾爲天	!兌爲澤	!離爲火
父戌 / 世	父未 // 世	兄巳 / 世
兄申 /	兄酉 /	孫未 //
官午 /	孫亥 /	財酉 /
父辰 / 應	父丑 // 應	官亥 / 應
財寅 /	財卯 /	孫丑 //
孫子 /	官巳 /	父卯 /

! 震爲雷

財戌 // 世
官申 //
孫午 /
財辰 // 應
兄寅 //
父子 /

! 巽爲風

兄卯 / 世
孫巳 /
財未 //
官酉 / 應
父亥 /
財丑 //

! 坎爲水

兄子 // 世
官戌 /
父申 //
財午 // 應
官辰 /
孫寅 //

! 艮爲山

官寅 / 世
財子 //
兄戌 //
孫申 / 應
父午 //
兄辰 //

! 坤爲地

孫酉 // 世
財亥 //
兄丑 //
官卯 // 應
父巳 //
兄未 //

! 天雷无妄

財戌 /
官申 /
孫午 / 世
財辰 //
兄寅 //
父子 / 應

! 雷天大壯

兄戌 //
孫申 //
父午 / 世
兄辰 /
官寅 /
財子 / 應

○ 忌神과 仇神은 沖이 되고 흩어져야 좋지만, 用神과 原神은 合되고 生扶를 받아야 吉하다.

○ 古書에 병점(病占)의 경우 근래(近來)에 얻은 病은 六合卦면 사망하고, 오래된 病은 六沖卦면 사망한다.

○ 반대로 근래에 얻은 病은 六沖卦면 살고, 오래된 病이 六合이면 산다고 했는데 합당(合當)한 이치가 있다.

○ 近病(근래에 얻은 병)의 경우, 六沖이면 환자에게서 病이 떨어져 나가고, 六合이면 病이 환자를 떠나지 않고 몸에 붙어 정착하게 되니, 마침내 病이 깊어져 죽음에 이른다는 의미다.

○ 久病(오래된 병)의 경우, 六沖이면 환자가 病에 적응을 하지 못해 죽음에 이르게 되며, 六合이면 이미 病과 적응이 되어 있어 쉽게 죽음에 이르지 않는다는 뜻이다.

○ 六沖卦에서 用神이 日辰과 合되거나 變爻와 合되면 충중봉합(沖中逢合)으로 결국에는 기쁨을 보게 되며, 忌神이 沖되고 用神이 合되면 거살유은(去殺留恩)이라 해서 凶 중에서 吉함이 있다.

○ 그러나 用神이 沖되고 忌神이 合이면 유살해명(留殺害命)이라 하여 만사(萬事)가 凶하다.

남편 승진점	
澤天夬 ! 雷天大壯	
兄戌 //	巳月 乙亥日
○孫酉 ○孫申 X	
父午 / 世	
兄辰 /	
官寅 /	
財子 / 應	

● 神算六爻 例文.

● 卯月 卦다.

● 六沖卦는 만사불성(萬事不成)인 것으로 알고 있으나, 항상 그런 것은 아니다.

● 五爻에서 忌神인 申金 孫爻가 動해, 進神이 되니 凶해 보인다.

● 그러나 忌神인 申金이 巳月의 克을 받으며, 亥日의 生扶를 받지 못하고, 空亡이니 眞空이다.

● 二爻 寅木 用神이 巳月에 休囚되나, 亥日의 生合을 받으니 절처봉생(絶處逢生)이다.

● 合者는 沖하는 날을 기다리니, 甲申日에 반드시 기쁜 소식이 있겠다.

은행 융자	
地風升 ! 地天泰	
○孫酉 // 應	巳月 乙亥日
財亥 //	
兄丑 //	
兄辰 / 世	
官寅 /	
兄丑 財子 X	

● 神算六爻 例文.

● 寅月 卦다.

● 六合卦는 일이 순조롭게 이루어지는 것을 원칙으로 알고 있으나, 항상 그런 것은 아니다.

● 이 卦에서 辰土 兄爻가 持世한 것은 현재 나는 재물과 인연이 없다는 얘기다.

● 은행은 應爻다.

● 酉金 應爻가 空亡이니, 융자(融資)를 해주고 싶은 생각이 없다.

● 융자가 어렵다.

19. 三刑과 六害 (삼형과 육해)

- 六爻占에서는 卦 中에 寅·巳·申이나 丑·戌·未 세 글자 모두 있어야 三刑이 성립된다. 그러나 三刑만 가지고 吉凶을 판단하는 것은 옳지 않다.
- 三刑이 凶殺을 帶하고 發動하여 爻를 克하면 刑克을 당한 爻가 어려움이 많으며, 用神이 月破나 眞空, 絶, 墓가 되어 三刑을 이루면 災厄이 반드시 따른다. 그러나 三刑이 用神을 生하고 克하지 않으면 두려울 것이 없다.
- 子卯, 辰辰, 午午, 酉酉, 亥亥를 自刑이라 하는데, 子卯刑 외에는 적중률이 낮다.
- 六害는 子未, 丑午, 寅巳, 卯辰, 申亥, 酉戌인데, 육효점에서는 적중률이 매우 낮아 적용하지 않는다.

남편 승진
雷天大壯 ! 水天需

○財子 //		
孫申 兄戌 X		巳月
父午 孫申 X 世		
兄辰 /		庚申日
官寅 /		
○財子 / 應		

- 神算六爻 例文.
- 二爻 寅木 官爻가 用神이다.
- 四爻에서 申金 孫爻가 動해 用神을 克하고, 寅木 用神이 巳月, 世爻 申日과 三刑이니, 승진은 커녕 매우 凶한 일이 있겠다.
- 未月을 주의하라.
- 현재는 四爻 申金 孫爻가 午火의 回頭克을 받아 무방하나, 未月이 되면 午火가 合去되고, 寅木 官이 入庫되기 때문이다.

신수점

水火旣濟 ! 風火家人

○父子 兄卯 X
孫巳 / 應
財未 //
父亥 /
○財丑 // 世
兄卯 /

亥月 己未日

● 神算六爻 例文.

● 未月 卦다.

● 初爻와 六爻에서 卯木 兄爻가 發動, 克世하니 凶하다.

● 六爻에서 卯木 兄爻가 發動, 子水 父를 化出하면서, 子卯刑을 이루었다.

● 卯木 兄爻는 부모와 같은 사람과 동거하는 형제나 친구다.

● 현재는 子水 父와 丑土 世爻가 空亡이라 무방하나, 出空하는 子日에 반드시 損財하겠다.

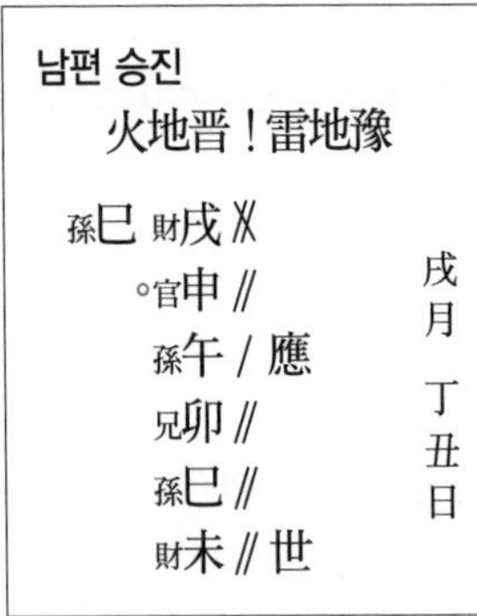

● 神算六爻 例文.

● 午月 卦다.

● 用神은 五爻의 申金 官爻다.

● 戌月과 丑日, 初爻 未土 財爻가 三刑을 이루니, 凶해 보인다.

● 그러나 用神 申金을 六爻 戌土가 動해 生하고, 丑日도 生하니 반드시 승진한다.

● 현재는 申金 官爻가 空亡이니, 出空하는 甲申日에 기쁜 소식이 있겠다.

20. 獨靜과 獨發 (독정과 독발)

◎ 獨靜은 六個의 爻 중에서 五個의 爻가 發動하고, 一個의 爻가 動하지 않은 것을 말한다.

◎ 육효점(六爻占) 통변(通辯)에는 반드시 원칙이 있다. 動한 자는 먼저 動한 자끼리 生克을 하는데, 항상 生이 먼저이니, 순서대로 살펴서 판단해야 한다.

◎ 獨發은 반대로 六個의 爻 중에서 一個의 爻만 動하고, 나머지 五個의 爻는 안정(安靜)된 경우다. 사안(事案)의 성사 여부는 用神의 生克制化에 있음을 명심(銘心)해야 한다.

◎ 獨靜, 獨發에 다소 영험(靈驗)함이 있다고는 하지만, 여기에 너무 집착해서는 안 된다.

재수점

雷火豊 ! 離爲火

孫戌 兄巳 X 世		巳月
孫未 //		
○財酉 /		戊寅日
官亥 / 應		
孫丑 //		
父卯 /		

● 神算六爻 例文.

● 六爻에서 巳火 兄爻가 持世하니, 재수(財數)를 논(論)할 필요도 없다.

● 一年 재수점이면 일년, 一個月 재수점이면 한달, 旬中 재수점이면 열흘간의 재수를 말하기 어렵다.

● 그런데 巳火 兄爻가 發動해, 變爻 戌土에 入庫되니 무방할 듯하다.

● 그러나 巳火 兄爻가 月을 帶하고, 寅日의 生을 받아 매우 旺하다.

● 따라서 變爻 戌土가 沖을 받는 辰日이면 出庫하니, 손재(損財)를 조심해야 한다.

가출한 아버지

雷澤歸妹！天山遯

父戌 父戌 X
兄申 兄申 X 應
官午 /
父丑 兄申 X
○財卯 官午 𝕏 世
官巳 父辰 𝕏

寅月 甲辰日

● 神算六爻 例文.

● 未月 卦다.

● 六爻에서 戌土 父爻가 發動해 伏吟이 되니, 밖에서 우환(憂患)이 있다.

● 또 財와 孫이 伏神이니, 경제적 어려움이 있겠다.

● 그러나 二爻에서 持世한 午火 官爻가 寅月의 生을 받고 發動해, 回頭生하여 六爻 戌土 父爻를 生하니 무사(無事)하다.

● 六爻에 있는 戌土 父爻가 生扶를 받는 午日에 귀가하겠다.

남자 결혼운

水火旣濟！澤火革

官未 //
父酉 /
父申 兄亥 X 世
兄亥 /
官丑 //
○孫卯 / 應

亥月 戊申日

● 神算六爻 例文.

● 卯月 卦다.

● 兄은 財가 가장 꺼려하는 자다.

● 世位에 兄爻가 있는 것은 財가 가장 싫어하는 자가 내 위치를 점거하고 있는 것과 같다.

● 亥水 兄爻가 持世한 것은 亥月 또는 亥年까지 내 위치를 점거하겠다는 의미다.

21. 盡靜과 盡發 (진정과 진발)

○ 盡靜은 六個의 爻 중에서 動爻가 하나도 없는 경우다.

○ 動爻가 없다 하여 사안(事案)의 吉凶을 판단하기 어려운 것은 아니다. 日月의 움직임과 生剋制化로 분별해도 큰 어려움이 없다 하겠다.

○ 盡發은 六個의 爻가 모두 움직인 것을 말한다.

○ 動爻끼리 서로 沖克하면 차가운 가을바람에 꽃잎이 흩날리는 것 같아, 소원하는 일의 성사가 막연(漠然)하고 암담(暗澹)하지만, 動爻가 서로 상생상조(相生相助)하면 서로 엉키어 어려워 보이나 마침내 순조롭게 된다.

가출한 처

!離爲火

兄巳 / 世		
孫未 //	午月	
○財酉 /		
官亥 / 應	庚辰日	
孫丑 //		
父卯 /		

● 神算六爻 例文.

● 用神은 四爻 酉金 財爻다.

● 用神을 午月이 克하나, 辰日이 生하니 무방하다.

● 그러나 현재 酉金 財爻가 空亡이니 旬空이다.

● 旬空은 出空을 기다려야 한다.

● 또 酉金은 日辰 辰과 合이 된다.

● 合者는 沖日을 기다려야 한다.

● 出空 後에 酉金 財爻를 沖하는 辛卯日에 반드시 귀가할 것이다.

아버지 안부 澤地萃 ! 山天大畜	
兄未 官寅 ╳	子月
孫酉 財子 ╳ 應	
◦財亥 ◦兄戌 ╳	壬申日
官卯 兄辰 ╳	
父巳 官寅 ╳ 世	
兄未 財子 ╳	

- 神算六爻 例文.
- 六個의 爻가 모두 動하니(난동 亂動) 판단하기 어려운 象이다.
- 用神은 二爻 寅木 官爻가 發動해 化出된 巳火 父다.
- 用神을 子月이 克하나 흉(凶)하다.
- 寅木 原神이 動하여 巳火 父를 化出하나, 動爻는 變爻를 生克하지 못한다.
- 卦가 흩어져 보이며, 動者는 化出者를 生克하지 못한다.
- 반드시 어려운 일이 일어난다.

재수점 雷天大壯 ! 風地觀	
父戌 ◦財卯 ╳	辰月
兄申 官巳 ╳	
官午 父未 ╳ 世	乙巳日
父辰 ◦財卯 ╳	
◦財寅 官巳 ╳	
孫子 父未 ╳ 應	

- 神算六爻 例文.
- 三爻와 六爻에 있는 卯木 財爻가 用神이다.
- 卦가 交重된 경우는 동업(同業)이나, 二人이상 공동(共同)으로 진행하는 일이다.
- 三爻와 六爻에 있는 卯木 財爻가 같이 動했으나, 卯木 財爻의 原神이 없으니 뿌리가 없는 것과 같다.
- 初爻와 四爻에서 未土 財庫가 동시에 動하여, 卯木 財爻를 入庫시키니 재수를 말하기 어렵다.

22. 用神 多現 (용신다현)

○ 用神 多現은 卦 中에 用神이 二個가 있는 것을 말한다.

○ 卦 中에 用神이 많으면 그 중에서 문제(問題)가 있는 爻, 즉 月破나 日破, 空亡되거나 發動한 爻를 用神으로 결정한다.

재수점

!風天小畜

兄卯 /
○孫巳 /
財未 // 應
○財辰 /
兄寅 /
父子 / 世

未月 庚子日

● 神算六爻 例文.

● 구재점(求財占)에 用神은 財爻다.

● 이 卦에서는 未土 財爻와 辰土 財爻가 있다. 財가 2개다.

● 여기서는 辰土 財爻가 空亡이니, 用神으로 삼는다.

● 재물을 취득하는 조건은 財가 克世, 生世, 持世해야 한다.

● 辰土 財爻가 克世하니, 반드시 재물을 얻겠다.

● 辰土가 出空하는 甲辰日을 기대하라.

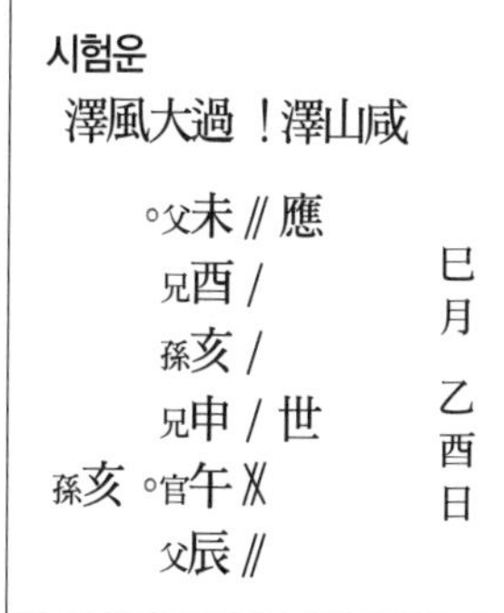

● 神算六爻 例文.

● 世爻는 자신의 위치다.

● 世爻가 動하는 것은 자신의 움직임이니, 의욕이 앞선다 하겠다.

● 시험은 父爻가 用神이다. 初爻 辰土 父爻와 六爻 未土 父爻가 동시에 출현하니 用神 多現이다.

● 辰土 父爻와 未土 父爻 중에서 空亡인 未土 父爻를 선택하여 用神으로 한다.

23. 誠心章 (성심장)

○ 한 가지 사안을 가지고 神의 의중(意中)을 묻고자 할 때, 막연(漠然)하거나 애매모호(曖昧模糊)한 질문으로 問卜하면 안 되며, 사람도 이해하기 어려운 복잡한 問卜은 더욱 안 된다.

○ 問卜의 내용은 어린 아이도 이해할 수 있게 쉽고 간결해야 한다.

澤水困 ! 兌爲澤

父未 // 世
兄酉 /
○孫亥 /
父丑 // 應
財卯 /
財寅 官巳 X

午月 丁卯日

● 神算六爻 例文.

● 亥月 卦다.

● 六爻占을 공부하는 사람이 좌측의 卦를 가지고 물어왔다.

● 올해 대학교에 진학하겠는가를 묻는 占이었다.

● 지난해 午月에 이 卦를 얻어 대학에 무난히 진학하겠다고 다른 역술인이 판단을 했다는데, 입시에 실패했다고 한다.

● 적중하지 못한 원인이 어디에 있겠는가?

● 이 卦는 반드시 시험에 합격하는 것이다.

● 그러나 적중하지 못한 이유는 占卦에 있는 것이 아니고, 卦를 얻는 과정에 있다.

● 우리나라에 현존하는 대학교가 200여 곳이 넘는다. 막연하게 대학에 진학하겠는가를 묻는 부분에 문제가 있다.

● 정확한 問卜은 진학하고 싶은 학교를 제시하고 답을 구해야 하는 것이다.

- 占을 판단하는 자는 문점자(問占者)를 선입견(先入見)을 가지고 보아서는 안 되며, 卦를 구(求)하는 데 성의(誠意)가 없어서도 안 된다.
- 占을 판단하는 자는 단정하고 바른 자세로 마음을 모아 자연에서 卦를 求해야 한다.

송사점

水火旣濟 ! 風山漸

財子 官卯 X 應
　◦父巳 /
　兄未 //
　孫申 / 世
　父午 //
官卯 ◦兄辰 X

亥月 丙申日

- 神算六爻 例文.
- 인물이 단정하고 준수한 중년 남자가 問卜하여 얻은 卦다.
- 申日이 持世하고 應爻를 克하니, 반드시 승소할 것 같다.
- 그러나 자세히 관찰하면, 辰土 兄爻가 眞空이 되고 動하여 回頭克이 되었는데, 다시 六爻 應爻에서 卯木 官爻가 旺動하여 世爻의 原神인 辰土 兄爻를 克傷하니, 크게 불리(不利)하다.

대개의 問占者들은 자신의 중심적인 생각으로 占卦를 求하고자 한다. 또 占을 판단하는 자는 問占者의 분위기에 편승하여 판단하는 예가 많은데, 가장 경계해야 할 점이다.

問占者가 先生을 의심하거나 시험 삼아 問占하는 경우, 이것은 神을 능멸하는 것과 같다. 그런 자세로 어찌 바른 占卦를 구하겠는가?

모름지기 先生과 問占者는 자연에 대하여 겸허하고 공손한 자세로 卦를 求해야 한다.

제 3 장

하지장 (何知章)

제3장 하지장(何知章)

하지장은 일상생활에서 흔히 나타나는 사안(事案)을 어떻게 판단할 것인가를 문답(問答) 형식으로 구성한 글의 모음이다.

하지장에는 예문(例文)이 없다. 그래서 좀 더 쉽게 이해할 수 있도록, 2002년에 출간된 〈神算六爻 · 이것이 神이 내려주는 점술이다〉에서는 필자가 후학들이 공부하는데 도움을 주기 위하여 신산육효학의 이론을 바탕으로 각 문항마다 적절한 예문과 보충설명을 실었다.

그러나 이번 개정증보판에서는 예문을 모두 삭제하고, 하지장 원문만 수록했다. 예문은 하지장과 이차지장을 새롭게 통합 · 재구성한 〈제5장 하여지장〉에 수록했다.

하지장은 육수(六獸)에 지나치게 비중을 두고 있어, 육효을 판단하는데 상당한 오류를 범하게 되어 있다. 이러한 부분을 참고하기 바란다.

原 何知人家 父母疾, 白虎臨父 兼刑克.

解 부모가 질병을 앓고 있는 것을 어떻게 아는가.

白虎가 臨한 父를 日月이나 動爻가 刑克한다.

原 何知人家 父母殃, 財爻發動 煞神傷.

解 부모에게 재앙이 있는 것을 어떻게 아는가.

財가 動해 父의 煞神이 되어 克傷한다.

原 何知人家 兄弟亡, 用落空亡 白虎傷.

解 형제가 죽는 것을 어떻게 아는가.

空亡된 兄爻에 白虎가 臨한다.

原 何知人家 妻有災, 虎臨兄弟 動傷財.

解 처에게 재앙이 있는 것을 어떻게 아는가.

白虎가 臨한 兄이 動해 財를 克한다.

原 何知人家 妻有孕, 青龍臨財 天喜神.

解 처가 임신인 것을 어떻게 아는가.

財에 青龍과 天喜神이 臨한다.

原 何知人家 有妻妾, 內外兩財 旺相訣.

解 처와 첩이 있는 것을 어떻게 아는가.

旺한 財가 內卦와 外卦에 있다.

原 何知人家 損妻房, 財爻帶鬼 落空亡.

解 처가 죽는 것을 어떻게 아는가.

財가 空亡이고 凶神이 臨한다.

原 何知人家 有子孫, 青龍福德 爻中輪.

解 자손이 있는 것을 어떻게 아는가.

卦 中에 青龍 福德(子孫)이 있다.

原 何知人家 無子孫, 六爻不見 福德臨.

解 자손이 없는 것을 어떻게 아는가.

卦 中에 福德(子孫)이 보이지 않는다.

原 何知人家 子孫殃, 白虎當臨 福德來.

解 자식에게 재앙이 있는 것을 어떻게 아는가.

白虎가 福德(子孫)에 臨하고 있다.

原 何知人家 子孫疾, 父母爻動 來相克.

解 자식이 아픈 것을 어떻게 아는가.

父가 動해 子孫을 克傷한다.

原 何知人家 小兒亡, 子孫空亡 加白虎.

解 어린이가 죽는 것을 어떻게 아는가.

子孫이 空亡이고 白虎를 帶하고 있다.

原 何知人家 訟事多, 雀虎持世 鬼來扶.

解 송사가 많은 것을 어떻게 아는가.

官이 持世하고 朱雀이나 白虎가 臨한다.

原 何知人家 訟事休, 空亡官鬼 又休囚.

解 송사가 끝나는 것을 어떻게 아는가.

官이 空亡이며 休囚된다.

原 何知人家 旺六丁, 六親有氣 吉神臨.

解 가족이 편안한 것을 어떻게 아는가.

六親이 有氣하며 吉神이 臨한다.

原 何知人家 進人口, 青龍得位 臨財水.

解 식구 수가 느는 것을 어떻게 아는가.

青龍이 亥·子水에 臨한다.

原 何知人家 大富豪, 財爻旺相 又居庫.

解 큰 부자인 것을 어떻게 아는가.

財가 旺相하며 財庫가 世에 臨한다.

原 何知人家 進外財, 外卦青臨 財福來.

解 밖에서 돈이 들어오는 것을 어떻게 아는가.

外卦에서 青龍을 帶한 財가 動해 子孫을 化出한다.

原 何知人家 進産業, 青龍臨財 旺相設.

解 사업이 번성하는 것을 어떻게 아는가.

青龍이 財에 臨하고 旺相하다.

原 何知人家 田地增, 句陳入土 子孫臨.

解 논밭이 늘어나는 것을 어떻게 아는가.

土에 句陳과 子孫이 臨한다.

原 何知人家 喜臨宅, 靑龍福德 門庭臨.

解 기쁜 일이 있는 것을 어떻게 아는가.

靑龍이 臨한 子孫이 三爻나 四爻에 있다.

原 何知人家 富貴昌, 財臨旺福 靑龍上.

解 부자가 되는 것을 어떻게 아는가.

財가 旺相하고 子孫에 靑龍이 臨한다.

原 何知人家 多貧賤, 財爻帶耗 休囚見.

解 가난해지는 것을 어떻게 아는가.

財가 年의 沖克을 받고 日月에 休囚된다.

原 何知人家 無依寄, 卦中福德 落空亡.

解 의지할 곳이 없는 것을 어떻게 아는가.

卦 中에 福德이 空亡이다.

原 何知人家 屋宇新, 父入青龍 旺相眞.

解 새 집을 짓는 것을 어떻게 아는가.

靑龍이 臨한 父가 旺相하다.

原 何知人家 屋宇破, 父入白虎 休囚壞.

解 집이 파괴되는 것을 어떻게 아는가.

白虎가 臨한 父가 休囚되고 沖破된다.

原 何知人家 竈破損, 玄武帶鬼 二爻悃.

解 부엌이 파손되는 것을 어떻게 아는가.

官이 二爻에서 玄武를 帶한다.

原 何知人家 墓有水, 白虎空亡 臨亥子.

解 무덤에 물이 고이는 것을 어떻게 아는가.

白虎가 臨한 亥·子 水가 空亡이다.

原 何知人家 墓有風, 白虎空亡 變巳攻.

解 묘에 바람이 드는 것을 어떻게 아는가.

白虎를 帶한 辰巳가 空亡이다.

原 何知人家 無香火, 卦中六爻 不見水.

解 제사를 지내지 않는 것을 어떻게 아는가.

卦 中에 水가 없다.

原 何知人家 不恭佛, 金鬼爻落 空亡決.

解 기도를 하다가 안하는 것을 어떻게 아는가.

申·酉金 官이 空亡이다.

原 何知人家 兩焚戶, 卦中必主 兩重火.

解 부엌에 아궁이가 두 개인 것을 어떻게 아는가.

卦 中에 火가 두 개다.

原 何知人家 有兩姓, 兩中父母 卦中臨.

解 두 세대가 살고 있는 것을 어떻게 아는가.
卦 中에 父가 둘 있다.

原 何知二姓 共屋居, 兩鬼旺相 卦中臨.

解 성이 다른 사람이 함께 살고 있는 것을 어떻게 아는가.
卦 中에 旺한 두 개의 官이 있다.

原 何知人家 鷄啼亂, 蛇入酉 不須疑.

解 닭이 유난히 시끄럽게 우는 것을 어떻게 아는가.
蛇가 酉에 臨한다.

原 何知人家 犬亂吠, 蛇入戌 又逢鬼.

解 개가 유별나게 짖는 것을 어떻게 아는가.
蛇 官이 戌에 臨한다.

原 何知人家 見口舌, 朱雀持世 歸來掇.

解 구설이 있는 것을 어떻게 아는가.

官이 持世하고 朱雀을 帶한다.

原 何知人家 多競爭, 朱雀兄弟 持世應.

解 다툼이 많은 것을 어떻게 아는가.

朱雀 兄이 世와 應에 臨한다.

原 何知人家 病妖死, 用神無求 又入墓.

解 병으로 일찍 죽는 것을 어떻게 아는가.

用神이 無氣하고 入墓된다.

原 何知人家 多夢寢, 蛇帶鬼 臨世爻.

解 헛꿈을 많이 꾸는 것을 어떻게 아는가.

蛇가 官을 帶하고 持世한다.

原 何知人家 孝服來, 交重白虎 鬼臨排.

解 상복을 입는 것을 어떻게 아는가.

交重된 白虎가 官에 臨하고 動해 進神이 된다.

原 何知人家 入投水, 玄武入水 殺臨鬼.

解 물에 빠져 죽는 사람이 있는 것을 어떻게 아는가.

玄武 水에 鬼殺이나 官이 臨한다.

原 何知人家 有木鬼, 蛇木鬼 世爻臨.

解 목귀가 있는 것을 어떻게 아는가.

蛇 木 官에 世가 臨한다.

原 何知人家 見失脫, 玄武帶鬼 應爻發.

解 물건을 잃어버리는 것을 어떻게 아는가.

玄武가 財에 臨한다.

原 何知人家 人不來, 世應俱落 空亡排.

解 손님이 안 오는 것을 어떻게 아는가.

世와 應이 둘 다 空亡이다.

原 何知人家 事業難, 兄弟臨世 爻發動.

解 사업이 어려운 것을 어떻게 아는가.

持世한 兄이 動한다.

原 何知人家 宅不寧, 六爻俱動 亂紛紛.

解 가정이 편안하지 못한 것을 어떻게 아는가.

六爻가 모두 動해 어수선하다.

原 何知人家 鍋破漏, 玄武入水 鬼來就.

解 냄비나 솥에 물이 새는 것을 어떻게 아는가.

玄武 亥·子水에 官이 있다.

原 何知人家 口舌來, 卦中朱雀 帶木笑.

解 구설이 오는 것을 어떻게 아는가.

卦 中에 朱雀이 木을 帶하고 있다.

原 何知人家 小人生, 玄武官鬼 動臨身.

解 소인이 생하는 것을 어떻게 아는가.

玄武 官이 身에 臨하고 發動한다.

原 何知人家 遭賊徒, 玄武臨財 鬼旺扶.

解 도둑의 무리가 든 것을 어떻게 아는가.

玄武가 財에 臨하고 官이 旺하다.

原 何知人家 災禍至, 鬼臨應爻 來克世.

解 재앙이 있는 것을 어떻게 아는가.

官이 應에 臨하여 克世한다.

原 何知人家 痘疹病, 蛇爻被 化燒定.

解 종기, 홍역, 마마 등 전염병이 있는 것을 어떻게 아는가.

巳 · 午火 官에 蛇가 臨한다.

原 何知人家 出怪鬼, 蛇白虎 入門庭.

解 괴귀(괴상한 일)가 나타나는 것을 어떻게 아는가.

白虎나 蛇가 三 · 四爻에 臨한다.

原 何知人家 失衣裳, 句陳玄武 入財鄉.

解 의복을 도난당하는 것을 어떻게 아는가.

句陳이나 玄武가 財에 臨한다.

原 何知人家 損六畜, 白虎帶鬼 臨所屬.

解 가축이 안 되는 것을 어떻게 아는가.

白虎 官을 帶하고 있는 소속 爻로 판단한다.

原 何知人家 失了牛, 五爻丑鬼 落空愁.

解 소를 잃어버리는 것을 어떻게 아는가.

五爻 官이 空亡이다.

原 何知人家 失了鷄, 初爻帶鬼 玄武欺.

解 닭을 잃어버리는 것을 어떻게 아는가.

初爻에 玄武 官이 臨한다.

原 何知人家 無牛猪, 丑亥空亡 兩位虛.

解 소, 돼지가 없는 것을 어떻게 아는가.

丑 · 亥爻가 모두 空亡이다.

原 何知人家 無鷄犬, 酉戌二爻 空亡捲.

解 닭이나 개가 없는 것을 어떻게 아는가.

酉 · 戌이 空亡이다.

제4장

이차지장 (以此知章)

제4장 이차지장(以此知章)

이차지장을 여차지장이라고 하는 것을 보면, 한 사람이 완성한 것 같지는 않다. 하지장을 참고하여, 일상생활과 주변에서 자주 일어나는 부분을 발췌, 작성하여 세상에 내놓은 것으로 보인다.

2002년에 출간한 〈神算六爻 · 이것이 神이 내려주는 점술이다〉에서는 이차지장에 없는 예문과 괘 풀이를 필자가 직접 작성하여, 신산육효학 이론과 비교하여 공부할 수 있도록 배려하였으나, 이차지장이 원래 이러한 예문과 설명이 있는 것으로 착각하는 이들이 있어, 이번 개정증보판에서는 필자가 작성한 예문과 보충 설명은 모두 삭제하고, 이차지장의 원문(原文) 그대로 옮겼다.

그리고 이차지장은 예문의 괘만 있거나, 괘의 막연(漠然)한 해설만 있을 뿐, 자세한 풀이가 없어서, 괘 우측(右側)에 빈 공간이 많다. 원문이 그런 것이니 오해가 없기를 바란다.

이차지장을 통독(通讀)하고, 하여지장을 정독(精讀)하면서 연구하면, 육효학에 빠른 진전(進展)이 있으리라 확신한다.

原 父母路厄 以此知, 外卦父爻 遇空亡.

解 路上에서 父母厄이 있게 되는 것은 外卦 父爻에 空亡이 臨함으로써 아노라.

推 外卦 즉 四, 五, 六爻는 門庭, 道路요, 父는 父母요, 空은 被傷이다. 고로 外卦 父爻 空亡은 父母路上厄이라고 하게 되는 것이다.

! 火地晋

官巳 /
○父未 //
兄酉 / 世
財卯 //
官巳 //
父未 // 應

● 以此知章 例文.

* 이차지장에는 이처럼 괘에 대한 부연 설명이 없거나, 부족한 것이 많다.
* 2002년도에 출간한 "이것이 신이 내려주는 점술이다"에서는 필자의 신산육효학의 이론을 바탕으로 추가 설명, 비교, 분석 하였으나, 이번 개정판에서는 삭제하였다.
* 신산육효학(하여지장)과 비교하여 공부할 수 있도록 이차지장의 원문을 그대로 옮겼으니 빈 공간이 있더라도 이해를 바란다.

原 兄弟路厄 以此知, 外卦兄弟 落空亡.

解 兄弟間에 路上厄이 있게 됨은 兄弟가 外卦에 空亡이 맞아 있음으로써 아노라.

推 兄弟는 나의 兄弟姉妹요, 外卦는 路上(街頭, 路頭)이요, 逢空은 被傷인즉 外卦 兄空은 路上에 兄弟 被傷이 되는 까닭이다.

	! 水天需	
玄	財子 //	
白	◦兄戌 /	
匕	孫申 //	世
句	兄辰 /	
朱	官寅 /	
青	財子 /	應

- 以此知章 例文.
- 이 卦는 兄弟空에 白虎가 臨한 것을 表示하였는데 이런 경우는 兄弟 被傷에 白虎 血光神이 되어 流血之厄이 있게 되는 것이다.
- 五爻뿐 아니라 四爻 또는 六爻에 兄弟 空亡이라도 五爻와 같이 路上之厄이 있게 되는 것이 事實이다.

原 友兄由損 以此知, 蛇虎兄弟 來世合.

解 兄이야 親舊야 하는 사람으로 因하여 損財 보는 일이 있게 됨은 蛇나 白虎에 兄弟가 臨하여 持世와 合이 되어 있는 것으로써 아노라.

推 持世는 내 몸이요, 蛇兄弟는 虛한 兄弟로서 거짓말 兄弟 또는 親舊가 되는 것이고, 白虎兄弟는 亂暴한 兄弟 또는 親舊가 되는 것이며, 또 그 兄弟는 奪財之神이 되어 그들과 合하면 이로울 것은 조금도 없고 奪財될 것은 틀림 없는 것이다. 故로 蛇虎兄弟가 持世 合이면 兄으로 因하여 損財를 보게 된다고 하는 것이다.

	! 坤爲地
青	孫酉 // 世
玄	財亥 //
白	兄丑 //
匕	官卯 // 應
句	父巳 //
朱	兄未 //

- 以此知章 例文.
- 四爻 丑土 白虎兄과 六爻 酉金 持世合.
- 兄弟가 發動이면 自然的으로 克財가 되는데 그 財는 妻요, 財物이 되는 것이므로 妻厄이 없으면 크게 損財가 있게 되는 것이다. 그런데 그 動한 兄弟가 變爻의 回頭克을 當하거나 또는 動하여 絆住하거나 또는 變爻에 絶하면 괜찮고 回頭生을 當하면 妻厄이 甚한 것이다.

原 玉窓不調 以此知, 卦中二爻 官鬼臨.

解 家中에 內患이 있게 됨은 二爻에 官鬼가 붙어 있는 것으로써 아노라.

推 二爻는 家母 즉 主婦爻요, 官鬼는 病인즉 二爻官은 主婦病, 즉 內患이 있게 된다고 하는 것이다.

! 地火明夷

父酉 //
兄亥 //
官丑 // 世
兄亥 /
官丑 //
孫卯 / 應

- 以此知章 例文.
- 二爻 官.
- 二爻官에 臨白虎則 그 病이 急急하고, 臨 蛇則 엄살이 좀 甚하고, 臨句陳則 久病하고, 臨朱雀則 夫君에게 治療에 無誠意하다는 등 말썽이 많고, 臨靑龍則 점잖게 앓게 되고, 臨玄武則 답답하게 沈鬱하게 앓게 되는 것이다.
- 그리고 二爻에 金官則 기침이 나며 앓게 되고, 木官則 헛구역이 나며 앓게 되고, 水官則 몸이 부으며 앓게 되고, 火官則 熱이 오르며 입술이 타며 입이 마르며 어지러우며 앓게 되고, 土官則 消化不良 胃病 또는 어지러우며 앓게 되며, 白虎官은 下血 手術하는 일이 있게 되고, 朱雀이나 蛇 火官 또는 木官은 神經衰弱으로 앓게 되는 것이다.

原 路頭妻厄 以此知, 外卦逢空 又臨財.

解 妻가 路上에서 身厄이 있게 됨은 外卦에 財가 臨하고, 그곳에 空亡이 臨함을 보고서 아노라.

推 財는 妻요, 外卦는 道路(五爻)요, 空은 被傷인즉 外卦 財空은 妻가 路頭에서 被傷되는 까닭이다.

! 巽爲風

兄卯 / 世
孫巳 /
○財未 //
官酉 / 應
父亥 /
財丑 //

● 以此知章 例文.

* 이차지장에는 이처럼 괘에 대한 부연 설명이 없거나, 부족한 것이 많다.
* 2002년도에 출간한 "이것이 신이 내려주는 점술이다"에서는 필자의 신산육효학의 이론을 바탕으로 추가 설명, 비교, 분석 하였으나, 이번 개정판에서는 삭제하였다.
* 신산육효학(하여지장)과 비교하여 공부할 수 있도록 이차지장의 원문을 그대로 옮겼으니 빈 공간이 있더라도 이해를 바란다.

原 內患胎病 以此知, 二爻發動 官化孫.

解 妻가 姙娠하느라 앓는 것은 二爻官이 變하여 孫이 되는 것으로서 아노라.

推 二爻는 부엌爻로서 妻爻요, 官은 病이요, 孫은 子孫이요, 動은 始요, 變은 終 卽 結果인즉 二爻 官化爲孫은 처음 妻의 病이 結果에는 子孫이 되는 象이므로 그 妻病은 孕胎하는 病이라고 하게 되는 것이다.

天風姤 ! 天山遯

父戌 /
兄申 / 應
官午 /
兄申 /
孫亥 官午 X 世
父辰 //

● 以此知章 例文.

---

* 이차지장에는 이처럼 괘에 대한 부연 설명이 없거나, 부족한 것이 많다.
* 2002년도에 출간한 "이것이 신이 내려주는 점술이다"에서는 필자의 신산육효학의 이론을 바탕으로 추가 설명, 비교, 분석 하였으나, 이번 개정판에서는 삭제하였다.
* 신산육효학(하여지장)과 비교하여 공부할 수 있도록 이차지장의 원문을 그대로 옮겼으니 빈 공간이 있더라도 이해를 바란다.

原 妻妾有爭 以此知, 內外兩財 相沖破.

解 妻와 妾(或 愛人)이 싸움이 있게 되는 것은 內卦財와 外卦財 즉 財와 財가 相沖함으로써 아노라.

推 財는 妻로 內財는 內妻 즉 本妻요, 外財는 外妻 즉 小室 愛人이 되는 것인데, 相沖은 妻妾이 싸우는 형상이다. 이와 같이 財는 妻이므로 內外兩財이면 有妻妾이라고 何知章에서 말한 것이다.

! 震爲雷
財戌 // 世
官申 //
孫午 /
財辰 // 應
兄寅 //
父子 /

● 以此知章 例文.

---

* 이차지장에는 이처럼 괘에 대한 부연 설명이 없거나, 부족한 것이 많다.
* 2002년도에 출간한 "이것이 신이 내려주는 점술이다"에서는 필자의 신산육효학의 이론을 바탕으로 추가 설명, 비교, 분석 하였으나, 이번 개정판에서는 삭제하였다.
* 신산육효학과(하여지장)과 비교하여 공부할 수 있도록 이차지장의 원문을 그대로 옮겼으니 빈 공간이 있더라도 이해를 바란다.

原 妻妾賢惡 以此知, 財臨六獸 賢惡妻.

解 妻妾의 賢惡은 內外財에 붙어 있는 六獸 性質에 의하여 아노라. 六獸 性質이라 함은 靑龍은 尊貴 喜悅神, 朱雀은 口舌神, 句陳은 蹇滯神, 　蛇는 虛驚神, 白虎는 血光 肅殺神, 玄武는 盜賊 暗昧神을 말한다.

推 內財에 靑龍이 臨하였고 外財가 玄武에 臨하였을 경우 그 妻는 賢하고(靑龍尊貴) 小室 또는 愛人은 陰沈하게(暗昧) 재물 빼돌려 감추기를 좋아하는(玄武盜賊) 女人이 될 것이고, 또 內財에 朱雀이 臨하고 外財에 句陳이 臨하였으면 그 妻는 말썽이 많고 그의 小室 또는 愛人은 기틀을 잡고 튼튼히 長期戰을 써서 信用度를 높이는 女人이 되는 것이고, 또 內財에 　蛇가 臨하고 外財에 白虎가 臨하고 있을 경우 그 妻는 本妻의 体統과 理性을 잃고 미치다 싶이 날뛰게 되는 것이고 그 小室 또는 愛人은 조금만 해도 칼부림(白虎血光)을 하려고 대들고 또는 살림 때려 부수기를 一手로 하는(肅殺) 女人이라는 것을 알게 되는 것이다. 이와 같이 六獸의 性質을 알아서 各各 內外財에 臨하여 있는 것을 보고 推理하면 되는 것이다.

	!風天小畜
朱	兄卯 /
靑	孫巳 /
玄	財未 // 應
白	財辰 /
匕	兄寅 /
句	父子 / 世

● 以此知章 例文.

● 三爻 內卦財는 白虎요, 外卦財는 玄武가 되어 그 本妻는 세간을 치고 暴惡을 부리고 그 小室은 陰沈하게 슬슬 재산을 빼돌리기를 일수로 하게 되는 形象이다.

原 外房子孫 以此知, 外爻發動 福德臨.

解 外房에 子孫이 있게 됨은 外卦 즉 四爻, 五爻, 六爻에 子孫이 動함으로써 아노라.

推 外卦는 外室 즉 外房이요, 孫動은 子孫爻인 것인즉 外卦孫動은 外房 子孫이 있다고 보게 되는 것이다.

天風姤 ! 巽爲風

兄卯 / 世
孫巳 /
孫午 財未 X
官酉 / 應
父亥 /
財丑 //

- 以此知章 例文.
- 四爻動.
- 內外 兩財되어 있는 中 外卦財가 化孫하는 것은 더욱 確率이 높은 것이다.
- 왜냐하면 外卦 즉 愛人이 子孫과 午未로 合하여 動하고 變한 까닭이다.

原 路上孫厄 以此知, 五爻孫空 加白虎.

解 路上에서 子孫厄 있게 됨은 五爻에 白虎 子孫이 空을 맞은 것으로써 아노라.

推 五爻는 道路爻로서 길거리요, 白虎는 血光이요, 子孫空은 子孫傷인 것인 즉 五爻 白虎 孫空은 路上에서 子孫厄이 되는 까닭이다.

! 風火家人

玄	兄卯 /	
白	◦孫巳 /	應
匕	財未 //	
句	父亥 /	
朱	財丑 //	世
青	兄卯 /	

- 以此知章 例文.
- 五爻 白虎 孫空.
- 꼭 五爻만이 아니고 六爻 白虎孫空도 亦是 같다.

原 孕胎流産 以此知, 孫化爲官 白蛇臨.

解 애기 배어 流産 있게 됨은 孫化爲官에 白虎나 蛇가 臨하여 있음으로써 아노라.

推 孫은 子孫이요, 官은 官鬼로서 鬼神이다. 白은 白虎로서 血光肅殺之神이요, 蛇는 虛로서 無實인 것인 즉 그 애기가 血로 肅殺되고 無實하여 鬼神이 되는 象인 즉 孫化爲官에 白蛇臨은 孕胎流産이라고 하게 되는 것이다. 또 文書는 克孫하므로 白蛇孫化爲文이라도 流産되는 大厄之事가 있다.

天山遯 ! 天風姤

句		父戌 /
朱		兄申 /
青		官午 / 應
玄		兄酉 /
白	官午	孫亥 X
ヒ		父丑 // 世

- 以此知章 例文.
- 二爻動. 孫化爲官 白虎臨.

* 이차지장에는 이처럼 괘에 대한 부연 설명이 없거나, 부족한 것이 많다.
* 2002년도에 출간한 "이것이 신이 내려주는 점술이다"에서는 필자의 신산육효학의 이론을 바탕으로 추가 설명, 비교, 분석 하였으나, 이번 개정판에서는 삭제하였다.
* 신산육효학(하여지장)과 비교하여 공부할 수 있도록 이차지장의 원문을 그대로 옮겼으니 빈 공간이 있더라도 이해를 바란다.

原 子孫胎生 以此知, 子孫爻動 卦中臨.

解 子孫 胎氣 또는 出生이 있게 됨은 卦中에 子孫爻가 發動하여 있음으로써 아노라.

推 子孫爻가 發動함은 起動 出發하는 形象이 되어 子孫入胎 出生하게 된다고 하는 것이다.

雷水解 ! 雷地豫

青		財戌 //
玄		官申 //
白		孫午 / 應
匕		兄卯 //
句	財辰	孫巳 X
朱		財未 // 世

- 以此知章 例文.
- 二爻動.
- 옆의 六獸는 아무것이나 可하나 青龍이 臨하여 있음을 第一 좋아하고 變하여 官 또는 文書에 白虎나 　蛇가 있음은 大忌한다.
- 例文은 十八問答에 該當한다.

原 遠子故合 以此知, 外卦子孫 內世合.

解 他道 他國에 나갔던 子孫이 故合됨은 外卦 子孫이 內卦 持世와 生 또는 合함이 있게 됨으로써 아노라.

推 外卦 孫은 外地 孫이니 他道 또는 他國에 나가 있는 孫이요, 內卦 世는 집에 있는 내 몸인데 그것에 合이 있으면 서로가 合이 되는 形象이므로 遠子故合이 있게 된다고 하게 되는 것이다.

地澤臨 ! 地天泰

孫酉 // 應
財亥 //
兄丑 //
兄丑 兄辰 X 世
官寅 /
財子 /

- 以此知章 例文.
- 三爻動.
- 六爻 外卦孫 三爻 內卦世 合.

* 이차지장에는 이처럼 괘에 대한 부연 설명이 없거나, 부족한 것이 많다.
* 2002년도에 출간한 "이것이 신이 내려주는 점술이다"에서는 필자의 신산육효학의 이론을 바탕으로 추가 설명, 비교, 분석 하였으나, 이번 개정판에서는 삭제하였다.
* 신산육효학(하여지장)과 비교하여 공부할 수 있도록 이차지장의 원문을 그대로 옮겼으니 빈 공간이 있더라도 이해를 바란다.

原 外家孫厄 以此知, 四爻子孫 空亡位.

解 外家집에서(나에게 妻家) 나의 子孫에 厄이 있거나 外家집에서 나의 집에 돌아오는 길에 子孫厄이 있게 됨은 四爻 子孫이 空亡을 맞은 것으로써 아노라.

推 四爻는 妻家, 外家라 하였고 子孫 空은 子孫 被傷이므로 四爻 孫空은 子孫이 外家집에서 또는 나의 집 歸路에 傷厄이 있게 된다는 것이다.

! 澤水困

父未 //
兄酉 /
○孫亥 / 應
官午 //
父辰 /
財寅 // 世

- 以此知章 例文.
- 四爻 空.
- 이곳에서 外家라 함은 나의 外家집만을 意味함이 아니고 나의 집 外의 집은 모두 外家로 看做하는 것이므로 四爻 孫空은 나의 外孫子 傷厄으로도 보는 것이다.

原 年得二子 以此知, 內外俱動 子孫臨.

解 一年에 子孫 둘(男女 不問)이 생겨 온은 卦中에 子孫이 內卦 外卦로 俱動된 것으로써 아노라.

推 內外 子孫은 本室 및 外房 子孫을 意味함이요, 動은 胎動 發身을 意味하는 것인 즉 內外 孫動은 內外 兩妻에 有 孕胎出生之象이 되는 까닭이다.

天地否 ! 風水渙

父卯 /
兄巳 / 世
兄午 孫未 ╳
兄午 //
兄巳 孫辰 ╳ 應
父寅 //

● 以此知章 例文.

● 二爻 四爻動.

● 이것은 擲錢占으로 動爻가 둘이고 셋이고 나오는 例이고 行年 身數占과 같이 動爻가 하나밖에 없는 占法에서는 該當되지 않는 것이다.

● 그러나 單發式 占에는 例와 같은 경우는 역시 年得二子로 볼 수 있는 것이다.

山地剝 ! 山水蒙

父寅 /
官子 //
孫戌 // 世
兄午 //
兄巳 孫辰 ╳
父寅 // 應

● 以此知章 例文.

● 이와 같이 內卦 子孫 밖에 動하지 않았지만 外卦 四爻에 또 다시 持世에 子孫이 臨하여 있으므로 外房 子孫이 나에게 안기우고 內室 孫이 動한 까닭에 年得二子하게 된 것이다.

原 有子口舌 以此知, 卦爻孫動 朱雀臨.

解 子孫 생겨 오는데 口舌이 있게 됨은 朱雀爻動에 子孫이 臨한 것으로써 아노라.

推 子孫爻動은 子孫胎生이요, 朱雀은 口舌인 故로 朱雀 孫動은 생겨오는 子孫으로 因하여 口舌이 있다는 것이다.

山火賁 ! 風火家人

句		兄卯 /
朱	父子	孫巳 Ⅹ 應
靑		財未 //
玄		父亥 /
白		財丑 // 世
匕		兄卯 /

- 以此知章 例文.
- 子孫으로 因하여 口舌이 있다 함은 小室 또는 愛人으로부터 생겨오는 子孫이라든가 또는 落胎시킨다 안 시킨다 하는 등으로 말썽 많은 子孫을 의미한다.

原 官者高遷 以此知, 青龍帶官 又持世.

解 官職이 高遷하게 됨은 靑龍官 持世가 되어 있음으로써 아노라.

推 世는 내 몸이요, 靑龍官은 尊貴 喜悅 官事 則 내 몸이 官職에 高遷되는 象이 되기 때문이다.

	! 火風鼎
白	兄巳 /
匕	孫未 // 應
句	財酉 /
朱	財酉 /
青	官亥 / 世
玄	孫丑 //

- 以此知章 例文.
- 二爻 靑龍官.
- 靑龍官이 持世 없이도 될 수 있고 또 朱雀이나 句陳官이 動하여도 官이 高遷하게 되는 수가 있다.
- 그리고 靑龍이 亥子에 臨하였음을 靑龍大海라 하고, 靑龍이 寅卯에 臨하였음을 得位라 하여 第一 吉로 하고, 靑龍이 辰戌丑未에 臨하였음을 靑龍落地라 하고, 靑龍이 巳午火에 臨하였음을 靑龍入火라 하고, 靑龍이 申酉金에 臨하였음을 靑龍失位라 하여 不吉로 하고 있으나 그렇게 區別하지 않아도 無妨한 것이다.

原 族譜立碣 以此知, 六爻發動 臨文書.

解 族譜文集 또는 碑石 床石 세움이 있게 됨은 六爻에 文書가 臨하여 發動함으로써 아노라.

推 六爻는 무덤이요, 祖上이요, 發動은 發起를 뜻함이요, 文은 글이다. 故로 六爻 文書 發動은 祖上 무덤의 글이 動한 形象으로 祖上文書 즉 族譜 文集 碑石 床石을 함이 있게 된다고 하는 것이다.

天澤履 ! 兌爲澤

父戌 父未 ᚷ
兄酉 /
孫亥 /
父丑 //
財卯 /
官巳 /

- 以此知章 例文.
- 六爻動.

* 이차지장에는 이처럼 괘에 대한 부연 설명이 없거나, 부족한 것이 많다.
* 2002년도에 출간한 "이것이 신이 내려주는 점술이다"에서는 필자의 신산육효학의 이론을 바탕으로 추가 설명, 비교, 분석 하였으나, 이번 개정판에서는 삭제하였다.
* 신산육효학(하여지장)과 비교하여 공부할 수 있도록 이차지장의 원문을 그대로 옮겼으니 빈 공간이 있더라도 이해를 바란다.

原 文書紛失 以此知, 卦中文書 遇逢空.

解 文書를 紛失하는 것은 卦中 文書爻에 空을 맞음으로써 아노라.

推 父爻는 文書요, 空亡은 被傷인 즉 文書空亡은 文書 紛失의 象이 되는 까닭이다. 또 玄武는 盜賊之神이므로 玄武에 父가 붙어도 文書紛失로 볼 수 있는 것이고, 또 文書空亡은 文書가 充實하지 못한 形象이므로 文書契約이 解約된다고 보아도 좋은 것이다.

! 火地晋
官巳 /
○父未 //
兄酉 / 世
財卯 //
官巳 //
父未 // 應

- 以此知章 例文.
- 五爻空.

	! 火地晋
青	官巳 /
玄	父未 //
白	兄酉 / 世
匕	財卯 //
句	官巳 //
朱	父未 // 應

- 以此知章 例文.

* 이차지장에는 이처럼 괘에 대한 부연 설명이 없거나, 부족한 것이 많다.
* 2002년도에 출간한 "이것이 신이 내려주는 점술이다"에서는 필자의 신산육효학의 이론을 바탕으로 추가 설명, 비교, 분석 하였으나, 이번 개정판에서는 삭제하였다.
* 신산육효학(하여지장)과 비교하여 공부할 수 있도록 이차지장의 원문을 그대로 옮겼으니 빈 공간이 있더라도 이해를 바란다.

原 財産賣却 以此知, 文書發動 化爲財.

解 주로 不動産(또는 動産)을 賣却 處分함이 있게 됨은 文書가 動하여 財로 變한 것으로써 아노라.

推 動은 나가는 것이요, 變은 들어오는 것으로 文書가 動하여 財로 변함은 文書가 나가고 財物이 들어오는 象으로 文化爲財는 財産 賣却함이 있게 된다고 하는 것이다.

巽爲風 ! 風天小畜

兄卯 /
孫巳 /
財未 // 應
財辰 /
兄寅 /
財丑 父子 X 世

- 以此知章 例文.

* 이차지장에는 이처럼 괘에 대한 부연 설명이 없거나, 부족한 것이 많다.
* 2002년도에 출간한 "이것이 신이 내려주는 점술이다"에서는 필자의 신산육효학의 이론을 바탕으로 추가 설명, 비교, 분석 하였으나, 이번 개정판에서는 삭제하였다.
* 신산육효학(하여지장)과 비교하여 공부할 수 있도록 이차지장의 원문을 그대로 옮겼으니 빈 공간이 있더라도 이해를 바란다.

原 財産取得 以此知, 卦中財爻 化爲文.

解 財産 取得이 있게 됨은 卦中에 財爻가 動하여 變 文書하는 것으로써 아노라.

推 動은 出이요, 變은 들어오는 것인데 財가 動하여 文書로 변함은 財가 나가고 文書가 들어오는 形象으로 財化爲文은 財産 取得함이 있다고 하는 것이다.

● 以此知章 例文.

風天小畜 ! 巽爲風

兄卯 / 世
孫巳 /
財未 //
官酉 / 應
父亥 /
父子 財丑 X

---

* 이차지장에는 이처럼 괘에 대한 부연 설명이 없거나, 부족한 것이 많다.
* 2002년도에 출간한 "이것이 신이 내려주는 점술이다"에서는 필자의 신산육효학의 이론을 바탕으로 추가 설명, 비교, 분석 하였으나, 이번 개정판에서는 삭제하였다.
* 신산육효학(하여지장)과 비교하여 공부할 수 있도록 이차지장의 원문을 그대로 옮겼으니 빈 공간이 있더라도 이해를 바란다.

原 外貨獲得 以此知, 外卦青龍 財加臨.

解 外貨 獲得이 있게 됨은 外卦에 青龍財가 臨하여 있음으로써 아노라.

推 青龍은 尊貴喜悅이요, 外卦 財는 外部 財 즉 外貨 또는 他地方의 財物인 것인 즉 青龍外財는 外貨獲得으로 보는 것이다.

! 地天泰

朱	孫酉 // 應
青	財亥 //
玄	兄丑 //
白	兄辰 / 世
匕	官寅 /
句	財子 /

● 以此知章 例文.

* 이차지장에는 이처럼 괘에 대한 부연 설명이 없거나, 부족한 것이 많다.
* 2002년도에 출간한 "이것이 신이 내려주는 점술이다"에서는 필자의 신산육효학의 이론을 바탕으로 추가 설명, 비교, 분석 하였으나, 이번 개정판에서는 삭제하였다.
* 신산육효학(하여지장)과 비교하여 공부할 수 있도록 이차지장의 원문을 그대로 옮겼으니 빈 공간이 있더라도 이해를 바란다.

原 紅柱之厄 以此知, 句陳爻官 臨持世.

解 官災監禁 있게 됨은 句陳 官에 持世가 臨하여 있으므로 아노라.

推 句陳 官은 長期 또는 拘留의 災殃이요, 持世는 나의 몸인 즉 句陳官世는 내 몸이 拘留 拘置되어 있는 形象이 되기 때문이다.

	!乾爲天
白	父戌 / 世
匕	兄申 /
句	官午 /
朱	父辰 / 應
靑	財寅 /
玄	孫子 /

- 以此知章 例文.
- 四爻.
- 紅柱之厄이란 官災를 말함인데 옛날에는 官家에서만 집 기둥에 붉은 칠을 할 수 있고, 民家에서는 붉은 칠을 國法으로 禁止되어 있기 때문에 紅柱라 하여 官家의 災殃 즉 官災를 의미하는 것이다.

原 訟事官災 以此知, 官鬼爻上 臨雀虎.

解 訟事 또는 官災口舌이 있게 됨은 朱雀이나 白虎에 官이 臨하여 있는 것으로써 아노라.

推 朱雀은 口舌神이요, 白虎는 肅殺 즉 行動制裁之神인데 官鬼臨은 官災殃이 臨한 形象이므로 朱雀白虎官은 官災口舌 또는 訟事가 있게 된다는 것이다.

! 坎爲水

玄	兄子 // 世
白	官戌 /
匕	父申 //
句	財午 // 應
朱	官辰 /
靑	孫寅 //

- 以此知章 例文.
- 二五爻 雀虎官 俱全.

! 地水師

玄	父酉 // 應
白	兄亥 //
匕	官丑 //
句	財午 // 世
朱	官辰 /
靑	孫寅 //

- 以此知章 例文.
- 二爻獨 朱雀官.

---

* 이차지장에는 이처럼 괘에 대한 부연 설명이 없거나, 부족한 것이 많다.
* 2002년도에 출간한 "이것이 신이 내려주는 점술이다"에서는 필자의 신산육효학의 이론을 바탕으로 추가 설명, 비교, 분석 하였으나, 이번 개정판에서는 삭제하였다.
* 신산육효학(하여지장)과 비교하여 공부할 수 있도록 이차지장의 원문을 그대로 옮겼으니 빈 공간이 있더라도 이해를 바란다.

原 修屋移徙 以此知, 卦中內卦 宅基動.

解 집을 移徙하거나 修理함이 있게 됨은 內卦 즉 初爻動이나 二爻動, 三爻動이 됨으로써 아노라.

雷天大壯 ! 雷澤歸妹

父戌 // 應
兄申 //
官午 /
父辰 父丑 X 世
財卯 /
官巳 /

- 以此知章 例文.
- 三爻動 進神.
- 移徙數 卦다.
- 丑이 動하여 辰으로 變함으로써 進神이 되었다.
- 進神으로 이사 또는 修屋이 잘 進行되는 것이다.

風雷益 ! 風澤中孚

官卯 /
父巳 /
兄未 // 世
兄丑 //
官寅 官卯 X
父巳 / 應

- 以此知章 例文.
- 二爻動 退神.
- 移徙數 卦다.
- 卯가 動하여 寅으로 退神이 되고 있다.
- 退神으로서 移徙한다고 動하였다가 그만 뜻을 이루지 못하게 된다.

原 移徙有益 以此知, 凶星發動 化吉星.

解 移徙하여 有益함이 있게 됨은 凶星이 發動하여 吉星으로 化하는 것으로써 아노라.

推 動은 始요, 變은 終이니 즉 結果다. 또한 凶星이라 함은 官鬼(災殃) 또는 兄弟星(奪財)을 말함이요, 吉神이라 함은 子孫(福德) 또는 財(財神) 父(文書)를 말한다. 故로 宅基(初,二,三爻)에 官이나 兄이 臨하여 動하고 變化神이 財나 父나 孫이 됨은 移徙 始作은 凶이나 結果는 吉하게 됨을 의미하는 것이므로 위와 같이 되면 移徙 後 利를 보게 되는 것이다.

山水蒙 ! 山風蠱

匕		兄寅 /	應
句		父子 //	
朱		財戌 //	
青	孫午	官酉 X	世
玄		父亥 /	
白		財丑 //	

- 以此知章 例文.
- 三爻動 官化爲孫.
- 三爻에 青龍이 臨했고 官職에 있다하면 移徙에 有安(孫은 官災殃을 克하므로 安靜으로도 봄)은 있으나 回頭克官하여 官職이 消滅되는 수도 있음.

原 移徙無益 以此知, 吉神發動 化凶神.

解 移徙하여 損害가 있게 됨은 吉神이 動하여 凶神化하는 것으로써 아노라.

推 宅基(初, 二, 三爻)에 財나 孫이나 文書가 臨하여 動해 兄으로 化하거나 또는 官鬼로 化함은 移徙에 善動惡化하는 象이 되기 때문에 위와 같이 말하게 되는 것이다.

- 以此知章 例文.
- 三爻動 財化兄.

天山遯 ! 天地否

父戌 / 應
兄申 /
官午 /
兄申 財卯 ×世
官巳 //
父未 //

* 이차지장에는 이처럼 괘에 대한 부연 설명이 없거나, 부족한 것이 많다.
* 2002년도에 출간한 "이것이 신이 내려주는 점술이다"에서는 필자의 신산육효학의 이론을 바탕으로 추가 설명, 비교, 분석 하였으나, 이번 개정판에서는 삭제하였다.
* 신산육효학(하여지장)과 비교하여 공부할 수 있도록 이차지장의 원문을 그대로 옮겼으니 빈 공간이 있더라도 이해를 바란다.

原 移徙孫厄 以此知, 孫化爲官 或文書.

解 移徙한 然後에 子孫厄이 있게 됨은 子孫이 動하여 官이나 또는 文으로 化한 것으로써 아노라.

推 孫은 子孫이요, 動은 發動 卽 移徙나 移轉을 말함이요, 官은 官鬼로서 災殃 鬼神이요, 文은 文書로서 克孫의 性質인 것이다. 故로 孫이 動하여 化鬼가 되면 移舍하여 子孫의 災殃 또는 死亡之化가 있게 되는 것이고, 또 子孫이 動하여 化文이 되면 그 子孫이 回頭克을 當하여 被傷이 되는 까닭이다.

天山遯 ! 天風姤

父戌 /
兄申 /
官午 / 應
兄酉 /
官午 孫亥 X
父丑 // 世

- 以此知章 例文.
- 二爻動 孫化爲官.

山天大畜 ! 風天小畜

兄卯 /
父子 孫巳 X
財未 // 應
財辰 /
兄寅 /
父子 / 世

- 以此知章 例文.
- 五爻動 孫化爲父.
- 五爻動은 宅基動이 아니나, 食口爻動으로서 宅基動과 같이 移舍 또는 人口移動이 빈번하게 있게 되며, 五爻巳火 孫이 子水 文書의 回頭克을 만나 孫厄이 있게 되는 것이다. 이런 때에는 五爻는 道路爻로서 旅行 中 또는 路上에서 孫厄이 있다고 보는 것이다.

原 家有怪聲 以此知, 虎蛇朱鬼 在房廚.

解 집에 怪聲이 들리는 일이 있게 됨은 二爻 또는 三爻에 朱雀官이나 白虎· 蛇官鬼가 臨하여 있는 것으로써 아노라.

推 二爻 三爻는 부엌 房 집터요, 朱雀 白虎 蛇官 모두 怪神이 되므로 怪聲이 發하여 들리게 됨이 있다는 것이다.

	! 山風蠱
靑	兄寅 / 應
玄	父子 //
白	財戌 //
匕	官酉 / 世
句	父亥 /
朱	財丑 //

- 以此知章 例文.
- 三爻 蛇 酉金 官鬼.
- 三爻 酉金 蛇官은 金聲(솥이 찡찡 울리는 소리)이 울리고, 木官鬼는 木聲(뚝뚝), 土官鬼는 흙 돌멩이 떨어지는 소리, 火官鬼는 무엇이 타는 냄새요, 水官鬼는 물소리 같은 괴성이 있게 되는 것이다. 土官鬼 投石騷動도 또한 같다.

原 浸水騷動 以此知, 三爻水官 加虎朱.

解 住宅에 浸水가 있게 됨은 三爻에 朱雀官이나 白虎官이 臨한 곳에 다시 亥水가 臨하여 있는 것으로써 아노라.

推 三爻는 住宅房에 屬하고 水는 물이요, 朱雀은 口舌인 즉 房에 또는 住宅에 물로 因하여 口舌騷擾하게 되는 象이고 또 그곳에 白虎가 臨하면 橫暴한 形象으로 不意의 乱暴한 물(洪水 또는 水道파이프가 터져 쏟아져 나오는)이 浸水하는 象이 되기 때문이다.

! 天火同人

朱	孫戌 / 應
青	財申 /
玄	兄午 /
白	官亥 / 世
匕	孫丑 //
句	父卯 /

- 以此知章 例文.
- 三爻 亥水官 白虎.
- 蛇官도 역시 물 침입 소동이 있을 수 있고 또 이런 경우 증기 스팀파이프 폭발 또는 朱雀官 白虎官은 口舌是非로서 水道料 徵收員과 言爭 是非數가 있다고 할 수 있는 것이다.

原 廚中侵水 以此知, 二爻入水 玄武官.

解 廚中에 浸水됨은 二爻에 玄武水官(玄武에 亥 或 子官이 붙은 것)이 되어 있는 것으로써 아노라.

推 二爻는 부엌이요, 亥子水官은 물의 災殃이요, 玄武는 盜賊이요, 盜賊은 숨어든다고 해석할 수 있는 것이기 때문에 二爻 水官 玄武는 부엌에 물이 난다고 하는 것이다.

! 火風鼎

匕	兄巳 /	
句	孫未 //	應
朱	財酉 /	
青	財酉 /	
玄	官亥 /	世
白	孫丑 //	

- 以此知章 例文.
- 二爻 玄武 亥水官.

* 이차지장에는 이처럼 괘에 대한 부연 설명이 없거나, 부족한 것이 많다.
* 2002년도에 출간한 "이것이 신이 내려주는 점술이다"에서는 필자의 신산육효학의 이론을 바탕으로 추가 설명, 비교, 분석 하였으나, 이번 개정판에서는 삭제하였다.
* 신산육효학(하여지장)과 비교하여 공부할 수 있도록 이차지장의 원문을 그대로 옮겼으니 빈 공간이 있더라도 이해를 바란다.

原 가스侵入 以此知, 二爻火鬼 玄白虎.

解 연탄가스 侵入이 있게 됨은 二爻에 玄武 火官鬼나 白虎 火官鬼가 臨하여 있는 것으로써 아노라.

推 二爻는 부엌이요, 火官鬼는 불의 災殃이요, 玄武는 숨어들고 白虎는 橫暴肅殺之神(殺傷)인 즉 부엌에 불이 숨어들고 또 불이 사람을 殺傷하는 形象이 되어 二爻 火鬼에 玄武 白虎官은 가스 侵入이 있다고 하게 되는 것이다.

● 以此知章 例文.

! 天山遯

七 父戌 /
句 兄申 / 應
朱 官午 /
青 兄申 /
玄 官午 // 世
白 父辰 //

---

* 이차지장에는 이처럼 괘에 대한 부연 설명이 없거나, 부족한 것이 많다.
* 2002년도에 출간한 "이것이 신이 내려주는 점술이다"에서는 필자의 신산육효학의 이론을 바탕으로 추가 설명, 비교, 분석 하였으나, 이번 개정판에서는 삭제하였다.
* 신산육효학(하여지장)과 비교하여 공부할 수 있도록 이차지장의 원문을 그대로 옮겼으니 빈 공간이 있더라도 이해를 바란다.

原 一家二分 以此知, 卦中艮山 六沖卦.

解 一家가 兩分함이 있게 됨은 艮爲山 六沖卦가 된 것으로써 아노라.

推 艮爲山卦는 易에서 말하기를 止也라고 하였는데 艮은 上連으로서 陽氣가 上昇하여 二陰之土에 坐하여서 以上 더 올라갈 수 없으므로 止하게 되는 형상이다. 故로 머물러 있는 者 더 이상 머물러 있을 수 없어 靜하게 되는 형상이므로 合家者 一家兩分하고 一家兩分되어 있던 者 合家함이 있게 된다고 하는 것이다.

! 艮爲山

官寅 / 世
財子 //
兄戌 //
孫申 / 應
父午 //
兄辰 //

- 以此知章 例文.
- 爻動에 관계 없음.

---

* 이차지장에는 이처럼 괘에 대한 부연 설명이 없거나, 부족한 것이 많다.
* 2002년도에 출간한 "이것이 신이 내려주는 점술이다"에서는 필자의 신산육효학의 이론을 바탕으로 추가 설명, 비교, 분석 하였으나, 이번 개정판에서는 삭제하였다.
* 신산육효학(하여지장)과 비교하여 공부할 수 있도록 이차지장의 원문을 그대로 옮겼으니 빈 공간이 있더라도 이해를 바란다.

原 天布到門 以此知, 喪巾倂立 或喪動.

解 服巾이 문에 이르러 오게 됨은 喪門吊客이 倂立(둘 다 있는 것)하거나 아니면 喪門動이 되어 있는 것으로써 아노라.

推 喪門은 喪故요, 吊客은 吊喪손님인 즉 喪吊가 倂立이면 喪故로 因한 吊客이 出入하게 되는 形象인 즉 喪을 當하여 服巾을 쓰게 됨이 있는 것이고 또 喪門이 動하여도 역시 同一한 論法이다.

! 地火明夷

父酉 // (吊) 亥年
兄亥 //
官丑 // 世(喪)
兄亥 /
官丑 // (喪)
孫卯 / 應

- 以此知章 例文.
- 四爻 喪門 六爻 吊客.

! 水澤節

兄子 // 亥年
官戌 /
父申 // 應
官辰 官丑 ╳ (喪)
孫卯 /
財巳 / 世

- 以此知章 例文.
- 三爻動.

* 이차지장에는 이처럼 괘에 대한 부연 설명이 없거나, 부족한 것이 많다.
* 2002년도에 출간한 "이것이 신이 내려주는 점술이다"에서는 필자의 신산육효학의 이론을 바탕으로 추가 설명, 비교, 분석 하였으나, 이번 개정판에서는 삭제하였다.
* 신산육효학(하여지장)과 비교하여 공부할 수 있도록 이차지장의 원문을 그대로 옮겼으니 빈 공간이 있더라도 이해를 바란다.

原 遷墓莎草 以此知, 卦中六爻 動變化.

解 무덤을 옮기거나 또 莎草함이 있게 됨은 六爻(上爻)가 動함이 있는 것으로써 아노라.

推 六爻는 墳墓 즉 무덤爻인데 動하면 그 무덤이 動하는 象이 되고 또 動하면 變하는 法인데 變하면 그 位置가 變하여 遷墓(무덤 옮기는 것)하게 되거나 또는 그 무덤의 位置는 그대로 있어도 그 모양이 變한 形象은 그 무덤에 盛土를 하든가 또는 莎草를 하는 것이므로 六爻發動은 遷墓莎草하게 되는 것이다.

天澤履 ! 兌爲澤

父戌 父未 X世
兄酉 /
孫亥 /
父丑 //應
財卯 /
官巳 /

- 以此知章 例文.
- 六爻動.

* 이차지장에는 이처럼 괘에 대한 부연 설명이 없거나, 부족한 것이 많다.
* 2002년도에 출간한 "이것이 신이 내려주는 점술이다"에서는 필자의 신산육효학의 이론을 바탕으로 추가 설명, 비교, 분석 하였으나, 이번 개정판에서는 삭제하였다.
* 신산육효학(하여지장)과 비교하여 공부할 수 있도록 이차지장의 원문을 그대로 옮겼으니 빈 공간이 있더라도 이해를 바란다.

原 客屍到門 以此知, 喪弔內卦 應加臨.

解 손님 屍體가 내 집에 드는 일이 있게 됨은 內卦에 喪弔가 모두 있고 또 다시 應爻가 內卦에 臨하여 있는 것으로써 아노라.

推 內卦는 나의 집이요, 應은 他人이요, 喪巾는 喪門 弔客을 말함인데 喪門 弔客은 喪變 弔喪을 의미한다. 然則 內卦 喪弔 應은 내 집에 他人의 喪變을 當하여 弔客하는 나그네가 드나드는 象이 되어 客屍가 到門이라고 하게 되는 것이다.

!水風井	
父子 //	亥年
財戌 / 世	
官申 //	
官酉 / (弔)	
父亥 / 應	
財丑 // (喪)	

● 以此知章 例文.

● 初爻喪 三爻弔 二爻應.

● 이 客屍到門한다는 것은 아무런 책에도 없다. 某 婦人 年運에 이와 같이 나왔으므로(左卦 例는 아님) 客屍到門이라 하였던 바, 지정한 그달 그날에 慶尙道에서 親舊同生이 올라와 그날 밤 잠자다가 연탄가스 마시고 죽었고 또한 婦人에 그런 卦象이므로 客屍到門한다 하였든 바, 이 婦人 집에서는 旅館業을 하였는데 그 指定한 月日에 난데없이 青春男女가 投宿하다가 飲毒情死한 일이 있었다. 그 후 과연 적중률이 상당히 높은데 卦中 白虎나 匕 朱雀이 있으면 더욱 확률이 높은 것이다.

原 遊情逢變 以此知, 外卦財空 又加世.

解 遊情(데이트, 드라이브)하다가 逢變 當함이 있게 되는 것은 外卦財에 世가 俱臨하여 空 맞음으로써 아노라.

推 外卦는 郊外요, 外財는 小室 愛人이요, 空은 被傷이요, 世는 내 몸인 즉 外財 世空은 나의 愛人과 같이 郊外에 나갔다가 傷하는 象이 되는 까닭이다. 이곳에서 注意할 점은 內卦財가 없이 外卦財 世空이면 自己 妻가 되는 것이고, 內卦財가 있고 그렇게 되었으면 愛人 小室과의 遊情逢變이라 하게 되는 것이다.

!山雷頤

兄寅 /
父子 // 身
○財戌 // 世
財辰 //
兄寅 // 命
父子 / 應

- 以此知章 例文.
- 外卦 四爻 財世空.

---

* 이차지장에는 이처럼 괘에 대한 부연 설명이 없거나, 부족한 것이 많다.
* 2002년도에 출간한 "이것이 신이 내려주는 점술이다"에서는 필자의 신산육효학의 이론을 바탕으로 추가 설명, 비교, 분석 하였으나, 이번 개정판에서는 삭제하였다.
* 신산육효학(하여지장)과 비교하여 공부할 수 있도록 이차지장의 원문을 그대로 옮겼으니 빈 공간이 있더라도 이해를 바란다.

原 産兒制限 以此知, 世臨福德 化爲鬼.

解 産兒制限으로 人作流産 있게 됨은 世에 子孫이 臨動하여 化鬼가 되는 것으로써 아노라.

推 世는 나요, 孫은 子孫이요, 鬼는 禍요, 鬼神인 즉 내가 子孫福을 造作하고 鬼로(죽는 것) 造作하는 形象인 까닭이다.

風地觀 ! 風山漸

官卯 / 應
父巳 /
兄未 //
官卯 孫申 X 世
父午 //
兄辰 //

- 以此知章 例文.
- 三爻持世 孫化官.

* 이차지장에는 이처럼 괘에 대한 부연 설명이 없거나, 부족한 것이 많다.
* 2002년도에 출간한 "이것이 신이 내려주는 점술이다"에서는 필자의 신산육효학의 이론을 바탕으로 추가 설명, 비교, 분석 하였으나, 이번 개정판에서는 삭제하였다.
* 신산육효학(하여지장)과 비교하여 공부할 수 있도록 이차지장의 원문을 그대로 옮겼으니 빈 공간이 있더라도 이해를 바란다.

原 産兒男女 以此知, 孫動陰陽 臨所屬.

解 子孫이 아들이냐 딸이냐를 알게 됨은 그 動한 子孫爻가 陰爻냐 陽爻냐로서 아노라.

推 子孫動은 子孫 出生이요, 男은 陽爻요, 女는 陰爻인 즉 그 子孫에 陰爻가 臨하여 動하면 女요, 陽爻에 臨하여 動하면 男子가 되는 것이기 때문에 動하는 子孫이 陰爻臨이냐 陽爻臨이냐의 그 臨한 陰陽所屬에 따라 알게 된다는 것이다.

水山蹇！地山謙

兄酉 //
父戌 孫亥 X 世
父丑 //
兄申 /
官午 // 應
父辰 //

- 以此知章 例文.
- 五爻動 女.
- 亥水 陰爻 子孫 動 故로 女.

火澤睽！天澤履

兄戌 /
兄未 孫申 X 世
父午 /
兄丑 //
官卯 / 應
父巳 /

- 以此知章 例文.
- 五爻動 男.
- 申金 陽爻 子孫動 故로 男.

原 養鷄不利 以此知, 卦中初爻 官鬼臨.

解 養鷄에 失敗함은 初爻에 官鬼가 臨하여 있는 것으로써 아노라.

推 初爻는 닭爻요, 官鬼는 病이요, 또 災殃이다. 故로 初爻 官鬼는 養鷄에 不利하다고 말하게 되는 것이다.

! 兌爲澤
父未 // 世
兄酉 /
孫亥 /
父丑 // 應
財卯 /
官巳 /

- 以此知章 例文.
- 初爻官.
- 初爻 空亡도 닭이 被傷되는 理致로 역시 같다.

原 守夜病厄 以此知, 卦中二爻 官鬼臨.

解 개가 앓거나 죽거나 나가거나 하는 것을 알게 됨은 二爻에 官이 臨함으로써 아노라.

推 守夜란 밤을 지키는 者 즉 개를 말함인데, 이는 二爻에 屬함이요, 官鬼는 病, 災殃인 즉 二爻 官鬼는 개가 죽거나, 앓거나 나가거나 하게 되는 것이다.

!地天泰

孫酉 // 應
財亥 //
兄丑 //
兄辰 / 世
官寅 /
財子 /

- 以此知章 例文.
- 二爻 官鬼.
- 二爻 官鬼에 白虎가 붙으면 畜犬이 必死하고, 二爻 官鬼에 朱雀이 臨하거나 　蛇가 臨하면 개가 헛되이 짖거나 자주 울게 되고, 그곳에 玄武가 臨하면 그 개는 盜賊 손에 들어가게 되고, 句陳은 시름시름 오랫동안 앓게 되고, 青龍이 臨하면 잠깐 앓다가 좋아진다는 것이다. 그리고 二爻 空亡도 개가 被傷되는 理致로 역시 같다.

原 養豚不利 以此知, 卦中三爻 官鬼臨.

解 養豚 失敗가 있게 되는 것은 三爻에 官鬼가 臨하여 있는 것으로써 아노라.

推 三爻는 본래 돼지爻요, 官鬼는 病 · 災殃인 까닭에 三爻 官鬼는 돼지 病 · 災가 되므로 養豚에 不利라고 말하는 것이다.

! 天火同人
孫戌 / 應
財申 /
兄午 /
官亥 / 世
孫丑 //
父卯 /

- 以此知章 例文.
- 三爻 亥官.
- 三爻에 空亡도 돼지가 被傷되는 理致로 역시 같다

原 蜂羊不利 以此知, 四爻官鬼 或空亡

解 養蜂 牧羊이 不利하게 됨은 四爻에 官鬼가 臨하거나 아니면 空亡이 맞은 탓으로써 아노라.

推 四爻는 본래 蜂이요, 羊爻가 되는 것인데 그곳에 官이 臨하면 官은 病 · 空은 被傷이 되기 때문에 四爻 官鬼 空은 養蜂 牧羊이 不利하다는 것이다.

! 水風井
父子 //
財戌 / 世
官申 //
官酉 /
父亥 / 應
財丑 //

- 以此知章 例文.
- 四爻 官.

---

* 이차지장에는 이처럼 괘에 대한 부연 설명이 없거나, 부족한 것이 많다.
* 2002년도에 출간한 "이것이 신이 내려주는 점술이다"에서는 필자의 신산육효학의 이론을 바탕으로 추가 설명, 비교, 분석 하였으나, 이번 개정판에서는 삭제하였다.
* 신산육효학(하여지장)과 비교하여 공부할 수 있도록 이차지장의 원문을 그대로 옮겼으니 빈 공간이 있더라도 이해를 바란다.

原 農牛被傷 以此知, 五爻官鬼 落空愁.

解 農牛가 길거리에서 被傷 당하게 됨은 五爻에 官鬼 또는 空亡이 맞은 탓이다.

推 五爻는 본래 소爻요(牛爻), 官은 病이요, 空은 制壓 또는 被傷인 즉 五爻官 或 空亡은 소가 길거리에서 被傷(또는 病)으로 보게 되는 것이다.

! 雷水解

財戌 //
官申 // 應
孫午 /
孫午 //
財辰 / 世
兄寅 //

- 以此知章 例文.
- 五爻 官鬼.
- 五爻 申金은 金道路 즉 鐵道라고도 해석할 수 있고, 또 亥子水는 氷上으로도 해석할 수 있으므로 五爻 水官鬼空은 소가 물 건너가다가 또는 얼음판에서 傷한다 하게 되고, 또 五爻 申金官은 소가 철길에서 傷한다고 할 수 있게 되는 것이다.

! 火水未濟

兄巳 / 應
°孫未 //
財酉 /
兄午 // 世
孫辰 /
父寅 //

- 以此知章 例文.
- 五爻 空亡.
- 소(牛)爻(五爻)에 孫空則 소子孫(송아지)空으로 송아지 被傷이라고 하고, 父空則 소父母(陽爻則 큰 황소, 陰爻則 큰 암소)空으로 큰 소 被傷이라고 하고, 兄弟空則 中소라고 하게 되는 것이다.

原 隣家火災 以此知, 卦中四爻 火鬼臨.

解 나의 近處 집에 火災가 있게 됨은 四爻에 火官鬼가 있게 됨으로써 아노라.

推 四爻는 나의 近處 집이요, 火官鬼는 火災이므로 四爻 官鬼는 나의 近處 집에 火災가 있다고 하게 되는 것이다.

!天風姤
父戌 /
兄申 /
官午 / 應
兄酉 /
孫亥 /
父丑 // 世

- 以此知章 例文.
- 四爻 火官鬼.

---

* 이차지장에는 이처럼 괘에 대한 부연 설명이 없거나, 부족한 것이 많다.
* 2002년도에 출간한 "이것이 신이 내려주는 점술이다"에서는 필자의 신산육효학의 이론을 바탕으로 추가 설명, 비교, 분석 하였으나, 이번 개정판에서는 삭제하였다.
* 신산육효학(하여지장)과 비교하여 공부할 수 있도록 이차지장의 원문을 그대로 옮겼으니 빈 공간이 있더라도 이해를 바란다.

原 延燒我家 以此知, 內外火官 連結家.

解 近處 집에서 불이 나서 나의 집까지 延燒함이 있게 됨은 四五爻의 火官鬼가 二爻 三爻 火官鬼와 連結되어 있음으로써 아노라.

推 四爻 五爻 火官鬼는 近處 집 또는 길 건너 집 불이요, 二爻 火官鬼는 나의 집 불인데 그것이 內外火로 連結되어 있으면 延燒되는 象이 되는 까닭이다.

! 風地觀

財卯 /
官巳 /
父未 // 世
財卯 //
官巳 //
父未 // 應

- 以此知章 例文.
- 二爻 五爻 巳官 連結.

! 天山遯

父戌 /
兄申 / 應
官午 /
兄申 /
官午 // 世
父辰 //

- 以此知章 例文.
- 二爻 四爻 午火官 連結.

---

* 이차지장에는 이처럼 괘에 대한 부연 설명이 없거나, 부족한 것이 많다.
* 2002년도에 출간한 "이것이 신이 내려주는 점술이다"에서는 필자의 신산육효학의 이론을 바탕으로 추가 설명, 비교, 분석 하였으나, 이번 개정판에서는 삭제하였다.
* 신산육효학(하여지장)과 비교하여 공부할 수 있도록 이차지장의 원문을 그대로 옮겼으니 빈 공간이 있더라도 이해를 바란다.

原 求財難得 以此知, 兄弟持世 爻中輪.

解 財物을 求하여도 求하여 지지 아니함은 爻中에 兄弟가 持世하고 있음으로써 아노라.

推 兄弟는 본래 奪財之神이요, 持世는 내 몸인즉 兄弟持世는 내 몸이 奪財之神에 臨해 있는 象이 되어 求財難得은 定然한 理致인 것이다.

! 火水未濟

兄巳 / 應
孫未 //
財酉 /
兄午 // 世
孫辰 /
父寅 //

- 以此知章 例文.
- 三爻 兄世.

* 이차지장에는 이처럼 괘에 대한 부연 설명이 없거나, 부족한 것이 많다.
* 2002년도에 출간한 "이것이 신이 내려주는 점술이다"에서는 필자의 신산육효학의 이론을 바탕으로 추가 설명, 비교, 분석 하였으나, 이번 개정판에서는 삭제하였다.
* 신산육효학(하여지장)과 비교하여 공부할 수 있도록 이차지장의 원문을 그대로 옮겼으니 빈 공간이 있더라도 이해를 바란다.

原 廚壁破損 以此知, 二爻土臨 又空亡.

解 부엌 바람벽이 무너지게 됨은 二爻에 土가 붙어 空亡을 맞음으로써 아노라.

推 二爻는 부엌이요, 土는 흙인 즉 부엌 흙은 부엌 바람벽이 되는 것이고, 空은 被傷 破壞가 되는 것인 즉 二爻 土空은 부엌 바람벽이 무너진다고 해석하게 되는 것이다.

! 地水師
父酉 // 應
兄亥 //
官丑 //
財午 // 世
○官辰 /
孫寅 //

- 以此知章 例文.
- 二爻 辰土 空.
- 꼭 二爻에 土官이라야 되는 것이 아니고, 아래 예문과 같이 二爻 土 文書라도 되는 것이다.

	! 澤水困
句	父未 //
朱	兄酉 /
靑	孫亥 / 應
玄	官午 //
白	○父辰 /
匕	財寅 // 世

- 以此知章 例文.
- 二爻 白父土 空.
- 白虎가 붙어 있으면 肅殺(撤法)之神으로 더욱 强力한 의미를 나타낸다.(何知章 講說을 參照하였다)

原 醬瓮破損 以此知, 亥子一二 白虎官.

解 장독이 깨지는 일이 있게 됨은 初爻 二爻 卽 基地爻에 水가 臨하고 그곳에 다시 白虎가 臨하여 空亡을 맞은 것으로써 아노라.

推 初爻 二爻는 基地요, 부엌 장독대이다. 一二爻 亥子는 장독대의 물로서 장독의 간장이 되는 것이고, 空은 破壞요, 白虎는 橫暴한 것이 되어 初爻 二爻 白虎 水空은 장독이 깨진다고 하게 되는 것이다. 그리고 二爻 水空 白虎는 부엌에 물이 破壞 橫暴을 하는 形象으로 물독이 깨어짐이 있다고도 하는 것이다.

	䷗地雷復	
匕	孫酉 //	
句	財亥 //	
朱	兄丑 //	應
青	兄辰 //	
玄	官寅 //	
白	○財子 /	世

- 以此知章 例文.
- 初爻 白虎 子水 財空.
- 子水에 財가 있다.

!火天大有
官巳 / 應
父未 //
兄酉 /
父辰 / 世
財寅 /
○孫子 /

- 以此知章 例文.
- 初爻 玄武 子水 孫空.
- 水에 孫이 臨하면 財나 孫은 飮食物이 됨으로써 더욱 確率이 높은 것이고(간장은 물에 屬하는 飮食物인 까닭이다) 그 子水에 玄武가 붙으면 玄武도 역시 壬癸水에 屬하여 水氣太旺으로 合하여 그 味는 鹹을 이루므로 짠물 즉 간장의 味를 더욱 강하게 나타내는 것이다. (故로 旺한 바닷물은 짠 것이다). 그리고 初爻는 基地요, 장독대요, 또 玄武는 숨어든다 또는 숨어 샌다는 것으로 해석하여 장독의 장이 外部로 새어 나오는(洩出) 일도 있게 된다.

原 破墻築臺 以此知, 卦中六爻 遇逢空.

解 집의 담벽이 무너지거나 또는 築臺가 무너짐이 있음은 六爻에 空을 맞음으로써 아노라.

推 六爻는 담장爻요, 空은 破損이다. 따라서 六爻空은 담장이 破損되는 象이기 때문이다.

! 水澤節

°兄子 //
官戌 /
父申 // 應
官丑 //
孫卯 /
財巳 / 世

● 以此知章 例文.

● 六爻는 또 墳墓爻가 되기 때문에 六爻空은 墳墓가 破損되는 形象으로 遷墓莎草할 수도 있게 되는 것이다.

原 雇人逃走 以此知, 奴僕之爻 遇逢空.

解 雇人逃走 즉 食母 職工 其他 雇傭人이 逃走함은 六爻(奴僕爻)에 空이 맞음으로써 아노라.

推 六爻는 奴 食母 職工 其他의 雇傭人爻요, 空은 빈 것으로도 해석하므로 六爻空은 雇人逃走라 하게 되는 것이다.

! 澤水困

○父未 //
兄酉 /
孫亥 / 應
官午 //
父辰 /
財寅 // 世

● 以此知章 例文.

● 玄武는 秘密 隱密이 되므로 六爻玄武空은 더욱 확률이 높은 것이고 또 空은 빈 것으로도 해석하여 빈 것은 꼭 逃走한 것 뿐 아니라 公公然하게 나가는 것도 포함되고 또 空은 被傷으로도 해석하여 六爻空은 雇人이 被傷도 되는 것이다.

原 路上身厄 以此知, 世臨六爻 遇空亡.

解 路上에서 身厄이 있게 됨은 五爻나 六爻에 世가 붙고 또 다시 空亡을 맞은 것으로써 아노라.

推 五爻 六爻는 路上 또는 旅行길이요, 世는 내 몸이요, 空은 被傷인 즉 五爻나 六爻 世空은 路頭에 身厄이 있다고 하게 되는 것이다.

䷪ 澤天夬	
兄未 //	
◦孫酉 /	世
財亥 /	
兄辰 /	
官寅 /	應
財子 /	

- 以此知章 例文.
- 五爻空.
- 孫이 世와 같이 空이 되므로 子孫과 같이 길거리에 나갔다가 被傷逢變當한다고 할 수 있는 것이다. 이 法에 準하여 財世空이면 妻나 愛人과 같이 길거리에 나갔다가 傷한다. 또 兄弟世空이면 兄弟나 親舊와 같이 길거리에 나갔다가 傷한다. 다음 文書世空이면 내 몸에 관한 文書(身分證) 紛失 또는 父母를 모시고 길거리에 나갔다가 傷한다. 官世空은 여자의 경우 男便하고 길거리에 나갔다가 傷한다는 等으로 해석하게 되는 것이다.

原 見血事故 以此知, 山上有雷 小過卦.

解 見血事故 있게 됨은 雷山小過卦가 나온 것으로써 아노라.

推 雷山小過卦는 周易大象에 말하기를 山上有雷 小過라고 하였는데 艮은 山이요, 山은 止하고 雷는 動하여 不止하는 것이므로 一은 止하고 一은 動하여 去한다. 또 飛鳥遺音이라 하였는데 그 理由는 震爲雷도 音을 發하고 動去함이요, 飛鳥도 音을 發하고 動去하는 象이고 또 山은 止하고 遺도 남아 있는 象이 된다. 따라서 山止不動하고 雷動不止하여 其道不和故로 大事不可라 하였고 또 行過乎恭 喪過乎哀라 하여서인지 누누이 經驗하여 본 결과 군인, 경찰관은 銃器誤發(上官則 其部下), 運轉士는 交通事故로 피 흘리는 事故를 犯하는 것을 많이 보고 있다. 그리고 또 一止一動이 지나치는 小過形象이 되어 有聲無形으로서(飛鳥遺音 즉 有聲無形) 크게 소리가 나고 또 하나는 움직이지 못하는 것이 지나친(小過) 것은 死한 形象이 되므로 死하여 크게 떠들어 소리 나는 것은 殺人의 形象이 되기도 하는 것이다. 어쨌든 이 卦만 나오면 不意의 見血事故를 보게 됨이 있으니 謙遜하여야 할 것이다.

近 二十年前 淸州경찰서장으로 赴任한 바 있었던 鄭甲柱 署長 동생이 某 酒席에서 권총 피살사건이 있었는데 그 加害者 警官 運數에 이 卦가 나와서 나는 銃器 오발 사고를 豫告하였으나 그만 그 指摘한 日時까지 的中하여 事故를 犯하였고 其外에도 一一이 列擧할 수 없으리만큼 많은 경험을 얻은 바 있는 卦象이다.

! 雷山小過
父戌 //
兄申 //
官午 / 世
兄申 /
官午 //
父辰 // 應

● 以此知章 例文.

* 이차지장에는 이처럼 괘에 대한 부연 설명이 없거나, 부족한 것이 많다.
* 2002년도에 출간한 "이것이 신이 내려주는 점술이다"에서는 필자의 신산육효학의 이론을 바탕으로 추가 설명, 비교, 분석 하였으나, 이번 개정판에서는 삭제하였다.
* 신산육효학(하여지장)과 비교하여 공부할 수 있도록 이차지장의 원문을 그대로 옮겼으니 빈 공간이 있더라도 이해를 바란다.

原 交通違反 以此知, 身臨五爻 官加臨.

解 交通法 違反으로 官災가 있게 됨은 五爻 身에 官이 臨하여 있는 것으로써 아노라.

推 五爻는 道路爻(交通)요, 官은 官災요, 身은 내 몸인 즉 五爻 世官은 交通에 關하여 내 몸에 官災가 있는 象이 되어 交通法違反으로 因하여 官災가 있게 되는 것이라고 하게 되는 것이다. 또 道路(五爻)에서 官에 내 몸이 臨함은 街頭檢問에 當한다. 또는 旅館에서(五爻는 道路旅行으로서 旅館으로도 解釋한다) 잠자다가 臨檢 當하는 例도 있다.

!震爲雷

財戌 // 世
官申 // 身
孫午 /
財辰 // 應
兄寅 // 命
父子 /

- 以此知章 例文.
- 五爻 身臨.

* 이차지장에는 이처럼 괘에 대한 부연 설명이 없거나, 부족한 것이 많다.
* 2002년도에 출간한 "이것이 신이 내려주는 점술이다"에서는 필자의 신산육효학의 이론을 바탕으로 추가 설명, 비교, 분석 하였으나, 이번 개정판에서는 삭제하였다.
* 신산육효학(하여지장)과 비교하여 공부할 수 있도록 이차지장의 원문을 그대로 옮겼으니 빈 공간이 있더라도 이해를 바란다.

原 田畓稀種 以此知, 句陳之爻 遇逢空.

解 農土田畓에 種子가 잘 안 남이 있게 됨은 句陳爻에 空이 맞은 것으로써 아노라.

推 句陳은 戊土요, 田土로도 해석되는 것이고 空은 被傷制壓으로도 해석한다. 故로 農土에 씨를 뿌린 것이 害蟲에 또는 들쥐, 日氣에 制壓을 받아 씨가 잘 나지 아니함이 있게 되는 것이다.

	!天水訟
青	孫戌 /
玄	財申 /
白	兄午 / 世
匕	兄午 //
句	○孫辰 /
朱	父寅 // 應

● 以此知章 例文.

● 二爻 句陳空.

● 句陳 辰土에 空이 되어 있는데 辰은 東南門이요, 二爻는 집터인 故로 집에서 아주 가까운 밭에 種子가 잘 안 된다고 하는 것이고 또 句陳이 內卦면 그 집에서 가까운 農地요, 句陳이 外卦에 붙어 있으면 그 집에서 먼 곳의 農地라고 하게 되는 것이다.

原 農牛上槽 以此知, 五爻丑爻 蛇官.

解 農牛가 궁이(여물통)에 올라섬이 있게 됨은 五爻 蛇官이나 丑爻에 蛇官이 있게 됨으로써 아노라.

推 五爻 또는 丑爻는 牛爻요, 蛇는 安靜되지 못한 者요, 官은 災殃이 되는 것인 즉 五爻 蛇官이나 或은 丑爻에 蛇官이면 農牛가 安靜되어 있지 못하고 궁이에 올라서며 소리를 지르는 일이 있게 되는 것이다.

! 地水師

玄	父酉 // 應
白	兄亥 //
七	官丑 //
句	財午 // 世
朱	官辰 /
靑	孫寅 //

- 以此知章 例文.
- 丑爻 蛇官.

! 雷水解

白	財戌 //
七	官申 // 應
句	孫午 /
朱	孫午 //
靑	財辰 / 世
玄	兄寅 //

- 以此知章 例文.
- 五爻 蛇官.

* 이차지장에는 이처럼 괘에 대한 부연 설명이 없거나, 부족한 것이 많다.
* 2002년도에 출간한 "이것이 신이 내려주는 점술이다"에서는 필자의 신산육효학의 이론을 바탕으로 추가 설명, 비교, 분석 하였으나, 이번 개정판에서는 삭제하였다.
* 신산육효학(하여지장)과 비교하여 공부할 수 있도록 이차지장의 원문을 그대로 옮겼으니 빈 공간이 있더라도 이해를 바란다.

原 田穀豊登 以此知, 句陳入土 財福臨.

解 田穀의 豊年作을 알게 됨은 句陳에 辰戌丑未가 붙고 그곳에 財나 孫이 臨하여 있는 것으로써 아노라.

推 句陳은 農地요, 辰戌丑未는 田穀이요, 財나 福德은 財數나 結實이 되므로(子孫은 福德이요, 또 열매 結實이 됨) 因하여 句陳 入土 財孫臨은 田穀豊年이라고 하게 되는 것이다.

	!離爲火
青	兄巳 / 世
玄	孫未 //
白	財酉 /
匕	官亥 / 應
句	孫丑 //
朱	父卯 /

- 以此知章 例文.
- 二爻 丑土 句陳 子孫.
- 句陳 入土 財孫臨은 田穀豊作이므로 句陳 入水 財孫臨은 벼농사 豊作이라고 하게 되는 것이다. 一莖五穗라는 것은 檀君 二十五世 率那王 己酉年(在位 五十九年)에 田穀이 豊登하여 有一莖五穗之栗하다 하는 記錄에서다.(檀君世記)

原 漁獵身厄 以此知, 水隔發動 克世爻.

解 바다에 고기잡이 나가서 身厄 있게 됨은 水隔이 發動하여 世爻를 克하므로써 아노라.

水隔殺 : 正月 戌, 二月 申, 三月 午, 四月 辰, 五月 寅, 六月 子, 七月 戌, 八月 申, 九月 午, 十月 辰, 十一月 寅, 十二月 子.

推 水隔은 큰물에 凶殺이요, 持世는 내 몸이요, 水隔動 克世는 물 凶殺이 내 몸을 克하는 까닭에 漁獵 또는 乘船 主義하여야 한다는 것이다.

澤地萃 ! 水地比

財子 // 應
兄戌 /
財亥 孫申 X 身
官卯 // 世
父巳 //
兄未 // 命

- 以此知章 例文.
- 八月占. 水隔 申이 克 卯木世.

地火明夷 ! 水火旣濟

兄子 // 應
兄亥 官戌 X
父申 //
兄亥 / 世
官丑 //
孫卯 /

- 以此知章 例文.
- 七月生 後天 行年.
- 七月 水隔 戌이 克 亥世.

原 漁獵大獲 以此知, 青龍入水 財福臨.

解 물고기 잡이에 크게 豊漁로 大獲함이 있게 됨은 青龍이 亥나 子에 臨하고 또 다시 財나 子孫이 臨하여 있음으로 아노라.

推 青龍은 龍이요, 또 喜悅이다. 그리고 亥子는 水요, 財는 財物, 福은 福德이다. 故로 青龍 水財福은 龍이 바다를 얻은 形象이며 또 물고기 財物(水産財) 福을 크게 거두는 象이 되기 때문이다.

! 水天需

青	財子 //
玄	兄戌 /
白	孫申 // 世
匕	兄辰 /
句	官寅 /
朱	財子 / 應

- 以此知章 例文.
- 六爻 龍 水財.

! 兌爲澤

句	父未 // 世
朱	兄酉 /
青	孫亥 /
玄	父丑 // 應
白	財卯 /
匕	官巳 /

- 以此知章 例文.
- 四爻 亥水 福德.
- 青龍水財나 福德이 外卦에 있으면 遠洋漁獵에 大獲이 있고 그것이 內卦에 있으면 近海에서 大獲이 있게 되는 것이다. 그리고 句陳은 집터로서 漁場으로도 보기 때문에 句陳 入水 財福이면 漁場 또는 養魚場으로 大獲 財福하게 된다고 볼 수 있는 것이다.

原 坐得萬金 以此知, 卦中財爻 來克世.

解 쉽게 財物을 得함이 있게 됨은 卦中 財爻가 持世를 克함이 있는 것으로써 아노라.

推 世는 내 몸이요, 財는 財物이요, 克함은 나를 괴롭히는 것인 즉 財來克世는 財物이 와서 내 몸을 괴롭히는 象인 즉 돈 셈하기에 바쁜 것이므로 財數를 크게 得함이 있다는 것이다.

! 風天小畜

兄卯 /
孫巳 /
財未 // 應命
財辰 /
兄寅 /
父子 / 世身

- 以此知章 例文.
- 水世 土財.

* 이차지장에는 이처럼 괘에 대한 부연 설명이 없거나, 부족한 것이 많다.
* 2002년도에 출간한 "이것이 신이 내려주는 점술이다"에서는 필자의 신산육효학의 이론을 바탕으로 추가 설명, 비교, 분석 하였으나, 이번 개정판에서는 삭제하였다.
* 신산육효학(하여지장)과 비교하여 공부할 수 있도록 이차지장의 원문을 그대로 옮겼으니 빈 공간이 있더라도 이해를 바란다.

原 食客三千 以此知, 六爻之中 五爻動.

解 食客이 많이 出入함이 있게 됨은 五爻가 動變한 것으로써 아노라.

推 五爻는 食口爻요, 動은 出이요, 應은 入인 즉 五爻가 動變則(動則必變之理也라) 食口가 出入之象으로서 客食口가 많이 드나들게 된다는 것이다. 食客三千이란 孟嘗君이 食客이 三千(많은 사람이 드나드는 것)이라는 말에서 나온 것임.

坤爲地 ! 水地比

財子 // 應
財亥 兄戌 X
孫申 //
官卯 // 世
父巳 //
兄未 //

- 以此知章 例文.
- 五爻動.

* 이차지장에는 이처럼 괘에 대한 부연 설명이 없거나, 부족한 것이 많다.
* 2002년도에 출간한 "이것이 신이 내려주는 점술이다"에서는 필자의 신산육효학의 이론을 바탕으로 추가 설명, 비교, 분석 하였으나, 이번 개정판에서는 삭제하였다.
* 신산육효학(하여지장)과 비교하여 공부할 수 있도록 이차지장의 원문을 그대로 옮겼으니 빈 공간이 있더라도 이해를 바란다.

原 不美宴席 以此知, 世臨財福 遇空亡.

解 宴席에 不美스러운 일이 있게 됨은 持世財福에 空이 맞은 것으로써 아노라.

推 財福은 財爻와 子孫爻로써 飮食이요, 空은 被傷이요, 持世는 내 몸인 즉 내 몸이 飮食場所 卽 宴席에 臨하여 被傷 當하는 形象이 되어 그 宴會가 不美스러운 宴席이 되는 것이다.

	!震爲雷
白	○財戌 // 世
匕	官申 // 身
句	孫午 /
朱	財辰 // 應
靑	兄寅 // 命
玄	父子 /

● 以此知章 例文.

● 六爻 空.

● 六爻 持世財 白虎空 故로 그 宴席에서 싸움이 나서 몸을 다치든가 아니면 돈에 損財가 있거나 또는 집에 돌아오는 길에 몸을 다치거나하여 不美스러운 일이 생기게 되는 것이다. 故로 이 경우는 卯戌月日 宴席招請 必有不美 勿入其席이라고 한다.

	!震爲雷
青	財戌 // 世
玄	官申 // 身
白	孫午 /
匕	財辰 // 應
句	兄寅 // 命
朱	父子 /

● 以此知章 例文.

● 六爻.

● 위와 같은 卦지만 存貴하고 기쁜 宴席에 臨한 形象이 되어 매우 유쾌하고 아름다운 宴席이 되는 것이다. 그리고 會席人員은 戌 五, 十 數로써 五名이나 十名이 아니면 五十名 또는 百명이라고 보게 되는 것이고 日시간은 辰戌冲이 있으므로 卯戌合으로 二月이나 九月 中 卯戌日 戌時라고 하는 것이고 그 方位는 戌, 故로 西北間方(乾方)이라고 하게 되는 것이다. 故로 卯戌月日 請我宴席 珍鑽歡待 喜喜樂樂이라고 하게 되는 것이다.

原 食口數字 以此知, 五爻五行 臨所屬.

解 食口 數字를 알게 됨은 五爻 五行 所屬으로써 아노라.

推 五爻는 食口爻가 되므로 食口數를 보게 되는 것이고 五行이 臨한 所屬으로 본다 함은, 가령 五爻에 申金이 臨했다면 申은 七이요(丙辛 寅申 七) 또는 九가 되므로(庚申 九) 因하여 七名이나 九名의 食口라고 하게 되는 것이다.

!離爲火

兄巳 / 世
孫未 //
財酉 /
官亥 / 應
孫丑 //
父卯 /

- 以此知章 例文.
- 五爻 未土.
- 이 卦로 보면 五爻에(食口爻) 未가 되므로 未는 八(乙庚 丑未 八)이요, 또 十(丑未 十)이 되는 故로 八名이나 十名의 食口라고 하는 것이다.

原 路逢盜失 以此知, 財臨五爻 又逢空.

解 길거리에서 盜失數 있게 되는 것은 財가 五爻에 臨하여 空 맞은 것으로써 아노라.

推 五爻는 길거리요(道路爻), 財는 財物이요, 空은 空亡으로서 비었다 傷한다는 뜻이므로 五爻財空은 길거리에서 盜難 또는 紛失 當한다고 한 것이다. 이와 같은 推理로 五爻 玄武財도 路逢盜失하게 된다고 할 수 있는 것이다.

! 火雷噬嗑
孫巳 /
○財未 // 世
官酉 /
財辰 //
兄寅 // 應
父子 /

- 以此知章 例文.
- 外卦 五爻財空.

* 이차지장에는 이처럼 괘에 대한 부연 설명이 없거나, 부족한 것이 많다.
* 2002년도에 출간한 "이것이 신이 내려주는 점술이다"에서는 필자의 신산육효학의 이론을 바탕으로 추가 설명, 비교, 분석 하였으나, 이번 개정판에서는 삭제하였다.
* 신산육효학(하여지장)과 비교하여 공부할 수 있도록 이차지장의 원문을 그대로 옮겼으니 빈 공간이 있더라도 이해를 바란다.

제 5 장

하여지장 (何如知章)

제 5 장 하여지장 (何如知章)

〈神算六爻·이것이 神이 내려주는 점술이다〉의 2012년 개정증보판인 〈神算六爻精解〉에서는 하지장과 이차지장을 통합(統合)하여, 현실적이지 못한 부분은 제외하고, 현시대(現時代)에 맞는 점사를 연구하여 〈하여지장〉이라 했다.

필자는 지금까지의 하지장과 이차지장과는 견해(見解)를 달리하고 있다. 그리하여 〈하여지장〉은 신산육효학의 이론을 바탕으로, 오행(五行) 생극제화(生克制化)의 통변(通辯)을 원칙으로 하였고, 육수(六獸)나 신살(神殺)은 적용하되, 점사 판단시 성사여부에는 비중을 두지 않았다.

〈하여지장의 예문〉은 현실성 있는 것으로 필자가 손님과 상담중 얻은 것을 다수 기재했으며, 부족한 것은 점사의 문안에 맞춰 육효를 공부하는 데 도움이 되도록 작성했다.

보는 이의 시각에 따라 다소 견해의 차이가 있을 수 있으나, 그렇다고 하여 신산육효학의 이론을 배제하고서는 육효를 논할 수 없는 것이 현실(現實)이니, 부정(否定)하기에 앞서, 마음을 비우고 차근차근히 읽어 보기를 바란다.

何如知章 父母編 (하여지장 부모편)

原 桐竹執杖 何如知, 喪弔俱動 克世爻.

解 부모 상(喪)을 당하는 것을 어떻게 아는가?
喪門, 弔客이 모두 發動하여 世爻를 괴롭힌다.

說 상문(喪門)은 상복(喪服)을 입는다는 것이고, 조객(弔客)은 문상(問喪)을 온 손님이다. 그러므로 喪門, 弔客이 卦 中에서 旺相하고 世爻가 休囚衰絶되면 부모 중에서 세상과 등을 지는 이가 있다고 판단한다.

地山謙 ! 地火明夷

		丑年 寅月 己卯日
○父酉 //		
兄亥 //	(弔)	
官丑 // 世		
兄亥 /	(弔)	
官丑 //		
官辰 孫卯 ╳ 應	(喪)	

- 神算六爻 例文.
- 喪門, 弔客은 태세(太歲)를 기준으로 판단한다.
- 丑年이므로 丑을 기준으로 보면, 初爻 卯木 孫爻는 喪門이다.
- 三爻와 五爻의 亥水 兄爻는 弔客이다.
- 初爻에서 喪門이 發動, 克世하니 년 중(年 中)에 반드시 옷자락으로 하늘을 가리게 된다.

何如知章 父母編 (하여지장 부모편)

原 父母疾患 何如知, 財動克父 兼克傷.

解 부모에게 질병이 있는 것을 어떻게 아는가?
父爻가 日月에 休囚되고 克傷이 된다.

說 父爻는 부모다. 財는 부모를 손상(損傷)시키는 자다. 극상(克傷)이나 손상은 고통이다. 그러므로 財爻가 發動하여 父爻를 克하거나, 日月이 父爻를 克傷하면 부모에게 병고(病苦)가 있다고 판단한다. 六獸 중에서 白虎는 살상(殺傷)을 주관하는 자이며, 凶殺이다. 白虎가 臨하면 고통이 더 가중(加重)된다고 판단할 수 있다. 그러나 白虎에 지나치게 비중(比重)을 두어서는 안 된다.

天山遯 ! 天地否

七		父戌 / 應		巳月
句		兄申 /		
朱		◦官午 /		
青	兄申	財卯 X 世		辛卯日
玄		官巳 //		
白		◦父未 //		

- 神算六爻 例文.
- 三爻에서 卯木 財爻가 動한 것은 다른 爻를 生하거나 克하기 위해서다.
- 二爻나 四爻에 있는 巳·午火 官爻는 巳月에 旺相하여 어려움이 없다.
- 그리고 初爻에 있는 未土 父爻가 空亡이 되니, 卯木 財爻가 初爻를 克한다.
- 日辰이 卦 中에서 動하여 克하는 것은 日辰이 주는 형극(刑克)이다.
- 初爻에 있는 未土 父爻가 空亡이 되고 白虎가 臨했다.
- 그러나 巳月에 旺相해 큰 어려움은 없었다.
- 베란다에서 화분을 만지다 발등에 손상이 조금 있었다.

風澤中孚 ! 山澤損

七		官寅 / 應	亥月 庚申日
句	父巳	◦財子 X	
朱		兄戌 //	
青		◦兄丑 // 世	
玄		官卯 /	
白		父巳 /	

- 神算六爻 例文.
- 父爻가 初爻에서 亥月에 月破를 당하고, 五爻에서 旺動한 子水 財爻의 克을 받아 더욱 凶하다.
- 부모에게 질병이 있는 것이 분명하지만, 죽음에 이르지 않은 것은 父爻의 原神인 寅木이 亥月의 生扶를 얻어 旺한데, 申日에 暗動되어 父爻를 生扶하기 때문이다.
- 白虎는 吉凶을 좌우하지 않는다.
- 다만, 初爻 巳火 父爻에 白虎가 있어서, 더욱 凶할 뿐이다.

! 離爲火

七	兄巳 / 世	酉月 庚戌日
句	孫未 //	
朱	財酉 /	
青	官亥 / 應	
玄	孫丑 //	
白	◦父卯 /	

- 神算六爻 例文.
- 初爻 卯木 父爻가 月破를 당했는데, 日辰의 生扶를 받지 못하고, 空亡이니 眞空이다.
- 四爻 酉金 財爻가 發動하면 월령(月令)이 動하는 것이니 꼼짝도 하지 못한다.
- 부모에게 걱정이 있다.
- 그러나 父爻의 原神인 三爻 亥水 官爻가 日辰의 克을 받지만, 月의 生을 받아 약하지 않으니, 액(厄)은 피할 수 있다.
- 衰絶된 用神에 白虎가 붙으면 病을 앓아 아픈 것이다.
- 用神을 克하는 忌神에 白虎가 있으면 사고, 재난을 당하는 것으로 판단한다.

何如知章 父母編 (하여지장 부모편)

原 父母災殃 何如知, 財爻發動 父逢空.

解 부모에게 재앙이 발생하는 것을 어떻게 아는가?
財爻가 父爻의 鬼殺이 되어 發動하여 父를 傷하게 하였는데 다시 父爻가 空亡이다.

說 財爻는 부모의 鬼殺이다. 財爻가 發動하면 父爻를 克한다. 그러므로 財爻가 旺動하고, 父爻가 衰絶되면 凶한데, 眞空은 소멸(消滅)을 주관하니, 부모에게 재앙이 있다고 판단한다.

火雷噬嗑 ! 震爲雷

孫巳 財戌 ╳世
官申 //
孫午 /
財辰 //應
兄寅 //
○父子 /

午月 戊午日

- 神算六爻 例文.
- 六爻에서 戌土 財爻가 旺動하여 孫爻를 化出하여 生을 받으니 回頭生이다.
- 旺動한 戌土 財爻는 다른 爻를 生하든가, 克해야 한다.
- 六爻占에서는 爻가 動하면 대개 열악(劣惡)한 쪽을 선택하여 生이나 克을 하게 된다.
- 五爻 申金 官爻는 日月의 克을 받아, 衰絶되었는데, 六爻 戌土 原神이 旺動하여 절처봉생(絶處逢生)이다.
- 그러나 初爻에 있는 子水 父爻는 月破와 日破를 당하고, 眞空이 된다. 따라서 六爻 戌土 財爻는 初爻 子水 父爻를 克한다.
- 부모에게 재앙(災殃)이 일어난다.

乾爲天 ! 風天小畜	
兄卯 /	巳月 乙未日
○孫巳 /	
孫午 財未 X 應	
○財辰 /	
兄寅 /	
父子 / 世	

- 神算六爻 例文.
- 初爻 子水 父爻가 用神이다.
- 四爻에서 未土 財爻가 巳月의 生을 받고, 未日을 帶하고 發動했다.
- 그리고 回頭生을 받으니, 매우 旺하다.
- 卦 中에서 爻가 動하는 것은 他爻를 生하거나 克하기 위해서다.
- 未土가 發動한 것은 生하는 곳(생처:生處)를 찾거나, 克하는 곳(극처:克處)을 찾는다.
- 여기서는 生處인 酉金 官爻가 三爻에 伏神이니, 克處를 찾아 初爻 子水 父爻를 克한다. 따라서 부모에게 재앙이 있다.
- 初爻 子水 父爻는 巳月에 絶이 되고, 未日의 生扶를 받지 못하고, 四爻에서 發動한 未土 財爻의 克을 받으니 매우 약하다.
- 甲辰日을 조심하라.
- 甲辰日이면 未土 忌神을 生하는 仇神인 巳火 孫爻가 出空하고, 日辰인 辰 水庫가 初爻 子水 父爻를 入庫시키기 때문이다.

何如知章 父母編 (하여지장 부모편)

原 父母路傷 何如知, 外卦父爻 遇眞空

解 부모가 길을 가다가 다치게 되는 것을 어떻게 아는가? 外卦에서 父爻가 眞空이 된다.

說 外卦는 四爻, 五爻, 六爻다. 四爻는 외문(外門), 五爻는 도로(道路), 六爻는 먼 곳이다. 旬空은 잠시 자리를 비운 것이고, 眞空은 소멸(消滅)이나 손상(損傷)이다. 그러므로 外卦에서 父爻가 眞空이 되는 것과 他爻의 冲克으로도 판단한다.

坤爲地 ! 山地剝

兄酉 財寅 X
孫子 // 世
°父戌 //
財卯 //
官巳 // 應
父未 //

亥月 甲子日

- 神算六爻 例文.
- 六爻에서 月日의 生을 받아 旺한 寅木 財爻가 發動했다.
- 六爻의 動爻외에 이 卦에서 문제가 있는 爻는 四爻 戌土 父爻다.
- 이 卦에는 初爻 未土 父爻와 四爻 戌土 父爻가 있는데, 戌이 空亡이라 戌土 父爻가 用神이 된다.
- 寅木 財爻가 發動한 것은 戌土 父爻를 克하기 위해서다.
- 현재는 寅木 財爻가 酉金 兄爻를 化出, 回頭克을 당해 움직이는데 제약(制約)을 받는다.
- 그러나 丁卯日에 酉金을 沖去하면 寅木 財爻의 해(害)가 나타난다.
- 卯日에 아버지가 공사장에서 추락한 사람이 얻은 卦다.

何如知章 父母編 (하여지장 부모편)

原 父母家出 何如知, 財爻交重 父逢空.

解 부모가 가출하는 것을 어떻게 아는가?
財爻가 交重되었는데, 父爻가 空亡이다.

說 財爻는 부모의 忌殺이다. 財가 交重되었다는 것은 힘이 배가(倍加)했다는 뜻으로 父의 위치가 좁아진다. 空亡은 자리를 비운다는 뜻이니, 부모의 자리가 협소(狹小)해 부모가 가출한다고 판단한다.

水地比 ! 風地觀

孫子 財卯 Ⅹ
官巳 /
◦父未 // 世
財卯 //
官巳 //
◦父未 // 應

寅月 丁亥日

- 神算六爻 例文.
- 三爻와 六爻에서 卯木 財爻가 交重되고, 日月에 生扶를 얻으니, 財爻가 太旺하다.
- 父爻도 初爻와 四爻에 交重되어 있으나 日月에 休囚되니, 財爻의 克을 감당하지 못한다.
- 寅月에 未土 父爻가 空亡이다.
- 치매로 인한 어머니의 가출점이다.
- 交重된 卯木 財爻가 六爻에서 旺動한 것은 바람직하지 않으나, 다행히 二爻와 五爻에서 巳火 官鬼가 暗動하여 財爻를 탐생망극(貪生忘克)시키고 父爻를 生하니, 절처(絕處)에 봉생(逢生)이다.
- 未土 父爻가 出空하는 未日에 귀가(歸家)한다.

何如知章 父母編 (하여지장 부모편)

原 文集發行 何如知, 六爻父動 生克世.

解 문중에서 족보나 조상문집을 만드는 것을 어떻게 아는가? 六爻에서 父爻가 動하여 世爻를 生克한다.

說 六爻는 조상의 위치다. 六爻에서 父가 發動하는 것은 조상의 문서가 움직이는 모양이다. 世爻는 집안 문중(門中)으로 본다. 그러므로 六爻에서 父爻가 發動하는 것은 문중을 문서로 유익(有益)하게 한다는 의미로 판단한다.

坎爲水 ! 風水渙

青	官子	父卯 X	丑月 丙子日
玄		兄巳 / 世	
白		孫未 //	
匕		兄午 //	
句		孫辰 / 應	
朱		父寅 //	

- 神算六爻 例文.
- 初爻와 六爻에서 父가 중복된 것은 그 집안이나 문중이 동원(動員)되는 큰 행사다.
- 六爻에서 青龍을 帶한 卯木 父爻가 發動해 子水를 化出, 回頭生을 받은 뒤, 五爻 巳火 世爻를 生하니 경비 지출은 예상되나, 나에게 유익한 행사다.
- 六爻에서 卯木 문서가 動하여 世爻를 生하니, 내년 卯月에 문서(族譜나 文集)가 완성되겠다.

離爲火 ! 地火明夷

○財巳 父酉 X
兄亥 //
父酉 官丑 X 世
兄亥 /
官丑 //
孫卯 / 應

巳月 辛丑日

- 神算六爻 例文.
- 四爻와 六爻가 發動하고, 三合 父局을 이뤘다.
- 四爻 丑土 日辰이 持世하고 發動하여, 酉金 父爻를 入庫시키는 것은 내가 일을 주관한다는 뜻이다.
- 六爻에서 酉金 父爻가 發動해 巳火 財爻를 化出하고, 回頭克을 당하는 것은 경비 지출을 암시(暗示)한다.
- 酉月에 石物(비석, 상석)을 세우는 일이 있겠다.

何如知章 兄弟編 (하여지장 형제편)

原 兄弟死亡 何如知, 兄爻眞空 白虎臨.

解 형제의 수명이 다한 것을 어떻게 아는가?
眞空된 兄爻 옆에 白虎가 있다.

說 眞空은 소멸(消滅), 이탈(離脫)이다. 出空日에 眞空은 出空하지만, 형체(形體)는 없는 것이다. 그러므로 兄爻가 破絶이나 眞空이면 형제가 자연(自然)으로 돌아간다고 판단한다. 白虎는 혈상(血傷), 흉폭(兇暴)을 주관하는 자다.

澤地萃 ! 雷地豫

	財戌 //	酉月 乙巳日
官酉	官申 X	
	孫午 / 應	
	○兄卯 //	
	孫巳 //	
	財未 // 世	

- 神算六爻 例文.
- 五爻에서 旺相한 申金 官爻가 發動, 進神하여 매우 旺하다.
- 三爻 卯木 兄爻는 月破를 당하고 空亡이니 眞空이다.
- 그리고 五爻 申金 官爻가 鬼殺이 되어 旺動하여 兄爻를 克하니, 반드시 형제에게 어려움이 있다.
- 空亡은 자리를 잠시 비운 것이고, 出空은 제자리에 되돌아오는 것이다.
- 空亡者는 出空日에 應하니, 乙卯日을 주의해야 한다.

地火明夷！水火旣濟

玄		兄子//應	巳月 乙丑日
白	○兄亥	○官戌X	
匕		父申//	
句		○兄亥/世	
朱		官丑//	
靑		孫卯/	

- 神算六爻 例文.
- 凶殺을 帶하고 發動한 爻는 다른 爻를 生하거나, 克하게 된다.
- 五爻에서 戌土 官爻가 白虎를 帶하고 旺動하니, 다른 爻를 生하는지, 克하는지를 살펴야 한다.
- 生處인 四爻 申金 父爻는 月의 克을 받고, 日辰 丑에 入墓되니 무기력(無氣力)하다.
- 戌土 官爻가 旺動하여 申金 父爻의 의지처는 되나, 三爻에 있는 亥水 兄爻는 巳月에 月破이고, 丑日의 克을 받고 있다.
- 六爻占에서 動爻는 항상 열악(劣惡)한 쪽을 선택하여 움직인다. 그래서 申金 父爻보다 더욱 열악한 亥水 兄爻를 선택한다.
- 따라서 旺動한 戌土 官爻는 三爻 亥水 兄爻를 克한다.
- 또 三爻 亥水는 月破에 日의 克을 받아, 空亡이니 眞空이다.
- 전혀 힘이 없어 죽은 것과 같다.
- 형제에게 재앙이 있다.
- 현재는 五爻의 戌 · 亥가 둘 다 空亡이라 무방하다.
- 戌土 官鬼가 出空하는 甲戌日이 위태롭다.

何如知章 兄弟編 (하여지장 형제편)

原 鴈遇路災 何如知, 外卦兄爻 逢眞空.

解 형제가 도로에서 재앙을 당하는 것을 어떻게 아는가?
五爻에서 兄爻가 眞空이 된다.

說 兄爻는 형제나 가까운 친구다. 五爻는 도로다. 旬空은 잠시 자리를 비움이고, 眞空은 소멸이다. 그러므로 五爻에서 兄爻가 眞空이면, 형제나 친구가 도로에서 소멸이 되었거나 사라졌다고 판단한다.

	!水天需	
玄	財子 //	卯月 甲子日
白	○兄戌 /	
匕	孫申 //世	
句	兄辰 /	
朱	官寅 /	
青	財子 /應	

- 神算六爻 例文.
- 五爻 戌土 兄爻가 卯月에 休囚되고 空亡이라 眞空이다.
- 兄爻가 眞空이라는 것은 이미 형제의 모습이나 위치를 버렸다는 뜻도 된다.
- 白虎는 혈상(血傷)을 주관한다. 형제가 도로에서 액(厄)을 당하는 모습이다.
- 戌土 兄爻가 空亡이라, 무엇이 무너지거나 떨어져 크게 다친다.
- 戌土가 역마(驛馬)가 아니니, 교통사고는 아니다.

雷火豊！地火明夷	
父酉 //	卯月
○兄亥 //	
財午 官丑 ✕世	己巳日
○兄亥 /	
官丑 //	
孫卯 / 應	

● 神算六爻 例文.

● 모든 占에 原神의 동향(動向)이 매우 중요하다.

● 이 卦는 五爻에 있는 亥水 兄爻가 巳日에 日破되고, 空亡이니 眞空이다.

● 眞空은 소멸되어가는 과정 또는 소멸이니 재앙이다.

● 亥水 兄爻의 原神인 酉金 父爻가 卯月에 月破를 당하고, 巳日에 克을 받아 무기(無氣)하니, 亥水 兄爻에게 의지(依支)가 되지 못한다.

● 크게 凶하다.

● 巳日에 亥水 兄爻가 驛馬다.

● 교통사고로 형제가 재난을 당한 사람이 얻은 卦다.

何如知章 兄弟編 (하여지장 형제편)

原 友兄有損 何如知, 兄爻旺動 來世克.

解 형제나 친구로부터 재물의 피해를 당하는 것을 어떻게 아는가? 兄爻가 旺動하여 克世한다.

說 兄은 재물을 탈취(奪取)해가는 자다. 兄爻가 旺動하면 다른 爻에 있는 재물을 탐(貪)한다. 그러므로 兄爻가 旺動하고 世爻에 財가 있으면 내 재물을 탈취해 간다고 판단한다.

水雷屯 ! 風雷益

父子 兄卯 X 應
○孫巳 /
財未 //
○財辰 // 世
兄寅 //
父子 /

亥月 辛丑日

- 神算六爻 例文.
- 財爻가 持世하는 것은 내 몸에 재물이 있음을 뜻한다.
- 六爻에서 卯木 兄爻가 旺動하여 克世하는 것은 내 몸에서 재물을 탈취하여 가는 것과 같다.
- 친구에게 돈을 빌려주고 싶은 이가 얻은 卦다.
- 財爻가 空亡이 되는 것은 재물의 유실(遺失)을 나타내며, 孫爻가 空亡이 되는 것은 재물의 뿌리가 소진(消盡)되는 것과 같다.
- 절대 불가(不可)하다고 하겠다.

水雷屯 ! 風雷益

父子 兄卯 X 應
孫巳 /
○財未 //
財辰 // 世
兄寅 //
父子 /

巳月 辛卯日

- 神算六爻 例文.
- 財爻가 持世한 것은 현재 내 위치에 재물이 있다는 의미다.
- 兄爻는 재물에 손상을 주며, 재물을 탐내는 자다.
- 他爻에서 兄爻가 움직이는 것은 나에게 있는 돈을 탐하고 있는 것과 같다.
- 日辰 兄이 六爻에서 旺動한 것은 간곡한 부탁이나 억압이다.
- 대체적으로 일진(日辰)이나 월건(月建)이 卦 中에서 動하는 것은 나의 의사와 관계없이 상대방의 주관이나 임의대로 결정이 되는 경우가 많다.
- 재물이 나가면 되돌아오지 않는다.

何如知章 夫婦編 (하여지장 부부편)

原 荊宮災侵 何如知, 兄刃帶動 破克財.

解 처에게 재앙이 침범하는 것을 어떻게 아는가?
兄爻가 陽刃을 帶하고 凶殺이 되어 發動하여 財爻를 克한다.

說 兄爻는 財의 鬼殺이다. 양인(陽刃)은 칼날에 비유되는 凶殺이다. 孫爻는 財의 原神이다. 原神이 없는 爻는 무력(無力)한데, 財爻가 休囚衰絶되고 兄爻가 陽刃을 帶하고 旺動하면, 財爻를 損傷시킨다. 그러므로 兄爻가 旺動하여 原神이 없는 財爻를 克傷하면 妻에게 재앙이 있는 것으로 판단한다.

風山漸 ! 風地觀

財卯 /
官巳 /
父未 // 世
兄申 財卯 X
官巳 //
父未 // 應

未月 乙卯日

- 神算六爻 例文.
- 卯木 財爻가 三爻와 六爻에 交重되어 있는데, 三爻 卯木 財爻가 動하니, 三爻 卯木 財를 妻로 판단한다.
- 原神이 없는 爻는 미래(未來)가 없다.
- 三爻에서 日辰 卯木 財爻가 動하나, 卦 中에 原神이 없어 미래를 기약(期約)하기 어렵다.
- 현재는 卯木 財爻가 日辰을 帶하고 있어 큰 어려움은 없어 보이나, 申月이 되면 申金 兄爻의 回頭克을 당해 어려움을 만나게 된다.

水火旣濟 ! 風火家人

◦父子 兄卯 X
孫巳 / 應
財未 //
父亥 /
◦財丑 // 世
兄卯 /

亥月 甲寅日

● 神算六爻 例文.

● 甲日의 陽刃은 卯다.

● 六爻에서 卯木 兄爻가 陽刃을 帶하고 發動하는 것은 卯木이 난폭한 행동을 한다는 뜻이다.

● 一位의 爻만 動해도 힘이 강한데, 卯木 兄爻가 交重되어 發動하니, 힘은 두 배로 강해진다.

● 二爻에 丑土 財爻가 持世하고 있는 것은 현재 내 환경 속에서 妻가 생활하고 있다는 뜻이다.

● 初爻와 六爻에서 卯木 兄爻가 交重해 發動하여 丑土 財爻를 克하니 처의 재앙을 예고(豫告)한다.

● 현재는 卯木 兄爻가 動하여 化出된 子水가 空亡이라 어려움을 넘기나, 出空하는 甲子日이 염려스럽다.

風澤中孚 ! 風雷益

兄卯 / 應
◦孫巳 /
財未 //
◦財辰 // 世
兄卯 兄寅 X
父子 /

亥月 己亥日

● 神算六爻 例文.

● 二爻는 妻의 위치다. 妻의 위치에서 寅木 兄爻가 旺動하여 進神이 된 것은 妻에게 이롭지 못하다.

● 五爻에서는 財의 原神인 巳火 孫爻가 月破, 日破를 당하고 空亡이니 眞空이다.

● 따라서 旺動한 寅木 兄爻는 進神이 되면서, 三爻 辰土 財爻를 강하게 克한다. 반드시 妻에게 문제가 있겠다.

● 財爻가 持世하니 나에게도 마찬가지다.

● 그리고 난동(亂動)을 부리는 兄爻를 제지(制止)할 官鬼도 없으니, 구원할 곳이 전혀 없다.

何如知章 夫婦編 (하여지장 부부편)

原 路上妻災 何如知, 外卦財空 動兄爻.

解 처가 도로에서 재난을 당하는 것을 어떻게 아는가?
外卦의 財爻가 眞空이 되고, 兄爻가 旺動한다.

說 外卦의 五爻는 도로다. 財爻를 처(妻)로 본다. 旬空은 잠시 자리를 비운 것이고, 眞空은 그 자리를 떠나 버린 것이다. 旬空은 出空하거나 日辰이 冲動시키면 그 모습이 드러나지만, 眞空은 그 모습이 나타나지 않는다. 그러므로 外卦의 財爻가 眞空이고 他爻에서 旺한 兄爻가 動하여 克하면, 妻가 도로에서 재난을 당한다고 판단한다.

雷天大壯 ! 地天泰

孫酉 // 應
○財亥 //
父午 兄丑 X
兄辰 / 世
官寅 /
財子 /

巳月 乙丑日

- 神算六爻 例文.
- 初爻 子水와 五爻 亥水가 財爻다.
- 五爻 財爻가 空亡이니, 妻로 결정(決定)한다.
- 五爻 亥水 財爻가 巳月에 月破를 당하고, 丑日이 發動하여 克하니 凶하다.
- 그리고 亥水 財爻가 空亡이니 眞空이다. 설상가상(雪上加霜)이다.
- 出空하는 亥日에 처에게 재앙이 있겠다.

地澤臨 ! 地天泰	
孫酉 // 應	酉月 乙丑日
○財亥 //	
兄丑 //	
兄丑 兄辰 X 世	
官寅 /	
財子 /	

- 神算六爻 例文.
- 妻를 묻는 占에 兄爻가 持世하는 것은 바람직하지 않다.
- 兄爻는 妻가 제일 꺼리는 자이기 때문이다.
- 三爻에서 辰土 兄爻가 旺動한 것은 妻에게 위해(危害)를 가하는 것과 같다.
- 五爻에 있는 亥水 財爻가 丑日에 克을 받고 空亡이다.
- 도로에서 처에게 어려움이 일어나는 모습이다.
- 丑日에 亥가 驛馬다.
- 도로에서 차로 인한 어려움이 있었으나, 신체적 피해는 없었다.
- 이유는 原神이 旺하기 때문이다.

何如知章 夫婦編 (하여지장 부부편)

原 難免叩盆 何如知, 財動鬼化 落空亡.

解 처를 잃고 슬피 우는 것을 어떻게 아는가?
財爻가 發動하여 官鬼를 化出하며 眞空이다.

說 眞空은 소멸을 나타낸다. 鬼는 현재 존재하는 자가 아니다. 그러므로 財爻가 眞空이 되고, 動하여 官鬼가 化出되면, 妻가 현재의 위치를 떠나 官鬼로 변했다 하여 죽는다고 판단한다.

火雷噬嗑 ! 山雷頤

	兄寅 /	午月 丁丑日
	父子 //	
○官酉	財戌 ✗ 世	
	財辰 //	
	兄寅 //	
	父子 / 應	

- 神算六爻 例文.
- 四爻에서 戌土 財爻가 發動하여 酉金을 化出하면서 空亡이다.
- 空亡은 함정(陷穽)이기도 하다.
- 財爻가 動하여 官鬼가 化出된 것은 妻의 행동 결과다.
- 官鬼는 어둡고 바르지 못한 자다.
- 用神이 日月의 생부(生扶)를 얻어 旺하면 動하여 官을 化出한다 해도 죽음과는 거리가 멀다.
- 처가 바르지 못한 행동을 하고 있다.
- 妻가 다른 남자를 만나기 위해 돈을 낭비한다.
- 財爻의 空亡은 손재(損財)로도 판단한다.

風地觀 ! 水地比	
○官卯 財子 〤應	午月 庚戌日
兄戌 /	
孫申 //	
○官卯 // 世	
父巳 //	
兄未 //	

● 神算六爻 例文.

● 六爻에서 子水 財爻가 月破를 당하니 크게 凶하다.

● 月破는 부서졌다는 뜻이다.

● 부서진 爻가 動하는 것은 부서진 흔적을 나타내기 위함이다.

● 부서진 財爻가 動하여 官鬼가 化出된 것은 妻가 鬼로 변했다는 의미다.

兌爲澤 ! 雷澤歸妹	
父戌 // 應	午月 癸未日
○兄酉 ○兄申 〤	
官午 /	
父丑 // 世	
財卯 /	
官巳 /	

● 神算六爻 例文.

● 妻의 신수(身數)를 묻는 占에는 兄爻가 忌殺이다.

● 二爻에 있는 卯木 財爻가 日月의 生扶가 없어 休囚衰絶이다.

● 五爻에서 申金 兄爻가 旺動하고 進神이나, 현재는 空亡이라 두렵지 않다.

● 그러나 出空하는 申酉日 또는 돌아오는 申酉月이 위태롭다.

何如知章 夫婦編 (하여지장 부부편)

原 荊友懷妊 何如知, 旺相胎爻 緣財爻.

解 처가 임신하는 것을 어떻게 아는가?
胎爻가 財爻에 臨하거나 生克한다.

說 임신(姙娠)은 태효(胎爻)로 판단한다. 임신은 길신(吉神)이나 자손으로 보지 않고, 胎爻를 중시해야 한다. 그러므로 財爻가 胎爻를 帶하거나, 胎爻가 財爻를 生하거나 克하는 것으로 판단한다.

地澤臨 ! 地水師		
	父酉 // 應	卯月 庚午日
	○兄亥 //	
	官丑 //	
	財午 // 世	
	官辰 /	
財巳	孫寅 X	

● 神算六爻 例文.

● 三爻에서 青龍 財爻가 持世한 것은 내 妻로 인한 기쁨이 있다는 뜻이다.

● 어떤 기쁨인가? 初爻에서 寅木 孫爻가 發動하여 生世하니, 자손을 얻는 기쁨이라 하겠다.

● 坎宮은 午가 胎爻다.

● 三爻 午火가 日辰을 帶하니 임신이 확실하다.

● 그리고 卯月에 午가 천희신(天喜神)이니, 妻의 임신으로 즐거움이 있다.

	!風雷益	
匕	兄卯 / 應	午月
句	孫巳 /	
朱	財未 //	
靑	財辰 // 世(官酉)	庚午日
玄	兄寅 //	
白	父子 /	

- 神算六爻 例文.
- 財爻에 靑龍이 붙어 있다고 임신이라고 볼 수 없다.
- 이 卦는 三爻 즉 世爻 아래에 伏神인 酉金 官鬼가 胎爻다.
- 鬼胎다.
- 午月 午日에 衰絶이 되니, 임신이 어려운 卦다.
- 임신은 胎爻가 旺하여 克世, 生世하거나 持世해야 한다.
- 持世한 경우는 旺해야 한다.
- 胎爻가 發動하여 克世해도 임신으로 볼 수 있다.
- 六爻占은 六神의 움직임과 五行의 旺相休囚에 비중(比重)을 두어야 한다.
- 神殺은 참고사항일 뿐이다.

---

* 天喜神은 寅月에 未를 붙인 뒤 거꾸로 붙여 나간다.
寅月은 未, 卯月은 午, 辰月은 巳, 巳月은 辰, 午月은 卯, 未月은 寅, 申月은 丑, 酉月은 子, 戌月은 亥, 亥月은 戌, 子月은 酉, 丑月은 申이다.

天火同人！天地否	
父戌 / 應 兄申 / 官午 / 孫亥 財卯 ⅹ世 ○官巳 // 財卯 父未 ⅹ	亥月 辛丑日

● 神算六爻 例文.

● 三爻에서 持世한 卯木 財爻가 胎爻다.

● 初爻와 三爻가 動하여 三合 財局을 이루니 入胎가 분명하다.

地火明夷！雷火豊	
官戌 // 父申 //世 官丑 財午 ⅹ 兄亥 / 官丑 //應 ○孫卯 /	卯月 己酉日

● 神算六爻 例文.

● 四爻에서 午火 胎爻가 旺動, 克世하니 入胎로 본다.

何如知章 夫婦編 (하여지장 부부편)

原 荊友憂患 何如知, 卦中二爻 官鬼休.

解 처에게 우환이 있는 것을 어떻게 아는가?
二爻에 官이 있는데 다시 休囚된다.

說 二爻는 부인(婦人)의 위치다. 官鬼는 질병, 어두움을 뜻한다. 그러므로 二爻에 官鬼가 있으면 부인의 위치가 편안하지 않은 것이니, 부인에게 어려움이 있다고 판단한다.

水澤節 ! 水天需

財子 //
兄戌 /
孫申 //世
兄丑 兄辰 X
○官寅 /
財子 /應

巳月 丁未日

- 神算六爻 例文.
- 二爻에 寅木 官鬼가 있는 것은 妻의 위치가 불안(不安)하다는 뜻이다.
- 財爻가 二位가 출현할 때는 內卦에 있는 財爻를 妻로 한다.
- 巳月에 初爻 子水 財爻가 休囚되고, 未日의 克을 받아 참으로 凶하다.
- 三爻에서 財의 鬼殺인 辰土 兄爻가 旺動하여 子水 財爻를 克하나, 辰土 兄爻를 제압해야 할 二爻의 寅木 官鬼가 空亡이 되니 眞空이다.
- 妻에게 구원(救援)의 여지(餘地)가 없다.
- 妻가 오랜 병고(病苦)에 시달리다 사망한 사람이 얻은 卦다.

何如知章 夫婦編 (하여지장 부부편)

原 姙娠中毒 何如知, 胎爻財臨 胎化忌.

解 처가 임신으로 어려움을 겪는 것을 어떻게 아는가?
財爻가 胎爻를 帶하고 動하여 忌殺을 化出한다.

說 財爻는 妻이다. 胎爻는 胎다. 妻爻가 胎爻를 帶하거나, 胎爻가 妻爻나 世爻를 生克하는 것은 임신(姙娠)을 의미한다. 그러므로 財爻가 胎爻를 帶하고 動하여 忌殺을 化出하면 임신으로 괴로움을 당하고 있다고 판단한다.

火山旅 ! 火地晋

官巳 /
父未 //
兄酉 / 世
兄申 ○財卯 X
官巳 //
父未 // 應

未月 辛亥日

- 神算六爻 例文.
- 乾宮의 胎爻는 卯다.
- 財爻에 胎爻가 臨했다는 것은 妻가 임신을 했다는 뜻이다.
- 妻爻이며 胎爻인, 卯木 胎爻가 動하여 財의 忌殺인 兄을 化出하여 回頭克을 당하는 것은 妻가 임신하여 胎로 인한 어려움을 겪고 있다고 하겠다.

水澤節 ! 兌爲澤	
○父未 // 世 兄酉 / 兄申 孫亥 X 父丑 // 應 財卯 / 官巳 /	亥月 乙酉日

● 神算六爻 例文.

● 兌爲澤 卦는 二爻에 있는 卯木 財爻가 胎爻다.

● 亥月이 卦 中의 四爻에서 動하여 胎爻를 生한다.

● 그리고 胎爻는 日辰의 沖을 받아, 暗動하여 六爻에 있는 世爻를 괴롭힌다.

● 임신으로 인하여 어려움을 겪고 있다 하겠다.

澤山咸 ! 澤地萃	
父未 // 兄酉 / 應 ○孫亥 / 兄申 財卯 X 官巳 // 世 父未 //	未月 戊辰日

● 神算六爻 例文.

● 三爻에 있는 卯木 財爻가 妻爻이며, 胎爻다.

● 卯木 財爻가 未月과 辰日에 休囚된 중 動하여 申金 鬼殺을 化出, 回頭克이 되니 大凶하다.

● 설상가상(雪上加霜)으로 卯木 財爻의 原神인 四爻에 있는 亥水 孫爻가 眞空이라 전혀 구원의 여지가 없다.

● 자궁외 임신(子宮外姙娠 : Ectopic pregnancy)으로 크게 어려움을 겪은 사람이 얻은 卦다.

何如知章 夫婦編 (하여지장 부부편)

原 內外妻妾 何如知, 內外兩財 初生財.

解 처가 있는데 밖에 애인이 있는 것을 어떻게 아는가?
初爻에 孫爻가 있는데 財가 內·外卦에 있다.

說 內卦는 나의 거처, 안방이다. 外卦는 집밖, 외방(外房)이다. 內卦의 財爻는 처(妻)이고, 外卦의 財爻는 첩(妾), 애인(愛人)이다. 初爻는 시작, 바탕이다. 그러므로 內·外卦의 財爻가 初爻에 의지하니, 內·外卦에 財爻가 있으면 처와 애인이 있는 것으로 판단한다.

離爲火 ! 火雷噬嗑

句	◦孫巳 /		午月 己亥日
朱	財未 // 世		
青	官酉 /		
玄	父亥◦財辰 X		
白	兄寅 // 應		
匕	父子 /		

- 神算六爻 例文.
- 內卦에는 辰土 財爻, 外卦에는 未土 財爻가 있다.
- 둘 다 月의 生을 받아 旺하니, 처첩(妻妾)이 있다.
- 內卦 辰土 財爻는 空亡이나, 스스로 動해 出空하니, 신랑이 싫어해도 자신의 자리를 지킨다.
- 世가 五爻 未土 財爻에 臨하니, 현재 妾이나 愛人과 동거(同居)하고 있다.
- 三爻에서 辰土 財爻가 發動하여 初爻 子水 父爻를 入庫시키니, 모든 문서는 본처(本妻)가 장악하고 있다.
- 三爻에는 玄武가, 五爻에는 朱雀이 붙어 있으니, 本妻는 욕심이 많고, 妾은 구설(口舌)을 몰고 다니는 사람이다.

風火家人 ! 山火賁		
玄	○官寅 /	子月 乙巳日
白	父巳 財子 ＼＼/	
匕	兄戌 // 應	
句	財亥 /	
朱	兄丑 //	
青	○官卯 / 世	

● 神算六爻 例文.

● 三爻 亥水 財爻와 五爻 子水 財爻가 둘 있다.

● 亥水는 暗動한다.

● 內卦인 三爻 財爻는 本妻이고, 外卦인 五爻 財爻는 愛人, 妾이다.

● 三爻 財爻는 句陳을 帶하니 어리석고, 五爻 財爻는 白虎를 帶하니 개성이 강한 여자다.

● 卦 中에 財爻가 둘 있다고 무조건 여자가 두 명은 아니다.

● 財爻의 움직임이나 뿌리가 있어야 한다.

! 風雷益
兄卯 / 應
孫巳 /
財未 //
財辰 // 世(官酉)
兄寅 //
父子 /

● 神算六爻 例文.

● 三爻 辰土 財爻 아래에 酉金 官이 伏神이다.

● 辰과 酉는 六合으로 서로 사랑하는 사이이다.

● 여자가 치마 속에 남자를 감추고 있는 象이다.

● 남자가 여자 치마 속에 숨어 있는 卦로도 판단한다.

● 이 卦는 내연 관계나 이중생활을 나타내는 것이 아니고, 은밀한 사랑을 나타낸다.

水雷屯 ! 風澤中孚
財子 官卯 X
父巳 /
兄未 // 世
兄丑 //
官寅 官卯 X
父巳 / 應

● 神算六爻 例文.

● 官이 二爻와 六爻에 交重되어 있으니, 남자가 둘이다.

● 二爻 官爻는 남편이고, 六爻 官爻는 애인이다.

● 六爻 卯木 官爻가 發動하여 財爻를 化出한 데다 子卯刑을 이루니, 애인이 바람을 피운다.

● 남편인 二爻 官爻는 發動하여 退神이 되니, 함께 살아야 하나 헤어져야 하나 망설이고 있는 卦다.

何如知章 夫婦編 (하여지장 부부편)

原 妻妾爭鬪 何如知, 內外兩財 相冲破.

解 처하고 내연의 관계에 있는 여자가 다툼이 있는 것을 어떻게 아는가?

內 · 外卦에서 兩 財爻가 旺動하여 相冲한다.

說 財爻와 財爻가 相冲하는 것은 辰 · 戌 · 丑 · 未가 財爻가 되는 경우만 해당한다. 財爻는 처 또는 내연(內緣)의 관계에 있는 여자다. 內卦의 財爻는 처, 外卦의 財爻는 애인이다. 그러므로 內 · 外卦의 財爻가 相冲하는 것으로 다툼이 있다고 판단한다.

澤天夬 ! 澤風大過			
匕		○財未 //	丑月 辛卯日
句		官酉 /	
朱		父亥 / 世	
青		官酉 /	
玄		父亥 /	
白	父子	財丑 ※ 應	

● 神算六爻 例文.

● 內 · 外卦에서 財爻가 서로 相冲되는 것은 辰 · 戌 · 丑 · 未에만 있다.

● 辰 · 戌 · 丑 · 未가 財爻가 되는 경우는 震宮과 巽宮에만 있다.

● 初爻에서 發動한 丑土 財爻가 白虎를 帶하고 있으니, 본처(本妻)의 성질이 난폭하다.

● 六爻 未土 財爻는 月破를 당하고, 卯日의 克을 받고, 空亡이니 眞空이다. 따라서 첩(妾)이나 애인(愛人)은 자신의 위치를 정리하고 싶어한다.

● 未土 財爻는 　蛇가 臨하니, 妾은 괴이(怪異)한 일이나 말썽을 일으키는 괴팍한 성격의 소유자다.

● 初爻 丑土 財爻가 發動하는 것은 본처(本妻)가 먼저 싸움을 시작한다는 뜻이다.

何如知章 夫婦編 (하여지장 부부편)

原 妻妾天性 何如知, 財臨六獸 知性品.

解 처나 애인의 성품을 어떻게 아는가?
財爻에 臨한 六獸로 판단한다.

說 妻나 愛人은 財爻다. 內卦 財爻는 처(妻), 外卦 財爻는 애인(愛人)이다. 육수(六獸)의 응용(應用)은 다양하지만, 여기서는 성품(性品) 정도에만 적용한다. 그러므로 內·外卦 財爻에 臨한 육수(六獸)로 妻나 愛人의 성품을 판단한다.

離爲火 ! 火雷噬嗑

朱		孫巳 /	丑月 戊辰日
青		財未 // 世	
玄		官酉 /	
白	○父亥	財辰 X	
匕		兄寅 // 應	
句		父子 /	

- 神算六爻 例文.
- 內卦 三爻가 본처이고, 外卦 五爻는 애인이다.
- 世가 五爻에 있으니, 현재 본인은 애인에게 의지하고 있다.
- 內卦 辰土 財爻가 白虎를 帶하고 旺動하니, 본처(本妻)는 포악(暴惡)하고 난폭(亂暴)하다.
- 三爻 辰土 財爻가 動하여 亥水 父爻를 化出하고, 初爻에 있는 子水 父爻를 入庫시키니, 집안에 있는 모든 문서는 本妻가 장악하고 있다.
- 外卦 未土 財爻는 내연의 여자다. 青龍을 帶하고 안정(安靜)하니, 심성(心性)이 착하고 단정하다.

何如知章 夫婦編 (하여지장 부부편)

原 多緣煩悶 何如知, 卦中兩財 生克世.

解 두 여자로 인한 번민이 있는 것을 어떻게 아는가?
內 · 外卦 財爻가 旺相한데 다시 世爻를 生하거나 克한다.

說 동일(同一)한 六親이 二位가 있으면 각각 환경 조건이나 생활 조건이 다르다는 뜻을 가지고 있다. 이런 경우 반드시 初爻를 중시(重視)하는데, 初爻에서 그 六親을 生하면 뿌리가 깊은 것이니 二位의 존재가 확실하며, 그 六親이 각각 動하면 살아 움직이는 모양이라 이 경우도 二位이므로 두 곳과 인연을 갖고 있다고 판단한다.

離爲火 ! 火山旅

兄巳 /
孫未 //
○財酉 / 應
○財申 /
兄午 //
父卯 孫辰 ※ 世

午月 丁丑日

● 神算六爻 例文.

● 三爻에 있는 申金이 妻이고, 四爻 酉金이 내연(內緣)의 여자다.

● 初爻에 있는 辰土 孫爻가 兩財를 生하는 모습이라 兩妻다.

● 申 · 酉金 兩財가 空亡이나, 丑日의 生扶를 얻으니 眞空이 아니다. 空亡은 잠시 그 자리를 비움이다.

● 財爻가 眞空이 되면 여자가 그 자리를 떠나게 되나, 旬空이면 出空 後에 제자리로 돌아오게 된다.

● 현재 兩 財爻가 旬空 중에 있는 것은 두 여자가 서로 떠나겠다는 시위(示威)를 하지만, 떠나지 않는다.

● 應爻에 내연의 여자가 있는 것은 결국에는 내연의 여자로 반려(伴侶)를 삼겠다는 뜻이기도 하다.

何如知章 夫婦編 (하여지장 부부편)

原 異性亡身 何如知, 財變忌殺 世破空.

解 남자가 이성으로 인하여 망신당하는 것을 어떻게 아는가? 財爻가 鬼殺이 되어 世爻를 破克한다.

說 世爻가 休囚衰絶된 경우에 他爻가 動하여 克世해오면, 世爻가 견디지 못하니 克해오는 자가 凶殺이 된다. 財爻는 여자다. 旺財가 動하여 休囚된 世爻를 克世하면 財爻가 鬼殺이 된다. 그러므로 이성으로부터 어려움을 겪는다고 판단한다.

水地比 ! 風地觀

孫子 財卯 乂
∘官巳 /
父未 // 世
財卯 //
∘官巳 //
父未 // 應

寅月 癸卯日

- 神算六爻 例文.
- 소원(所願)하는 바를 묻는 占에서는 用神이 克世해오는 것이 가장 빠르게 이뤄진다.
- 그러나 단시적인 경우를 제외하고는 世爻가 克世를 감당할 만큼 旺相해야 한다.
- 克世를 감당하지 못하면 克해오는 자가 도리어 凶殺이 되어 버린다.
- 이 卦는 四爻에 持世한 未土 父爻가 寅月에 克을 받아 쇠약(衰弱)하다.
- 卯日이 六爻에서 發動하여 克世해오는 것을 감당하지 못하니 卯木 財爻가 凶殺로 변한 모양이다.
- 여자로부터 어려움을 당한 사람이 얻은 卦다.

何如知章 子孫編 (하여지장 자손편)

原 庭前折枝 何如知, 父變殺動 來克孫.

解 자손에게 상해(傷害)가 있는 것을 어떻게 아는가?
父爻가 發動하여 孫爻를 克한다.

說 父爻는 자손의 鬼殺이다. 父爻가 發動하면 孫爻가 傷한다. 그러므로 父爻가 動하면 자손에게 재앙(災殃)이 발생(發生)한다고 판단한다.

澤火革 ! 雷火豊

玄		官戌 //	巳月 甲午日
白	父酉	父申 〤世	
匕		財午 /	
句		兄亥 /	
朱		官丑 //應	
靑		孫卯 /	

- 神算六爻 例文.
- 五爻에서 申金 父爻가 發動, 酉金을 化出하니, 進神이다.
- 初爻 卯木 孫爻가 비록 靑龍을 帶하고 있으나, 巳月에 休囚되니 병(病)이다.
- 申金 父爻가 白虎를 帶하고, 약한 卯木 孫爻를 克하니, 자식에게 재앙이 있음을 알 수 있다.
- 午日에 申金이 驛馬이니 교통사고다.
- 그러나 자식이 죽음에 이르지 않은 것은 巳月과 午日이 申·酉金을 克해 눌러주기 때문이다.

何如知章 子孫編 (하여지장 자손편)

原 無能子孫 何如知, 休囚孫爻 卦中在.

解 무능한 자손이 있는 것을 어떻게 아는가?
卦 中의 孫爻가 休囚된다.

說 卦에 나타난 것은 현재의 환경 속에 존재하고 있는 것이다. 복덕(福德)은 子孫이다. 卦 中에 孫爻가 나타난 것은 현재 내 품에 자손이 있다는 뜻이며, 자손의 인물(人物) 여부는 孫爻의 旺衰에 있다. 그러므로 孫爻가 日月에 生扶되고 旺相한 것으로 판단한다.

火天大有 ! 火風鼎

七		兄巳 /	寅月 辛卯日
句		◦孫未 // 應	
朱		財酉 /	
青		財酉 /	
玄		官亥 / 世	
白	官子	孫丑 X	

- 神算六爻 例文.
- 孫爻의 休囚衰絶은 무능(無能)을 나타낸다.
- 白虎는 억세고 난폭(亂暴)한 흉성(凶星)의 의미도 있다.
- 보편적인 占에서 克世는 나를 무시하거나 능멸한다는 뜻이기도 하다.
- 初爻에서 丑土 孫爻가 發動하여 克世하니, 그 집안에 난폭하고 불효(不孝)를 하는 자손이 있다.

地天泰！水天需			
句		◦財子 //	戌月 己未日
朱	財亥	兄戌 ╳	
青		孫申 // 世	
玄		兄辰 /	
白		官寅 /	
匕		◦財子 / 應	

● 神算六爻 例文.

● 四爻에 孫爻가 持世하고, 五爻에서 戌月이 發動하여 申金 世爻를 生하고, 孫爻에 青龍과 천을귀인(天乙貴人)이 있어 그 집안에 뛰어난 자손이 있다.

火水未濟！雷水解			
匕	孫巳	財戌 ╳	子月 辛卯日
句		官申 // 應	
朱		◦孫午 /	
青		◦孫午 //	
玄		財辰 / 世	
白		兄寅 //	

● 神算六爻 例文.

● 三爻에 있는 午火 孫爻가 子月에 月破를 당해 凶하다.

● 그러나 卯日에 生을 받아 月破라고 하지 않는다.

● 辛日에 午火 孫爻가 天乙貴人이 되고 青龍에 臨했다.

● 그리고 卦 中에 자손의 原神이 유기(有氣)하여 유능(有能)한 자손이라 하겠다.

何如知章 子孫編 (하여지장 자손편)

原 庭前無實 何如知, 卦中無孫 絶破空.

解 자손이 없는 것을 어떻게 아는가?
卦 中에 孫爻가 없거나, 日破, 月破, 眞空이다.

說 卦에 나타난 爻는 현재의 환경이다. 孫爻가 보이지 않는 것은 내 시야(時夜)에 자손이 보이지 않는다는 뜻이다.

! 天山遯

父戌 /
兄申 / 應
官午 /
兄申 /
官午 // 世
父辰 // (孫子)

- 神算六爻 例文.
- 占친 날이 亥·子月日이거나, 申·酉月日이면 자식이 없다고 말할 수 없다.
- 子水 孫爻가 初爻에 伏神이라도 月日의 生扶를 받아 매우 旺하기 때문이다.
- 그러나 巳月 甲午日이면 자식이 없다.
- 子水가 月에 休囚되고, 日破를 당해 無氣力하기 때문이다.
- 月日이 둘 다 孫爻를 沖克하면 자식이 없다.
- 그러나 둘 중 하나라도 孫爻를 生扶하면 자식이 없지는 않다.

天地否！風地觀	
財卯 / 官巳 / (兄申) 官午 父未 〤世 財卯 // 官巳 // 父未 // 應(孫子)	申月 壬戌日

● 神算六爻 例文.

● 子水 孫은 初爻에, 申金 兄은 五爻에 伏神이 되어 있다.

● 伏神은 현재 내 환경에 없거나, 내 환경을 벗어나 있거나 감춰져 있다는 뜻이다.

● 그러나 申金 兄은 월건(月建)이므로 伏神이라 할 수 없다.

● 子水 孫爻만 伏神이다. 따라서 현재는 자손이 없다.

● 伏神은 대개 출현(出現)할 때 결과나 의미가 나타난다.

● 그런데 四爻에서 未土 父爻가 發動하여 자손의 출현을 기다리고 있다.

● 父爻는 자손을 해치는 鬼殺이다.

● 자손이 출현한다하나 어찌 자손을 지킬 수 있겠는가?

風山漸！風地觀	
財卯 / 官巳 / (兄申) 父未 // 世 兄申 財卯 〤 官巳 // 父未 // 應(孫子)	未月 乙卯日

● 神算六爻 例文.

● 卦 中에 孫爻가 없다.

● 初爻에 子水 孫爻가 은복(隱伏)되었으나 眞空이다.

● 三爻에 있는 日辰 卯木 財爻가 胎爻가 된다.

● 卯木 胎爻가 發動하여 申金 兄爻를 化出하여 回頭克이 되니 바람직하지 않다.

● 임신만하면 유산(流産)하는 집이다.

● 끝내 자손을 보지 못했다.

何如知章 子孫編 (하여지장 자손편)

原 庭前有疾 何如知, 休囚孫爻 原神絶.

解 자손에게 질병이 발생한 것을 어떻게 아는가?
日月에 休囚된 孫爻의 原神이 衰絶이다.

說 日月의 生扶가 없는 爻는 지탱(支撑)하기가 어렵다. 그런데 原神까지 衰絶되면 더욱 견디기 어렵다. 그러므로 孫爻가 日月에 休囚되고 原神이 衰絶되면 자손에게 病이 발생한다. 白虎가 凶者이지만, 凶을 만들지는 않는다. 다만 부추길 뿐이다.

! 水雷屯

兄子 //
官戌 / 應
父申 //
官辰 //
孫寅 // 世
兄子 /

卯月 丁亥日

- 神算六爻 例文.
- 병원에서 임종(臨終)을 기다리는 자가 절명일(絶命日)이 언제인지를 묻는 占이다.
- 당사자(當事者) 병점(病占)에는 世爻가 자신이다.
- 寅木 孫爻가 持世하니 寅日까지 가족을 볼 수 있겠다.
- 과연 寅日에 임종했다.
- 대개의 경우 卯月에 世爻가 旺하고, 亥日에 生扶를 받으니, 반드시 완쾌한다고 판단한다.
- 그러나 모든 占에는 현재 처해 있는 환경과 묻고자 하는 의중(意中)을 정확히 파악해야 한다.
- 이 卦는 세상과의 인연을 물어 본 것이지, 병의 치유를 묻지 않았기 때문이다.
- 초학자(初學者)는 다소 이해하기 어려운 卦다. 그러나 이해하

도록 노력하면 六爻占의 달인(達人)이 된다.

雷火豊 ! 澤火革	
官未 // 父申 父酉 X ○兄亥 / 世 ○兄亥 / 官丑 // 孫卯 / 應	申月 辛未日

● 神算六爻 例文.

● 五爻에서 酉金 父爻가 發動해 申金을 化出, 退神이 되나, 月日의 生扶를 받아 旺하므로 退神이 되지 않는다.

● 爻가 動하는 것은 다른 爻를 生하거나, 克하기 위해서다. 用神이 정해지지 않은 상태에서는 취약(脆弱)한 爻를 선택하여 生克한다. 그러나 用神이 정해지면 動爻와 用神과의 관계만 살피면 된다.

● 初爻 卯木 孫爻는 申月의 克을 받고, 未日에 入庫되어, 무력하다.

● 자손에게 병이 있음을 알 수 있다.

● 노인이 이 卦를 얻었다면 일어나기 어렵다고 본다.

● 그러나 젊은이라면 조금 다르다.

● 현재 四爻 亥水가 空亡이나 旬空이다.

● 따라서 亥水 兄爻가 出空한 뒤, 巳日이 되면 스스로 沖動한다. 그러면 亥水 兄爻는 酉金 父爻의 生을 얻어 다시 卯木 孫爻를 生한다.

● 반드시 명의(名醫)를 만나 병을 치유(治癒)하게 된다.

何如知章 子孫編 (하여지장 자손편)

原 庭前秋霜 何如知, 無根孫爻 破絶空.

解 자손이 사망하는 것을 어떻게 아는가?
原神이 없는 孫爻가 日破나 月破를 만나거나 眞空이다.

說 生死를 판단하는 것은 어려운 일이다. 卦 中에 原神이 없거나 破絶된 경우 用神의 환경을 참고해야 한다. 孫爻의 原神은 兄爻다. 그러므로 兄爻가 卦 中에 없거나 破絶되고, 孫爻가 眞空이거나 日月에 破克되는 것으로 판단한다.

雷地豫 ! 澤地萃

變爻	本卦	日月
	父未 //	
○兄申	○兄酉 X 應	午月
	孫亥 /	
	財卯 //	辛巳日
	官巳 // 世	
	父未 //	

- 神算六爻 例文.
- 모든 占에서 原神의 비중이 크지만 병점(病占)에서는 절대적이다.
- 原神이 없으면 미래로 나아가지 못하기 때문이다
- 이 卦를 살펴보면 五爻에서 孫爻의 原神인 酉金 兄爻가 動해, 申金 兄爻를 化出하여 退神이 되고 空亡이다.
- 日月에 生扶가 없어 眞空이다.
- 四爻 亥水 孫爻가 午月에 休囚되고, 巳日에 日破를 당해 부모의 가슴에 한(恨)을 새기겠다.

坎爲水 ! 地水師	
父酉 // 應	申月 庚戌日
官戌 兄亥 X	
官丑 //	
財午 // 世	
官辰 /	
○孫寅 //	

● 神算六爻 例文.

● 初爻 寅木 孫爻가 申月의 月破를 당하고, 空亡이니 眞空이다.

● 眞空은 소멸, 죽음을 뜻한다.

● 그러나 다행히 五爻에서 寅木 孫爻의 原神인 亥水 兄爻가 發動해 生해주니 절처봉생(絶處逢生)인 듯하다.

● 하지만 亥水가 發動, 戌日의 回頭克을 당하니, 寅木 孫爻를 生하지 못한다.

雷山小過 ! 地山謙	
兄酉 //	巳月 丁卯日
○孫亥 // 世	
官午 父丑 X	
兄申 /	
官午 // 應	
父辰 //	

● 神算六爻 例文.

● 四爻 丑土 父爻가 白虎를 帶하고 發動하여, 五爻 亥水 孫爻를 克한다.

● 孫爻의 原神이며 生扶處인 六爻 酉金 兄爻가 月의 克과 日破를 당해 무력(無力)하다.

● 亥水 孫爻가 月破를 당하고, 空亡이니 眞空이다.

● 그리고 發動해 孫爻를 克하는 父爻를 통제할 財爻도 없으니 안타깝다.

● 그러나 오늘 日辰이 卯木 財爻라 현재는 괜찮으나, 孫爻가 出空하는 亥日이 염려스럽다.

何如知章 子孫編 (하여지장 자손편)

原 老無依寄 何如知, 卦中孫爻 破絶空.

解 나이 들어 의지할 곳이 없는 것을 어떻게 아는가?
卦 中에 孫爻가 日破나 月破되거나 眞空이다.

說 子孫은 의지, 안락, 복덕의 神이다. 卦 中에 孫爻가 없거나 空亡이면 자식이 없거나, 있더라도 전혀 의지(依支)가 되지 않는다고 판단한다. 그러므로 孫爻가 無力해 眞空이면 의지할 곳이 없다고 판단한다.

火澤睽 ! 火水未濟

兄巳 / 應
○孫未 //
財酉 /
○兄午 // 世
孫辰 /
兄巳 父寅 X

寅月 辛卯日

- 神算六爻 例文.
- 요즘 자손은 나이가 들어도 짐이 되지만, 고대(古代)에는 나이가 들면 자손이 나의 의지처(依支處)가 되었다.
- 子孫은 질병이나 재앙, 관재를 주관하는 官鬼를 제압하는 자다.
- 五爻 未土 孫爻가 月日의 克을 받고, 空亡이니 眞空이다.
- 眞空은 소멸이다.
- 자식이 없거나, 있더라도 전혀 의지가 되지 않는다.

! 乾爲天

○父戌 / 世
兄申 /
官午 /
父辰 / 應
財寅 /
孫子 /

戌年 午月 庚午日

● 神算六爻 例文.

● 子孫은 자식이 되지만, 官鬼를 제압해 주니 질병과 재앙을 통제하는 자다.

● 六爻에서 戌土 父爻가 持世한 것은 힘만 들고 피곤하다는 뜻이다.

● 그리고 初爻 子水 孫爻가 太歲의 克을 받고 月破, 日破되니 空亡이 아니더라도 죽은 것과 같다.

● 따라서 의지처(依支處)가 없다 하겠다.

! 天地否

父戌 / 應
兄申 /
官午 /
財卯 // 世
官巳 //
父未 // (孫子)

戌年 寅月 丙辰日

● 神算六爻 例文.

● 初爻의 伏神 子水 孫爻가 太歲의 克을 받고 있는데, 月에 설기(泄氣)되고, 日辰에 入墓한데다 空亡이라 眞空이다.

● 이 卦는 자식이 없는 모습이다.

● 따라서 의지처가 없다고 본다.

何如知章 子孫編 (하여지장 자손편)

原 庶出子孫 何如知, 內外孫動 生世爻.

解 본처 외에 내연관계에서 출생한 자손이 있는 것을 어떻게 아는가?
內 · 外卦에서 旺相한 孫爻가 함께 動하여 世爻를 生한다.

說 爻의 움직임은 그 爻의 개성(個性)을 나타낸다. 內卦나 外卦에서 孫爻가 움직이는 것은 각각(各各) 그 개성이 살아 있는 것이다. 그러므로 집안과 집밖에 성장배경이나 환경이 다른 자손이 있다고 판단한다.

地水師 ! 雷地豫

	財戌 //	寅月 戊戌日
	官申 //	
財丑	孫午 X 應	
	兄卯 //	
◦財辰	◦孫巳 X	
	財未 // 世	

- 神算六爻 例文.
- 內卦 初爻에 持世하고 있는 未土 財爻는 본처이고, 外卦 六爻에 있는 戌土 財爻는 내연 관계에 있는 여자다.
- 動爻는 움직임을 나타낸다. 內卦 二爻에서 움직이는 孫爻는 본처 소생이고, 外卦 四爻에서 움직이는 孫爻는 내연 관계에 있는 자의 소생이다.
- 卦 中에서 동일한 六親이 內 · 外卦에 나타날 경우에는 반드시 初爻에 그 六親을 生扶하는 자가 있거나, 內 · 外卦에 六親이 같이 動하면 환경이 다른 六親이 있다.

雷地豫 ! 雷水解

	○財戌 //	午月 甲子日
	官申 // 應	
	孫午 /	
	孫午 //	
孫巳	財辰 X 世	
	兄寅 //	

● 神算六爻 例文.

● 출생 환경이 다른 형제나 처 등의 육친을 판단할 때는 반드시 初爻를 살펴야 한다.

● 初爻나 日辰의 生을 받거나, 動爻의 生을 받는 자가 內 · 外卦에 二位가 있으면 성장 환경이 다른 육친이 있다.

● 初爻는 내 집터나 내 생활의 바탕이다.

● 初爻가 生하는 자는 내 생활환경에서 용납(容納)이 되는 자다.

● 初爻에 있는 寅木 兄爻가 三爻나 四爻에 있는 午火 孫爻를 生하는 모습이다.

● 본처(本妻) 자손 외에 내연 관계에서 자손을 둔 사람이 얻은 卦다.

何如知章 子孫編 (하여지장 자손편)

原 年得二子 何如知, 內外旺孫 生克世.

解 한 해에 두 자녀를 얻게 되는 것을 어떻게 아는가?
內 · 外卦에서 孫爻가 같이 動하여 世爻를 生克한다.

說 쌍둥이를 낳기 전에는 一年에 두 자녀를 얻기는 어려운 일이다. 간혹 一月에 출산하고, 十二月에 출산하는 경우도 있는데 극히 드물다.
여기서 두 자녀의 의미는 다른 환경에서 얻는 것을 말한다. 內 · 外卦는 각기 다른 환경이다. 그러므로 內 · 外卦 孫爻가 動해 世爻를 生克하는 것으로 판단한다.

地水師 ! 雷地豫

財戌 //
官申 //
財丑 ○孫午 X 應
兄卯 //
財辰 孫巳 X
○財未 // 世

寅月 丙戌日

- 神算六爻 例文.
- 一年에 자식 두 명 얻는 것을 설명하기에 어려움이 많다.
- 二爻와 四爻에서 孫爻가 發動해 生世하는 데다, 日辰 戌이 孫爻의 庫가 되므로 자손을 모으는 象이다.
- 動은 움직임을 말한다. 內 · 外卦에서 孫爻가 動하는 것은 內 · 外卦에 있는 자손의 움직임을 나타낸다.
- 그래서 일 년(一年)에 두 자녀를 얻는 것으로 판단한다.

天地否 ! 風地觀	
財卯 /	巳月 乙亥日
官巳 /	
官午 父未 乂世	
財卯 //	
官巳 //	
父未 // 應	

- 神算六爻 例文.
- 上 · 下卦가 交重된 것은 겹친다는 의미와 반복된다는 의미도 있다.
- 三爻와 六爻에 있는 卯木 財爻가 亥日의 生扶를 받아 旺相하다.
- 乾宮에서는 卯木이 胎爻가 된다.
- 內 · 外卦의 卯木 兩財에 胎爻가 臨했다.
- 四爻에 있는 未土 世爻가 木庫에 해당하는데, 動하여 卯木 財爻를 入庫시키니, 내가 두 여자를 감당하고 있는 것과 같다.
- 본처와 내연의 여자가 동시에 임신한 사람이 얻은 卦다.

何如知章 子孫編 (하여지장 자손편)

原 落胎流産 何如知, 胎化爲官 絶空亡.

解 임산부가 태아를 유산하는 것을 어떻게 아는가?
衰絶된 胎爻가 動하여 克傷을 당하거나 官鬼를 化出한다.

說 출산(出産)하기 전에는 자손이라 하지 않고 태(胎)라 한다. 休囚된 胎爻가 空亡이면 자손을 얻을 수 없다. 그러므로 休囚된 胎爻가 動하여 官鬼를 化出하면 胎爻가 官鬼가 되었으니 유산(流産)이라고 판단한다.

風水渙 ! 山水蒙

父寅 /
兄巳 官子 X
孫戌 // 世
○兄午 //
孫辰 /
父寅 // 應

未月 丙戌日

- 神算六爻 例文.
- 자손은 출산 후를 말한다. 출산 전 즉 복중(腹中)에 있을 때는 胎라고 하는 것이 마땅하다.
- 그래서 유산을 낙태(落胎)라 한다. 胎爻로 유산을 판단하는 것이 당연하다 하겠다.
- 離宮의 胎爻는 五爻 子水다.
- 胎爻에 官이 있으니, 鬼胎다.
- 子水 胎爻가 巳火 兄爻를 化出, 絶地에 빠지니 胎爻가 위태롭다.
- 巳日에 유산(流産)한 괘다.

何如知章 子孫編 (하여지장 자손편)

原 得子口舌 何如知, 卦中孫爻 冲世爻.

解 자손을 얻는 데 구설이나 말썽이 발생하는 것을 어떻게 아는가? 卦 中에서 孫爻가 發動하여 世爻를 괴롭힌다.

說 孫爻가 發動하는 것은 자손에 대한 문제가 있다는 뜻이다. 孫爻가 世爻를 生扶하는 것은 자손으로 인하여 즐거움이 있다는 것이다. 그러므로 孫爻가 世爻를 冲克하면 자손으로 인하여 괴로움이 있다고 판단한다.

澤火革 ! 天火同人			
玄	孫未	孫戌 X 應	未月 乙卯日
白		財申 /	
匕		兄午 /	
句		官亥 / 世	
朱		○孫丑 //	
青		父卯 /	

● 神算六爻 例文.

● 內卦 二爻에 있는 丑土 孫爻는 月破를 당하고, 卯日의 克을 받으면서, 空亡이니 眞空이다.

● 그래서 본처(本妻)에서는 자식이 없다.

● 戌土 孫爻가 他宮 外卦에서 發動, 克世하니 외방(外房)에서 자손이 들어오는 모습이다.

● 二爻의 丑土 孫爻와 六爻의 戌土 孫爻와 월건(月建) 未土 孫爻가 丑戌未 三刑殺을 이루었다.

● 三刑이 動하여 世爻를 克하는데, 二爻 丑土 孫爻에 朱雀이 있어 구설을 부추기는 모양이다.

何如知章 子孫編 (하여지장 자손편)

原 路上孫厄 何如知, 五爻孫空 兼父動.

解 자손이 길을 가다가 사고를 당하는 것을 어떻게 아는가?
五爻에서 孫爻가 眞空이 되었는데, 他爻에서 父爻가 動한다.

說 五爻는 도로다. 眞空은 그 위치를 지워버리거나 떠나가는 것이다. 그러므로 孫爻가 五爻에서 眞空이 되면 자손이 자기의 위치를 벗어났다고 판단한다.

火地晉 ! 離爲火

兄巳 / 世
○孫未 //
財酉 /
父卯 官亥 ╳應
孫丑 //
○孫未 父卯 ╳

寅月 乙酉日

● 神算六爻 例文.

● 初爻와 三爻에서 卯木 父爻와 亥水 官爻가 發動하고, 亥卯未 三合 父局을 이루어, 五爻 未土 孫爻를 克하니 大凶하다.

● 五爻 未土 孫爻는 寅月에 休囚되고, 空亡이니 眞空이다.

● 空亡者는 出空日에 應한다.

● 眞空은 소멸을 의미하는데, 이 卦는 불행(不幸) 중 다행(多幸)으로 巳火 原神이 旺하여 수명(壽命)은 보존할 수가 있었다.

風山漸 ! 巽爲風

兄卯 / 世
孫巳 /
財未 //
◦官酉 / 應
孫午 父亥 X
財丑 //

申月 乙亥日

● 神算六爻 例文.

● 二爻 家宅에서 亥日이 父爻를 帶하고 發動한 것은 집안에서 자손을 내쫓는 모습이다.

● 五爻에서 巳火 孫爻가 日破를 만났는데, 破는 부서지고 무너지는 것을 나타낸다.

● 巳火 孫爻가 驛馬를 帶하고 있으니, 차로 인한 사고다.

● 他爻에서 驛馬가 鬼殺을 帶하고 孫爻에 손상을 주면 타인의 차에 사고를 당했다고 할 수 있다.

● 그러나 이 卦는 五爻 孫爻가 驛馬이므로, 자기 차로 인한 사고다.

何如知章 子孫編 (하여지장 자손편)

原 客地孫災 何如知, 他外孫爻 逢眞空.

解 객지나 밖에서 자손이 재액(災厄)을 당하는 것을 어떻게 아는가?
他宮 外卦에 있는 孫爻가 眞空이 된다.

說 外卦는 집 밖이나 도로다. 타궁(他宮) 외괘(外卦)는 타향(他鄕)이나 먼 곳을 나타낸다. 空亡은 자리를 잠시 비운 것이다. 眞空은 자리를 떠나 버린 것이다. 그러므로 他宮 外卦에서 孫爻가 眞空이면 객지에서 자신의 위치를 버렸다는 의미로도 판단한다.

山雷頤 ! 山地剝

財寅 /
◦孫子 // 世
父戌 //
財卯 //
官巳 // 應
◦孫子 父未 X

未月 丙辰日

● 神算六爻 例文.

● 初爻에서 未土 父爻가 旺動하여 五爻에 있는 子水 孫爻를 相克하는 것은 자손을 집안으로 들여놓지 않겠다는 뜻이다.

● 五爻는 외처(外處) 또는 도로(道路)다.

● 山地剝 卦는 上·下卦가 他宮으로 이루어져 있다.

● 他宮 外卦에 있는 육친은 먼 곳, 객지에 있다고도 판단한다.

● 他宮 外卦 五爻에 孫爻가 있는 것은 자손이 외처(外處)에 있다는 뜻이기도 하다.

● 眞空은 소멸을 의미하는데, 五爻에서 孫爻가 眞空이 되니, 자손의 재앙을 나타낸다.

水火既濟 ! 水山蹇

寅月 戊午日

○孫子 //
父戌 /
兄申 // 世
兄申 /
官午 //
財卯 父辰 Ⅹ 應

● 神算六爻 例文.

● 初爻에서 辰土 父爻가 旺動한 것은 집안에 자손이 있을 자리를 없애는 것과 같다.

● 六爻에 있는 자손인 子水가 寅月에 休囚되었는데, 空亡에 드니 眞空이다.

● 眞空은 소멸이다.

● 유학 중인 자손에게 어려움이 일어난 집에서 얻은 卦다.

何如知章 子孫編 (하여지장 자손편)

(原) 遠子歸家 何如知, 他外孫動 生克世.

(解) 멀리 떨어져 있는 자식과 만나는 것을 어떻게 아는가?
他宮 外卦에 있는 孫爻가 動하여 世爻를 生하거나 克한다.

(說) 他宮 外卦의 孫爻는 객지(客地)나 멀리 떨어져 있는 자손이다. 孫爻가 動하는 것은 자손의 움직임을 뜻한다. 그러므로 他宮 外卦 孫爻가 動해 世와 生하거나 克하면 내 품으로 돌아오는 모습이라고 판단한다.

澤火革！天火同人

孫未 ○孫戌 乂 應
財申 /
兄午 /
○官亥 / 世
孫丑 //
父卯 /

午月 甲子日

- 神算六爻 例文.
- 天火同人 卦는 離宮이다.
- 內卦는 本宮이고, 外卦는 他宮이다.
- 他宮 外卦의 자손은 멀리 떨어져 있는 자손이다.
- 孫爻가 動하는 것은 자손의 움직임을 나타낸다.
- 六爻에서 戌土 孫爻가 動하는 것은 멀리 있는 자손의 움직임이다.
- 그러나 현재 亥水 世爻가 空亡인 것은 내가 자손을 기다리는 것과 같다.
- 應爻 戌土 孫爻도 空亡이나, 動하여 未土를 化出하니 空亡이 아니다.
- 亥水 世爻가 出空하는 날에 자손이 귀가하겠다.

何如知章 家宅編 (하여지장 가택편)

原 兩處焚戶 何如知, 卦中兩父 在巳午.

解 한 울타리 안에 밥 짓는 곳이 둘인 것을 어떻게 아는가? 巳 · 午 火가 父爻를 帶하고 內 · 外卦에 있다.

說 火는 불이고, 불을 다루는 곳은 부엌 아궁이다. 그러므로 火가 둘이면 불을 다루는 아궁이가 두 개라고 판단한다.

火澤睽 ! 火水未濟

亥月 乙巳日

兄巳 / 應
孫未 //
財酉 /
兄午 // 世
孫辰 /
兄巳 ◦ 父寅 X

● 神算六爻 例文.

● 卦 中에 火가 二位 있다고 하여, 반드시 아궁이가 둘인 것은 아니다.

● 卦 中에 火가 二位 있으면서, 初爻가 火의 生處가 되면, 두 곳의 아궁이가 분명하다 하겠다.

● 이 卦는 三爻에 午火와 六爻에 巳火가 있고, 初爻에서 寅木 父爻가 發動하여 三爻 午火와 六爻 巳火를 生하니, 반드시 아궁이가 두 곳이라 하겠다.

● 한 집에 살면서 부모는 윗층에, 자식 내외는 아래층에 각각 생활하는 이가 얻은 卦다.

何如知章 家宅編 (하여지장 가택편)

原 家族健康 何如知, 六親有氣 吉神臨.

解 집안 식구가 탈이 없고 건강한 것을 어떻게 아는가?
卦 中의 六親이 旺相하다.

說 六親은 부모, 형제, 처자 등 가족이다. 유기(有氣)는 空亡이나 休囚死絶, 克破되지 않고, 日月이나 動爻의 生扶를 받아 旺한 상태를 말한다. 그러므로 六親이 有氣해 旺하고, 吉神이 붙어 있는 것으로 판단한다.

水山蹇 ! 風山漸	
財子 ○官卯 X 應	申月 乙巳日
父巳 /	
兄未 //	
孫申 / 世	
父午 //	
兄辰 //	

- 神算六爻 例文.
- 三爻에서 申月 孫爻가 持世하니, 비록 귀혼괘(歸魂卦)이지만, 집안이 평안(平安)하다 하겠다.
- 六爻에서 卯木 官爻가 申月의 克을 받고, 空亡이다.
- 그러나 스스로 發動해 子水 財爻를 化出하여 回頭生을 받으며 出空이 되니 旺하다.
- 二爻와 五爻 父爻도 日辰의 도움을 받으니 旺하다.
- 初爻와 四爻 兄爻도 日辰의 生을 받으니 旺하다.
- 자손은 물론 남편과 부모, 형제 등 모두 평안하다.

天山遯 ! 天火同人	
◦孫戌 / 應	辰月
財申 /	
兄午 /	丁卯日
◦官亥 / 世	
孫丑 //	
孫辰 父卯 X	

- 神算六爻 例文.
- 官爻가 持世해도 日月의 生扶를 얻어 旺相하면 큰 어려움은 없다.
- 그러나 衰絶된 爻는 孫爻가 持世하더라도 어려움이 발생한다.
- 이 卦는 六爻 戌土 孫爻가 月破를 당해 자손의 위태로움을 나타낸다.
- 官爻가 持世하였는데, 眞空이 되니 온 가족에게 어려움이 있음을 말해 주고 있다.
- 재앙은 爻의 休囚衰絶과 忌神의 동정(動靜)으로 판단해야 한다.
- 爻에 臨한 六親과는 무관(無關)하다는 것을 나타내는 卦다.

何如知章 家宅編 (하여지장 가택편)

原 有增家族 何如知, 得位世爻 臨財孫.

解 집안이나 사업장에 식구가 늘어나는 것을 어떻게 아는가? 世爻가 旺相한데 財爻가 生扶한다.

說 財爻는 종업원(從業員)이나 거느리는 수하(手下)로도 본다. 財爻와 胎爻가 서로 인연이 있으면 출산(出産)하여 식구가 늘어나는 것으로 판단한다. 기업(企業)하는 사람이면 종업원이 늘어난다고 판단한다.

	! 山天大畜	
玄	官寅 /	子月 乙亥日
白	財子 // 應	
匕	兄戌 //	
句	兄辰 /	
朱	官寅 / 世	
青	財子 /	

- 神算六爻 例文.
- 初爻 子水 財爻가 子月을 帶하고 亥日에 도움을 얻어 매우 旺하다.
- 艮宮에 子水가 胎爻가 되니, 妻가 임신 중이다.
- 건강한 아이를 낳을 수 있겠다.
- 사업가(事業家)라면 종업원을 늘릴 수 있다고 할 수 있다.
- 青龍은 木이다. 青龍이 水를 만나면 힘을 얻게 된다.

澤天夬 ! 水天需

玄		財子 //		酉月 甲戌日
白		兄戌 /		
七	財亥	◦孫申 X	世	
句		兄辰 /		
朱		官寅 /		
青		財子 /	應	

- 神算六爻 例文.
- 子水 財爻가 初爻와 六爻에서 交重되고, 四爻에서 申金 孫爻가 發動해 生하니 吉하다.
- 四爻에서 孫爻가 動하여 初爻에 있는 子水 財爻를 生한다.
- 이것은 妻에게 자손을 갖는 즐거움을 준다는 뜻이다.
- 初爻에 青龍이 臨하니 반드시 妻에게 경사가 있다.

何如知章 家宅編 (하여지장 가택편)

原 喜事家臨 何如知, 門庭六親 動生宅.

解 집안에 즐거운 일이 있는 것을 어떻게 아는가?
三爻나 四爻에서 六親이 發動하여 宅爻를 生한다.

說 문정(門庭)은 출입문으로 三爻는 內門, 四爻는 外門이다. 그러므로 孫爻가 三爻나 四爻에서 宅爻나 世爻를 生扶하면 자손의 경사(慶事)로 가정에 기쁨이 넘친다고 할 수 있다. 財爻이면 妻로 인한 즐거움이 있다고 판단한다.

火風鼎 ! 雷風恒

七	孫巳 財戌	ﾒ應	戌月 辛卯日
句	官申	//	
朱	◦孫午	/	
青	官酉	/世	
玄	父亥	/	
白	財丑	//	

- 神算六爻 例文.
- 三爻는 내문(內門), 四爻는 외문(外門)을 말한다.
- 青龍이 三爻, 四爻에 臨한 것은 기쁜 일이 문 앞에 들어오는 것과 같은 象이다.
- 酉金 官爻가 持世하고, 六爻에서 戌月이 發動하여 生世하는데, 酉金이 暗動하니 매우 상서(祥瑞)로운 길조(吉兆)다.
- 상급기관의 발탁이 있겠다.

! 火山旅
兄巳 /
孫未 //
財酉 / 應
財申 /
兄午 //
孫辰 // 世

● 神算六爻 例文.

● 靑龍이 世에 臨하면 좋다고 하는데, 꼭 그런 것은 아니다.

● 初爻에 辰土 孫爻가 持世하니, 편안하다는 뜻이다.

● 三·四爻가 둘 다 財爻인데, 어느 쪽이든 靑龍이 붙으면 妻에게 좋은 일이 있다고 판단하는 것은 옳지 않다.

● 妻의 吉凶은 오직 財爻의 旺相, 休囚를 살펴야 한다.

● 六獸는 참고 사항일 뿐이다.

山雷頤 ! 山火賁			
匕		官寅 /	亥月 庚申日
句		◦財子 //	
朱		兄戌 // 應	
靑	兄辰	財亥 X	
玄		◦兄丑 //	
白		官卯 / 世	

● 神算六爻 例文.

● 문정(門庭 : 三爻나 四爻)은 사람만 오고 가는 곳이 아니라, 吉凶도 오고 가는 곳이다.

● 이 卦는 三爻에서 亥水 財爻가 靑龍을 帶하고 發動하여 世爻를 生한다.

● 妻로 인한 즐거운 일이 있겠다.

何如知章 家宅編 (하여지장 가택편)

原 富貴家宅 何如知, 旺相財爻 世爻臨.

解 부귀한 집안인 것을 어떻게 아는가?
日月에 生扶를 얻어 旺相한 財爻가 世 上에 있다.

說 孫爻는 財를 生하는 자다. 財爻가 旺하고 孫爻가 動하면 재물이 늘어나는 기쁨이 있다. 그러므로 孫爻가 發動, 持世한 財爻를 生하면 돈이 많은 집, 또는 많이 벌어들이는 집이 확실하다고 판단한다.

坎爲水 ! 澤水困

	父未 //	亥月 己卯日
	○兄酉 /	
○兄申	孫亥 X 應	
	官午 //	
	父辰 /	
	財寅 // 世	

- 神算六爻 例文.
- 初爻 寅木 財爻가 持世하고 있는데, 日月이 生扶하니 매우 旺하다.
- 四爻에서 財爻의 原神인 亥水 孫爻가 發動하여 回頭生을 받으면서 生世하니, 돈이 계속 들어오는 모습이다.
- 따라서 사업이 순조롭다.
- 應爻에서 孫爻가 旺動하여 世爻를 生하는 것은 현재 내가 경영하고 진행하는 일로 재물이 불어난다는 뜻이다.

地澤臨 ! 地水師	
父酉 // 應	巳月 乙卯日
兄亥 //	
∘官丑 //	
財午 // 世	
官辰 /	
財巳 孫寅 ∦	

● 神算六爻 例文.

● 旺한 財爻가 持世하는 것은 현재 내가 많은 재물을 소유하고 있다는 뜻이다.

● 財爻의 原神인 孫爻가 旺하고 發動하여 生財하니, 재물을 끊임없이 얻고 있는 모습이다.

● 六爻에 있는 應爻 酉金 父爻는 巳月에 克을 당해 衰한데, 卯日에 冲이 되니 日破다.

● 應爻는 배경이나 직업으로도 판단한다.

● 직업이 일정하지 않으나, 初爻에서 寅木 孫爻가 動하여 世爻를 生扶하는 것은 부동산의 움직임으로 인한 소득이다.

● 持世한 三爻 午火 財爻를 月日이 生扶하는 데다, 初爻에서 寅木 孫爻가 發動, 生世하니 재운(財運)이 좋다 하겠다.

何如知章 家宅編 (하여지장 가택편)

原 家勢貧寒 何如知, 休囚財爻 破絶空.

解 생활이 궁핍하고 어려운 집안인 것을 어떻게 아는가?
財爻가 日月에 休囚되고 日破나 月破를 만나거나 眞空이 된다.

說 日破나 月破는 부서지거나 파괴된다는 뜻이다. 眞空은 소멸이나 빈자리를 나타낸다. 그러므로 생활에 어려움이 많다고 판단한다.

! 澤水困	
父未 //	申年
兄酉 /	
孫亥 / 應	巳月
官午 //	
父辰 /	己酉日
○財寅 // 世	

● 神算六爻 例文.

● 申 · 酉年이면 持世한 初爻 寅木 財爻가 克을 당한다.

● 그리고 財爻가 月에 休囚되고, 日辰의 克을 받으니 죽은 것과 같다.

● 그러나 四爻에 原神인 亥水 孫爻가 있으니, 현재 재수(財數)가 없을 뿐, 계속 그렇다는 것은 아니다.

● 原神이 旺하여 動하고 世爻를 生하면 재수가 있다.

天水訟 ! 澤水困

父戌 父未 X 申年
兄酉 /
孫亥 / 應 巳月
官午 //
父辰 / 己酉日
○財寅 // 世

● 神算六爻 例文.

● 初爻 寅木 財爻가 持世를 하고 있으나, 申年의 沖克을 받고, 巳月에 休囚되어, 酉日의 克을 당하니 무기력(無氣力)하다.

● 그리고 寅木 財爻는 空亡이니, 眞空이다.

● 재물과는 인연이 없다.

● 설상가상으로 六爻에서 未土 父爻가 發動, 戌土 父爻로 進神이 되면서, 財爻의 原神인 亥水 孫爻를 克하니 참으로 어려운 상황이다.

火澤睽 ! 火水未濟

兄巳 / 應
孫未 // 寅月
財酉 /
兄午 // 世 乙巳日
孫辰 /
兄巳 ○父寅 X

● 神算六爻 例文.

● 三爻에서 午火 兄爻가 持世하고, 六爻에서 巳火 兄爻가 持世하니, 나와 내 주변에 재물이 없다는 뜻이다.

● 寅月이 卦 中에서 發動하여 世爻와 應爻를 生하나, 번거롭기만 할 뿐 재물은 되지 않는다.

何如知章 家宅編 (하여지장 가택편)

原 屋宇新造 何如知, 父爻旺動 生世爻.

解 새 집을 짓거나 새 집을 소유하는 것을 어떻게 아는가?
旺相한 父爻가 發動하여 世爻를 生한다.

說 父爻는 나를 감싸주는 것이다. 그래서 거처하는 집을 父로 본다. 그러므로 父爻가 日月의 生을 받아 旺하면 새 집을 짓는다고 판단한다. 회사 건물이나 상가 건물도 해당된다.

火水未濟 ! 火澤睽	
○父巳 /	午月
兄未 //	
孫酉 / 世	辛丑日
兄丑 //	
官卯 /	
官寅 ○父巳 X 應	

- 神算六爻 例文.
- 初爻에서 巳火 父爻가 動해 四爻에 있는 酉金 孫爻를 克해오니, 문서를 취득하는 卦다.
- 문서를 얻기 위해서는 재물의 소비가 있어야 하는데, 이 卦에는 財爻가 보이지 않는다.
- 四爻에 있는 酉金 孫爻가 午月에 衰絶되어 약한데, 初爻에서 巳火 父爻가 動해 世爻를 克해 오는 것은 世爻에 있는 酉金 孫爻를 소진(消盡)시키는 것과 같다.
- 子孫은 농지나 부동산의 의미도 있다.
- 부동산을 서로 맞교환한 집에서 얻은 卦다.

火雷噬嗑！火地晋

玄		官巳 /		酉年
白		父未 //		
匕		兄酉 /	世	申月
句		○財卯 //		
朱		官巳 //		甲辰日
青	孫子	父未 Ⅹ	應	

- 神算六爻 例文.
- 初爻 未土 父爻가 靑龍을 帶하고 發動하여 四爻에 있는 酉金 世爻를 生하니, 집을 짓는다고 본다.
- 꼭 집이 아니더라도 상가 또는 일반 건물을 지을 때도 해당된다.
- 집을 짓는 卦는 土가 發動해 生金하거나, 金이 發動해 土를 化出하는 경우가 많다.

山水蒙！山澤損

玄		官寅 /	應	
白		財子 //		午月
匕		○兄戌 //		
句		兄丑 //	世	乙丑日
朱		官卯 /		
靑	官寅	父巳 Ⅹ		

- 神算六爻 例文.
- 靑龍 父爻가 旺하다 하더라도 世爻와 인연이 없으면, 새 집 또는 새 건물을 짓는다고 볼 수 없다.
- 인연(因緣)은 父爻가 克世, 生世, 持世하는 것을 말한다.
- 初爻에서 巳火 父爻가 發動, 寅木 官을 化出하면서 回頭生을 받으므로 매우 旺하다.
- 또 父爻가 靑龍을 帶하고 生世하므로, 새 집을 짓는다고 본다.

何如知章 家宅編 (하여지장 가택편)

原 屋宇破損 何如知, 父逢休囚 日月破.

解 거처하는 집에 손상이 있는 것을 어떻게 아는가?
休囚된 父爻가 日破나 月破를 당한다.

說 父爻는 거처(居處)인 집이다. 日破나 月破는 부서졌음을 뜻한다. 그러므로 父爻가 日月의 生扶를 받지 못해 休囚되고, 日破나 月破를 당하면 집의 한쪽이 부서진다고 판단한다.

雷地豫 ! 震爲雷

財戌 // 世
官申 //
○孫午 /
財辰 // 應
兄寅 //
○財未 父子 X

戌年 未月 庚寅日

● 神算六爻 例文.

● 初爻 子水 父爻가 發動했으나, 年과 月의 克을 받고 回頭克이다.

● 그리고 化出된 未土 財爻가 空亡이니, 子水 父爻도 未土를 따라 空亡이 된다.

● 집이 무너져 내리거나, 부서질 수 있다 하겠다.

● 집터가 發動하니, 하수도나 마당과 같이 집 아래쪽에 문제가 생긴다고도 판단한다.

● 문제(問題)의 爻가 위에 있으면, 집에서도 높은 곳으로 추정한다.

天火同人 ! 天雷无妄			
匕		財戌 /	午月 庚辰日
句		○官申 /	
朱		孫午 / 世	
靑	父亥	財辰 Ⅹ	
玄		兄寅 //	
白		父子 / 應	

● 神算六爻 例文.

● 初爻는 집터다.

● 子水 父爻가 月破를 당하고, 辰日이 卦 中에서 旺動하여 入庫시키니 無氣力하다.

● 日破나 月破는 소멸되거나 파괴됨을 의미한다.

● 白虎가 臨하니, 凶이 가중(加重)된다.

● 집이 부서진다.

澤雷隨 ! 澤火革		
	官未 //	辰月 丁卯日
	父酉 /	
	○兄亥 / 世	
官辰	○兄亥 Ⅹ	
	官丑 //	
	孫卯 / 應	

● 神算六爻 例文.

● 兄은 담장이나 울타리다.

● 三爻는 문정(門庭)이다.

● 三爻에서 亥水 兄爻가 辰月에 空亡을 만나니 眞空인 데다, 動하여 回頭克을 당하니 凶하다.

● 베란다에 있는 다용도실이 부서져 손질한 집에서 얻은 卦다.

何如知章 家宅編 (하여지장 가택편)

原 廚房有欠 何如知, 二爻衰絶 日月破.

解 주방에 흠이 생기는 것을 어떻게 아는가?
衰絶된 二爻가 日破나 月破를 만난다.

說 二爻는 부엌, 주방이다. 官은 재앙이다. 玄武는 도적, 비밀이라 눈에 띄지 않는 神이다. 부엌인 二爻에 官과 玄武가 붙으면 부엌이 눈에 띄지 않게 균열이 생기고 흠이 생긴다. 그러므로 官鬼가 二爻에서 發動해 回頭克을 당하거나, 다른 곳에서 官鬼가 動해 二爻를 破克해야 확실하다고 판단한다.

天風姤 ！天山遯

父戌 /
兄申 / 應
官午 /
兄申 /
孫亥 官午 Ⅹ 世
父辰 //

- 神算六爻 例文.
- 二爻는 집이나 부엌처럼 여자가 있는 곳이다.
- 三爻는 벽장이다.
- 初爻는 하수구(下水溝)다
- 爻의 위치와 집안 구조를 비교하되 높이로도 보고, 옆으로도 봐야 한다.
- 二爻에서 午火 官爻가 發動하여 回頭克이 되니, 부엌이나 싱크대가 부서졌다 하겠다.

火雷噬嗑！天雷无妄	
財戊 /	未月 丁酉日
財未 官申 X	
孫午 / 世	
○財辰 //	
兄寅 //	
父子 / 應	

- 神算六爻 例文.
- 二爻는 가택(家宅)이나 부엌, 주방이다.
- 二爻는 寅木 兄爻가 未月에 入庫되고, 酉日에 克을 받는다.
- 그리고 五爻에서 發動한 申金 官爻의 克을 당하니, 주방의 기물(器物)이 부서진다.
- 兄爻는 바람이므로, 환풍기가 부서졌다고 본다.

澤風大過！澤山咸	
父未 // 應	未月 乙卯日
兄酉 /	
孫亥 /	
兄申 / 世	
孫亥 官午 X	
父辰 //	

- 神算六爻 例文.
- 午火는 열기구(熱器具)를 말하니, 조리대나 불을 사용하는 곳이다.
- 二爻에서 午火가 官鬼를 帶하고 動하여, 亥水를 化出하고, 回頭克이 되므로 주방기구에 파손이 있다고 판단한다.

何如知章 家宅編 (하여지장 가택편)

原 家中兩姓 何如知, 兩重父爻 卦中臨.

解 한 지붕 아래 두 세대가 사는 것을 어떻게 아는가?
旺相한 父爻가 內 · 外卦에 있다.

說 父爻는 한 가정의 어른이고, 그 가정을 대표한다. 卦는 현재의 생활환경이다. 그러므로 卦 中에 父爻가 二位 있는 것은 한 울타리 안에 두 가정이 생활하고 있다고 판단한다.

! 火地晋	
官巳 /	午月 乙丑日
父未 //	
兄酉 / 世	
財卯 //	
官巳 //	
父未 // 應	

- 神算六爻 例文.
- 初爻와 五爻에서 交重된 未土 父爻가 暗動, 生世한다.
- 姓이 다른 형제가 함께 산다고 본다.
- 乾宮이라 아버지가 둘이라 볼 수도 있고, 陰爻라 어머니가 둘이라 볼 수도 있다.
- 아이가 있는 부모가 이혼(離婚)하고, 아이를 데리고 재혼(再婚)한 경우다.
- 二位의 父爻가 發動, 生世하거나 克世해야 정확하다.

水山蹇 ! 風山漸	
財子◦官卯 〤應 父巳 / 兄未 // 孫申 / 世 父午 // 兄辰 //	午月 庚戌日

● 神算六爻 例文.

● 여기서 父는 문중(門中)을 뜻한다.

● 父爻가 內·外卦에 있다 하여, 두 세대(世帶)가 사는 것은 아니다.

● 반드시 初爻나 動爻의 生扶가 있어야 두 세대(世帶)가 사는 것으로 판단한다.

● 二爻 午火 父爻와 五爻 巳火 父爻가 모두 旺한데, 六爻에서 卯木 官鬼가 動하여 兩父를 生한다.

● 따라서 두 집안이 한 울타리에서 살고 있다 하겠다.

火澤睽 ! 雷澤歸妹	
◦官巳 父戌 〤應 兄申 // 官午 / 父丑 // 世 財卯 / ◦官巳 /	午月 乙未日

● 神算六爻 例文.

● 六爻에서는 戌土 父爻가 動하고, 三爻에서는 丑土 父爻가 暗動한다.

● 兩父가 움직이고 있는 모양이다.

● 初爻에서 巳火 官爻가 兩父를 生하는 것은 兩父를 수용한다는 의미가 된다.

● 官爻는 父爻를 生하는 자로, 조상의 위치이기도 하다.

何如知章 家宅編 (하여지장 가택편)

原 二姓共居 何如知, 兩鬼旺相 卦中臨.

解 다른 식구와 동거하는 것을 어떻게 아는가?
旺相한 官鬼가 內 · 外卦에 있다.

說 官은 父를 생하는 자이니, 조상으로 본다. 卦 中에 官鬼가 二位이면 같은 환경에 조상이 다른 사람이 있다는 뜻이다. 한 가족 한 식구에 다른 식구가 같이 생활하고 있는 경우다. 그러므로 初爻에 財爻가 있고, 官鬼가 內 · 外卦에 있으면 외식구(外食口)가 있다고 판단한다.

! 坎爲水	
兄子 // 世	寅月 甲午日
官戌 /	
父申 //	
財午 // 應	
○官辰 /	
孫寅 //	

- 神算六爻 例文.
- 官이 二爻 辰土 官爻와 五爻 戌土 官爻 이렇게 둘이 있다.
- 姓이 다른 사람이 동거(同居)하고 있다.

雷天大壯 ! 雷風恒	
財戌 // 應	辰月 戊戌日
官申 //	
孫午 /	
官酉 / 世	
父亥 /	
父子 財丑 X	

- 神算六爻 例文.
- 三爻 酉金 官爻와 五爻 申金 官爻가 月日의 生을 받아 旺하다.
- 官은 神을 상징하기도 하니, 조상으로도 판단한다.
- 申金 官爻와 酉金 官爻가 日月에 生扶를 얻어 뿌리가 깊다. 각각 다른 조상이다.
- 初爻에서 丑土 金庫가 發動하여 外卦에 있는 申金 官爻와 內卦에 있는 酉金 官爻를 入庫시켜, 한 지붕 아래 같이 동거하는 모습이다.
- 妻의 조카를 데리고 사는 집에서 얻은 卦다.

何如知章 家宅編 (하여지장 가택편)

原 多競爭鬪 何如知, 旺相兄爻 持世應.

解 집안에 다툼이 많은 것을 어떻게 아는가?
旺相한 兄爻가 世應에 있다.

說 兄은 다툼, 경쟁을 주관한다. 世應에 兄爻가 있는 것은 나와 내 주위에 재물이 없다는 뜻이고, 兄爻가 旺相한 것은 재물이 붙기 어렵다는 의미다. 그러므로 世應에 兄爻가 있는 것은 서로 어려움이 많아 다툰다고 판단한다.

	! 水火旣濟	
白	兄子 // 應	申月 癸巳日
匕	官戌 /	
句	父申 //	
朱	兄亥 / 世	
靑	官丑 //	
玄	孫卯 /	

- 神算六爻 例文.
- 官爻에 朱雀이 붙는 것보다 兄爻에 朱雀이 붙는 경우, 문제가 더 심각하다.
- 官爻 朱雀은 관재(官災)이지만, 兄爻 朱雀은 시비(是非)나 구설(口舌)이다.
- 兄爻는 천시점에서 바람으로, 구설이 바람을 타기 때문이다.
- 朱雀이 世爻나 應爻에 붙되, 둘 중 하나는 發動해야 한다. 그래야 실제로 집안이 시끄럽게 된다. 이 卦에서는 三爻 亥水 兄爻가 暗動하고 있다.

	! 火水未濟	
白	兄巳 / 應	寅月
七	孫未 //	
句	財酉 /	
朱	兄午 // 世	壬申日
靑	孫辰 /	
玄	父寅 //	

- 神算六爻 例文.
- 世爻와 應爻에 兄爻가 있는 卦는 火水未濟 卦와 水火旣濟 卦 뿐이다.
- 兄은 재물과는 인연이 없는 자다.
- 世爻에 兄爻가 持世한 것은 내 환경에 재물이 없다는 의미이다.
- 應爻에 兄爻가 있는 것은 내 주위나 내 배경에 재물이 없다는 뜻이다.
- 兄은 탈재(奪財), 분쟁(分爭), 시비(是非)의 神이다.
- 따라서 世爻와 應爻에 兄爻가 朱雀을 帶하고 있는 것은 분쟁을 조장(助長)하는 象으로 시비가 끊이지 않는다.

何如知章 家宅編 (하여지장 가택편)

原 家宅不寧 何如知, 六爻俱動 亂紛紛.

解 어수선하고 편안하지 않은 것을 어떻게 아는가?
六爻가 亂動하고 爻가 損傷된다.

說 卦는 하나의 집안, 가정이다. 六位의 爻가 모두 動하면, 결과적으로 12개의 爻가 되면서 복잡한 형상이 된다. 그러므로 六位의 爻가 모두 發動하면 집안이 편안하지 못하고 불안, 공포에 떤다고 판단한다.

風地觀 ! 地天泰

○官卯 孫酉 X應
父巳 財亥 X
兄丑 //
○官卯 兄辰 X世
父巳 ○官寅 X
兄未 財子 X

巳月 丙午日

- 神算六爻 例文.
- 初爻에서 子水 財爻가 發動, 回頭克을 당한다.
- 二爻에서는 寅木 官爻가 發動해, 三爻 辰土 世爻를 克한다.
- 더불어 三爻 辰土 世爻는 發動, 回頭克을 입는다.
- 五爻에서는 亥水 財爻가 發動, 巳火에 絶이 된다.
- 六爻에서는 酉金 孫爻가 發動, 反吟이 된다.
- 난동(亂動)이다.
- 본인은 관재(官災)에 시달리고, 아내는 병중(病中)이고, 자식은 말썽만 부리고 다니는 집에서 얻은 卦다.

何如知章 家宅編 (하여지장 가택편)

原 移徙變動 何如知, 內卦旺動 生克世.

解 이사나 거처를 옮기는 것을 어떻게 아는가?
內卦에서 父爻가 動하여 世爻를 生하거나 克한다.

說 初爻는 집터, 二爻는 가택, 三爻는 출입문이다. 初爻나 二爻, 三爻가 動하는 것은 집터 또는 가택(家宅)이나 문정(門庭)이 움직인다는 뜻이다. 그러므로 世爻를 克하거나 生하는 것은 世爻와 관련되니, 이사수(移徙數)가 있다고 판단한다.

風山漸 ! 巽爲風	
°兄卯 / 世 孫巳 / 財未 // 官酉 / 應 孫午 父亥 X 財丑 //	亥月 己酉日

- 神算六爻 例文.
- 二爻에서 亥水 父爻가 發動하여, 六爻 卯木 世爻를 生하니, 이사를 하고자 한다.
- 또 酉日에 亥水 父爻가 驛馬가 된다.
- 二爻에서 亥水 父爻가 動하여 世爻를 生하니, 반드시 이사를 하고 싶어 한다.

- 이사는 二爻의 움직임으로만 판단하지 않는다.
- 내 환경의 변화이기 때문이다. 내 환경을 나타내는 世爻와 二爻와의 관계를 살펴야 한다.

何如知章 家宅編 (하여지장 가택편)

原 移居不調 何如知, 宅爻發動 損世爻.

解 이사 후에 가정이 편안하지 않은 것을 어떻게 아는가?
二爻가 旺動하여 世爻를 損絶시킨다.

說 世爻는 현재 나의 위치로 우리 가족이 포함된다. 二爻는 거처(居處)하는 공간의 중심이다. 그러므로 二爻가 動하여 世爻를 克傷하면 가택(家宅)이 우리 가족을 거부한다고 판단한다.

兌爲澤 ! 澤雷隨

財未 // 應
官酉 /
○父亥 /
財辰 // 世
兄卯 兄寅 X
父子 /

子月 丁卯日

- 神算六爻 例文.
- 二爻에서 寅木 兄爻가 旺動하여 克世하니, 이사 후에 아내가 凶하다.
- 二爻는 가택, 아내의 위치다.
- 가택이나 아내의 위치에서 凶者가 旺動하는 것은 가택을 허물거나 아내를 겁박하는 것과 같다.
- 이사 후에 파산(破産)한 사람이 얻은 卦다.

火地晉 ! 天地否

父戌 / 應
父未 兄申 X
官午 /
財卯 // 世
官巳 //
父未 //

未月 乙卯日

- 神算六爻 例文.
- 未月에 休囚된 卯木 財爻가 持世했는데, 五爻에서 申金 兄爻가 旺動해 世爻를 克해오니 凶하다.
- 현재는 卯日이 도우니 탈이 없으나, 申月이 되면 재액(災厄)이 일어난다.
- 이사 후, 가정에 탈이 있는 것은 官鬼에 있는 것이 아니고, 귀살(鬼殺)의 움직임에 있다는 것을 말하는 卦다.

何如知章 家宅編 (하여지장 가택편)

原 一家二分 何如知, 內外兩父 爭發動.

解 분가하는 것을 어떻게 아는가?
內 · 外卦에서 兩父가 動한다.

說 父는 한 세대(世帶)를 뜻한다. 兩 父爻는 두 세대를 나타내며, 發動은 적극적인 자세이다. 그러므로 內卦나 外卦에서 父爻가 같이 動하면 서로 독자적인 개성이나 움직임을 나타내므로 분가(分家)가 있다고 판단한다.

天火同人 ! 天山遯	
父戌 /	巳月 丙辰日
兄申 / 應	
官午 /	
兄申 /	
官午 // 世	
財卯 父辰 X	

- 神算六爻 例文.
- 世爻는 내 환경이고, 父의 뿌리는 官이다.
- 그래서 官을 조상으로 보기도 한다.
- 動한 자는 動한 이유와 그 개성을 나타내며, 父는 세대주(世帶主), 문패(門牌)를 상징하기도 한다.
- 이 卦는 初爻에서 日辰 辰土 父爻가 動하고, 六爻에서 戌土 父爻가 暗動한다.
- 世爻 官爻에 바탕을 둔 자가 움직여 양분(兩分)되는 모습이다.

地山謙 ! 艮爲山	
孫酉○官寅 X 世 財子 // 兄戌 // 孫申 / 應 父午 // 兄辰 //	酉月 丁未日

● 神算六爻 例文.

● 艮爲山 卦는 산 위에 산이 겹치는 모습이니, 무덤에 비유되기도 한다.

● 六爻에 持世한 寅木 官爻가 酉月에 克을 당하고 衰絶이 되었다.

● 그리고 空亡을 만나 眞空이 되었는데, 動하여 酉金을 化出하여 回頭克이다.

● 空亡은 잠시 쉬거나 자리를 비우는 것이다.

● 眞空은 소멸이 되는 것이다.

● 空亡은 出空日에 제자리에 돌아오고, 眞空은 出空日에 흔적을 나타낸다.

● 寅木 官爻의 흔적이 나타나는 날이 자연으로 돌아가는 날이다.

何如知章 家宅編 (하여지장 가택편)

原 移徙發福 何如知, 吉星發動 生世爻.

解 이사 후에 부자가 되는 것을 어떻게 아는가?
二爻에서 吉星이 動하여 世爻를 生扶한다.

說 世爻는 가족이나 나의 위치다. 이사 후에 모든 일이 순조로운 것은 택효(宅爻)의 동향(動向)에 나타난다. 그러므로 二爻에서 財爻가 發動하여 世爻를 生하면 재물을 모으게 되고, 官鬼가 發動하여 世爻를 生하면 직장운(職場運)이 좋다고 판단한다.

水澤節 ! 水雷屯	
兄子 //	午月 乙亥日
官戌 / 應	
○父申 //	
官辰 //	
孫卯 孫寅 X 世	
兄子 /	

● 神算六爻 例文.

● 이사 후에 편안하겠는가? 그리고 이사 후에 재수(財數)가 있겠는가? 하고 묻는 占은 본질적으로 차이가 있다.

● 이사 후에 편안하겠는가는 孫爻가 持世하는 것이 마땅하다.

● 재수가 있겠는가는 財爻가 持世하거나, 財爻가 動하여 生世하거나, 또는 克世해야 재수가 있다.

● 五爻는 인구효(人口爻)로 가장(家長)이나 장남(長男)의 위치다.

● 이 卦는 二爻에서 孫爻가 持世하고 안정(安定)이 되면 吉하나, 動하여 進神이 되니 아름답지 못하다.

● 宅爻가 五爻를 克하기 때문이다.

何如知章 家宅編 (하여지장 가택편)

原 移居孫疾 何如知, 內卦父動 損子孫.

解 이사 후에 자손이 아픈 것을 어떻게 아는가?
內卦에서 父爻가 旺動하여 孫爻를 괴롭힌다.

說 父는 자손을 통제하고 억압한다. 그러므로 內卦에서 父爻가 動하면 자손의 행동을 제약하고 괴롭히는 것으로 판단한다.

澤天夬 ! 兌爲澤	
父未 // 世	辰月 庚午日
兄酉 /	
○孫亥 /	
父辰 父丑 X 應	
財卯 /	
官巳 /	

- 神算六爻 例文.
- 三爻에서 丑土 父爻가 旺動하여 進神이 되면서, 四爻에 있는 亥水 孫爻를 克한다.
- 亥水 孫爻는 辰月에 克을 받고, 空亡이 되니 眞空이다.
- 眞空은 소멸이다.
- 자손이 크게 凶하니, 이사가 불가(不可)하다 .

何如知章 家宅編 (하여지장 가택편)

原 廚中斷水 何如知, 二爻亥父 破絶空.

解 주방에 물이 나오지 않는 것을 어떻게 아는가?
二爻에서 亥水 父爻가 日月破를 당하거나 眞空이 된다.

說 二爻는 주방의 위치다. 亥水 父爻는 물이다. 眞空, 破, 絶은 끊기거나 소멸됨을 나타낸다. 그러므로 주방에 물이 나오지 않는다고 판단한다.

火風鼎 ! 雷風恒

孫巳○財戌 X 應
官申 //
孫午 /
官酉 / 世
○父亥 /
財丑 //

巳月 庚午日

- 神算六爻 例文.
- 재수(財數)를 묻는 占이다.
- 六爻에 있는 應爻 戌土 財爻가 旺動하여 世爻를 生하니, 큰 재물이 들어오게 된다.
- 본시(本是) 酉金 世爻는 巳月에 克을 받고 午日에 克을 받아 凶하나, 六爻 戌土 財爻가 탐생망극(貪生忘克)을 시켜, 도리어 흉(凶)이 변(變)하여 덕(德)이 되었다.
- 二爻가 月破를 당하고 眞空이 되니, 거처(居處)에 물이 나오지 않겠다고 하였더니 과연 그렇다 했다.
- 간혹 문복자가 묻는 점사(占辭) 외의 주위 환경이 점괘(占卦)에 나타나는 경우도 있다.
- 父爻는 천시점(天時占)에서 비(雨)에 해당하고, 亥는 水다.
- 水와 水가 겹치니, 물이 강조되는 모양이다.

何如知章 職場編 (하여지장 직장편)

原 職場昇進 何如知, 旺動妻財 生世爻.

解 직장에서 승진하는 것을 어떻게 아는가?
財爻가 旺動하여 世爻를 生扶한다.

說 官鬼가 持世하면 관직(官職) 또는 직장(職場)과 인연이 있다는 뜻이다. 그러므로 應이 財爻를 帶하고 動하여 世爻를 生하거나, 간효(間爻)에서 財爻가 動하여 世爻를 生하면 승진된다고 판단한다.

水澤節 ! 風澤中孚

亥月 丁巳日

○財子 官卯 〤	
父巳 /	
兄未 //	世
○兄丑 //	
官卯 /	
父巳 /	應

- 神算六爻 例文.
- 六爻에서 卯木 官爻가 發動, 未土 世爻를 克하니 반드시 승진한다.
- 動爻는 계획하거나 진행하는 일의 움직임을 나타낸다.
- 變爻는 일의 결과에 영향을 준다.
- 變爻가 旬空이 되니, 일의 결과가 감춰진 듯하다.
- 현재는 子水 財爻가 空亡이니, 出空日인 甲子日을 기다려라.
- 승진점(昇進占)을 포함한 모든 소원점(所願占)에서는 用神이 生世, 持世할 경우만 아니라, 克世해도 이뤄진다.

何如知章 神鬼編 (하여지장 신귀편)

原 排絶宗教 何如知, 卦中金鬼 逢眞空.

解 신앙생활을 하다가 중단한 것을 어떻게 아는가?
卦 中에 金鬼가 眞空이 된다.

說 金은 본시(本是) 하늘을 상징하고 귀한 것이며, 官은 神이다. 空亡은 잠시 자리를 비우거나 멈춤이고, 眞空은 떠나버리거나 지워버림이다. 그러므로 金官 空亡은 존귀(尊貴)한 신, 하느님, 부처님을 위해 기도를 드리다가 하지 않는다고 판단한다.

澤天夬 ! 澤風大過	
財未 //	巳月 己卯日
◦官酉 /	
父亥 / 世	
◦官酉 /	
父亥 /	
父子 財丑 Ⅹ應	

- 神算六爻 例文.
- 金은 하늘의 대명사(代名詞)다.
- 金官은 존귀(尊貴)한 하늘의 神을 상징한다.
- 卦 中에 金 官爻가 나타나 있는 것은 내 환경에 神의 위치가 있었음을 나타낸다.
- 三爻와 五爻에서 酉金 官爻가 日破를 만나고 眞空이다.
- 내 환경에서 酉金 官鬼의 위치를 지웠다는 뜻이다.

何如知章 神鬼編 (하여지장 신귀편)

原 養失鳥類 何如知, 破空酉位 不須疑.

解 조류(닭이나 새 종류)를 키우는 데 어려움이 있는 것을 어떻게 아는가?

酉金 官鬼가 休囚衰絶되거나 眞空이 된다.

說 十二支 중에서 유일하게 酉만 조류(鳥類)다. 그러므로 酉가 眞空이 되거나 日月에 衰絶이 되면, 鳥類를 키우기 어렵다고 판단한다.

火水未濟 ! 火風鼎		
	兄巳 /	午月 丁丑日
	孫未 // 應	
	○財酉 /	
兄午	○財酉 Ⅹ	
	官亥 / 世	
	孫丑 //	

- 神算六爻 例文.
- 사물(事物)을 판단할 때 육친(六親)이나 비신(飛神)의 의미, 爻의 위치를 참고한다.
- 鳥類의 위치는 初爻나 卦 中의 酉金이다.
- 三爻와 四爻에 출현하니, 用神을 酉金으로 한다.
- 三爻에 있는 酉金이 午月에 回頭克이 되어 凶하다.
- 蛇는 상식 밖의 일을 만들거나, 괴이한 일을 주관한다.
- 조류를 키우는 데 어려움이 많다 하겠다.

何如知章 神鬼編 (하여지장 신귀편)

原 家無香火 何如知, 卦中六爻 火水空.

解 조상에 대한 예의가 없는 것을 어떻게 아는가?
卦 中에 水나 火가 眞空이 된다.

說 水는 제사(祭祀) 때, 조상신(祖上神)에게 올리는 정화수(井華水)를 뜻한다. 火는 향불로 볼 수 있다. 그러므로 卦 中에 水나 火가 없으면 제사를 지내지 않거나 제사를 지낼 사람이 없다고 판단한다.

澤山咸 ! 澤地萃

父未 //
兄酉 / 應
孫亥 /
兄申 財卯 X
○官巳 // 世
父未 //

戌月 丙申日

- 神算六爻 例文.
- 官은 父를 生하는 자로 조상에 비유된다.
- 二爻에 있는 巳火 官爻가 戌月에 入庫되었는데, 日辰의 生扶가 없이 空亡을 만나니 眞空이다.
- 三爻에 있는 卯木 財爻가 動하여 回頭克이 되니, 妻로 인해 조상 섬기는 일을 멈춘 집에서 얻은 卦다.

雷山小過 ! 火山旅	
◦孫戌 兄巳 X	巳月 辛未日
孫未 //	
財酉 / 應	
財申 / (◦官亥)	
兄午 //	
孫辰 // 世	

● 神算六爻 例文.

● 亥水 官이 三爻 申金 財爻 아래, 은복(隱伏)되어 있다.

● 伏神 亥水 官은 月破를 당하고, 未日의 克을 받으며 空亡이니 眞空이다.

● 제사(祭祀)를 올리지 않거나, 제사가 없는 집이다.

! 水火旣濟
兄子 // 應
官戌 /
父申 //
兄亥 / 世
官丑 //
孫卯 /

● 神算六爻 例文.

● 卦 中에 火, 즉 향화(香火)가 없다.

● 따라서 제사(祭祀)를 지내지 않거나, 조상에 대해 소홀하다고 볼 수 있다.

何如知章 神鬼編 (하여지장 신귀편)

原 犬恐亂吠 何如知, 破空戌位 又逢鬼.

解 개가 두려워 시도 때도 없이 짖는 것을 어떻게 아는가?
衰絶된 戌土에 官鬼가 臨한다.

說 자연에 생존하는 모든 사물은 불안정(不安定)할 때 동요(動搖)한다. 戌은 개(犬)를 상징한다. 戌土가 日月에 冲克을 입거나 空亡이 되면 개가 불안해한다. 그러므로 官鬼가 臨하면 더욱 불안하니, 시도 때도 없이 짖는다고 판단한다.

地水師 ! 坎爲水

白		兄子 // 世	辰月
匕	兄亥	官戌 X	
句		父申 //	
朱		財午 // 應	壬寅日
靑		○官辰 /	
玄		孫寅 //	

● 神算六爻 例文.

● 五爻 戌土에 官爻가 臨한 것은 개가 정상(正常)이 아님을 뜻한다.

● 戌土 官爻가 月破를 당하고, 寅日의 克을 받으며 蛇를 帶하니, 개가 말썽을 부리는 象이다.

● 개가 없으면 개와 관련된 물건이 훼손되거나, 개와 접촉하여 불쾌한 일을 겪게 된다.

地澤臨 ! 水澤節

白		兄子 //		戌月 壬辰日
匕	兄亥	官戌 X		
句		父申 //	應	
朱		官丑 //		
青		孫卯 /		
玄		財巳 /	世	

- 神算六爻 例文.
- 戌土 官爻는 坎宮에만 있다.
- 五爻에서 蛇를 帶한 戌土 官爻가 發動, 初爻 巳火 世爻를 入庫시킨다.
- 개가 개처럼 짖지 않고, 늑대가 울 듯 하거나 이상한 짓을 한다.
- 개가 없으면 개 그림이라도 있다. 반드시 치워야 한다.

- 初爻에서 巳火 財爻가 持世하고 있는데, 日月에 休囚되고, 五爻에 있는 戌土 官鬼 動墓에 入庫된 것은 재물의 손실을 예고한다.

何如知章 神鬼編 (하여지장 신귀편)

原 睡中夢寢 何如知, 衰絶官鬼 臨世爻.

解 꿈자리가 어수선한 것을 어떻게 아는가?
休囚된 官鬼가 世爻에 있다.

說 世爻가 休囚되면 몸이 피곤하니 마음이 허전하다. 官鬼는 어두움이나 그늘을 상징한다. 그러므로 休囚된 世爻에 官鬼가 있으면 어두운 그림자가 내 주위를 맴도는 모습이니 꿈자리가 어수선하다고 판단한다.

離爲火 ! 天火同人

青		孫戌 / 應	未月 丁巳日
玄	孫未	財申 X	
白		兄午 /	
匕		官亥 / 世	
句		○孫丑 //	
朱		父卯 /	

- 神算六爻 例文.
- 三爻에서 持世한 亥水 官爻가 未月의 克을 받고, 日破를 당하며, 　蛇를 帶하니 꿈자리가 불안하다 하겠다.
- 그러나 五爻에서 申金 財爻가 發動, 生世하여 절처봉생(絶處逢生)한다.
- 별다른 문제는 없다.

雷水解 ! 雷風恒

靑		◦財戌 // 應		巳月
玄		官申 //		
白		孫午 /		
匕	孫午	官酉 ✗ 世		丙寅日
句		◦父亥 /		
朱		財丑 //		

- 神算六爻 例文.
- 三爻에서 持世한 酉金 官爻가 蛇를 帶하고 發動, 回頭克을 당했다.
- 午火 孫爻가 귀신(鬼神)을 들쑤시고 괴롭히는 상태다.
- 만일 發動하지 않으면, 꿈자리가 뒤숭숭하다고 보지 않고, 고단(孤單)하다고 판단한다.
- 그러나 發動하지 않더라도 月破, 日破, 空亡으로 無氣力하면 꿈자리가 뒤숭숭하다고 본다.

何如知章 神鬼編 (하여지장 신귀편)

原 家中木鬼 何如知, 破空木爻 帶官鬼.

解 목매거나 나무로 인한 영가가 있는 것을 어떻게 아는가? 眞空된 木鬼가 卦 中에 있다.

說 木鬼는 나무와 연관된 재앙으로 죽은 영가(靈駕)다. 日破나 月破를 당하거나 眞空이 된 것은 현재 그 자리에 머물지 못하고 물러나거나 사라진 것과 같다. 사라진 자가 그 자리를 떠나지 못하고 어른거리는 것은 내 위치를 각인(刻印)시켜 주고 싶어서다. 그러므로 木鬼가 眞空이나 破를 만나면 나무로 인해 재앙을 만난 靈駕라고 판단한다.

! 山天大畜

朱	官寅 /		戌月
青	○財子 //	應	
玄	兄戌 //		
白	兄辰 /		戊午日
匕	官寅 /	世	
句	○財子 /		

- 神算六爻 例文.
- 鬼는 실체가 없어 보이지 않는다.
- 그러나 사람의 마음속에서 스스로 일어나 형상을 만든다.
- 二爻 世爻에 寅木 官爻가 持世하였으나, 日月에 休囚되어 無力하다.
- 初爻에 寅木 官爻의 原神인 子水 財爻가 戌月의 克을 받고, 午日에 日破를 당한데다 空亡이라 무력하다.
- 보이지 않는 형체만 오고 가는 것과 같다.
- 丑月 卦다. 官鬼가 卦身을 克하므로 남편의 영가다.

何如知章 神鬼編 (하여지장 신귀편)

原 家中怪聲 何如知, 破絶爻位 空蛇朱.

解 집안에서 이상한 소리가 나는 것을 어떻게 아는가?
日 · 月破를 당한 爻나 眞空이 된 爻에 螣蛇나 朱雀이 있다.

說 爻가 破되거나 空亡이 되는 것은 괴로운 일이다. 그러므로 初爻가 破되면 방바닥에서 소음이 나고, 二爻가 空亡이면 주방에서, 三爻가 空亡이면 출입구 주변이 어수선하다고 판단한다.

地火明夷 ! 地天泰

句		◦孫酉 //	應	亥月 己卯日
朱		財亥 //		
靑		兄丑 //		
玄		兄辰 /	世	
白	兄丑	官寅 X		
匕		財子 /		

- 神算六爻 例文.
- 二爻에서 白虎 官爻가 發動하니, 집안에서 괴성이 들린다.
- 寅木 官爻가 二爻에서 發動, 克世하니, 問卜者가 병을 앓고 있다.
- 官爻가 發動하면 神이 제사나 기도를 바라는 것이다.
- 神에게 제사하거나 기도한 뒤, 서쪽에서 약(藥)을 구해 남쪽으로 가서 요양(療養)하라.
- 서쪽에서 약을 구하는 것은 寅木 官鬼를 제압하는 방향이며, 남쪽에서 요양은 世爻를 生扶하는 곳이기 때문이다
- 과연 四月에 큰 차도(差度)가 있었다.

何如知章 神鬼編 (하여지장 신귀편)

原 家中客屍 何如知, 喪弔內卦 應內位.

解 우리 집에서 죽음을 맞이하는 사람이 있는 것을 어떻게 아는가?

內卦에 喪門과 弔客이 있고, 應爻가 內卦에서 破絶空된다.

說 內卦는 내 집이고, 應은 손님이다. 喪은 喪問이고, 弔客은 문상(問喪) 온 사람이다. 우리 집에 남의 집 문상객이 찾아오는 모양이므로, 손님이 우리 집에서 재난(災難)을 당한다고 판단한다.

火澤睽 ! 火雷噬嗑		
孫巳 /		寅年
○財未 // 世		
官酉 /		辰月
財辰 //	(喪)	
兄卯 兄寅 ✗應		己丑日
父子 /	(弔)	

- 神算六爻 例文.
- 二爻에서 寅木 兄爻가 發動해 卯木 兄爻로 進神이 되면서 克世하고, 應爻가 宅爻에 臨하니, 반드시 타인(他人)으로 인해 크게 損財가 있다.
- 三爻 辰土가 喪門이고, 初爻 子水가 弔客이니 불안하다.
- 未日을 주의하라.

- 과연 未日에 숙박객(宿泊客) 중에서 자살한 사람이 있었다.
- 未日에 應하는 것은 未土 世爻가 空亡이므로 자리를 비운 것이라, 凶을 잠시 피했다가 出空日에 凶事를 만난 것이다.

何如知章 神鬼編 (하여지장 신귀편)

原 家在火鬼 何如知, 朱雀入火 殺臨鬼.

解 화재로 재앙을 당한 영가가 있는 것을 어떻게 아는가?
火鬼가 朱雀을 帶하고 眞空이다.

說 官鬼는 形象이 없다. 眞空된 자가 動하는 것은 形象이 없는 자의 움직임이므로, 이 세상에 없는 자의 움직임으로 판단한다.

雷地豫 ! 火地晉

父戌◦官巳 X
父未 //
兄酉 / 世
財卯 //
◦官巳 //
父未 // 應

子月 丙申日

- 神算六爻 例文.
- 巳火 官爻가 子月에 休囚되고, 空亡을 만나니 眞空이다.
- 動은 움직임이며, 動하여 化出된 것은 動한 자의 흔적이다.
- 六爻에서 巳火 官爻가 動한 것은 영가(靈駕)의 움직임을 말하고, 化出된 자가 父가 되니, 부모의 영가다.
- 二爻와 六爻에 交重된 巳火 官爻가 動하는 것은 부모의 영가가 집 주변을 배회(徘徊)하고 있는 象이다.

何如知章 訟事 · 紛爭編 (하여지장 송사 · 분쟁편)

原 官署訟起 何如知, 日月應殺 動克世.

解 국가기관으로부터 송사나 처벌이 있는 것을 어떻게 아는가? 日이나 月이 鬼殺을 帶하고, 應爻에서 動하여 世爻를 克傷시킨다.

說 日 · 月은 국가기관, 큰 세력에 비유한다. 日 · 月이 世爻를 克하는 것은 바람직한 일이 아니다. 日이나 月이 卦 中에서 動하는 것은 좀 더 적극적인 행동이다. 그러므로 日이나 月이 鬼殺을 帶하고, 應爻에서 動하여 世爻를 克傷시키는 것으로 판단한다.

地澤臨 ! 山澤損

寅月 癸未日

○孫酉 官寅 X 應
財子 //
兄戌 //
兄丑 // 世
官卯 /
父巳 /

- 神算六爻 例文.
- 年月日은 큰 세력에 해당한다.
- 應이 세력을 업고 發動하여 克世하니, 큰 세력이 나를 덮치는 것과 같다.
- 官災를 벗어나기 어렵다.
- 寅月에 丑土 世爻가 日辰의 冲을 당해 日破가 된다.
- 破는 부서짐을 말한다.
- 관재(官災)를 면(免)하기 어렵다.

火山旅 ! 雷山小過

官巳 父戌 X
兄申 //
○官午 / 世
兄申 /
○官午 //
父辰 // 應

戌月 丁亥日

● 神算六爻 例文.

● 四爻 午火 世爻가 亥日의 克을 받고, 六爻에서 發動한 戌月에 入庫되니 凶하다.

● 그리고 午火 世爻는 空亡이니 眞空이다.

● 日이나 月은 큰 세력이기도 하다.

● 큰 세력이 動하여 午火 世爻를 入庫시키니 피하기가 어렵다.

● 世爻 空亡은 내 위치를 지키지 못한다는 뜻이고, 入庫가 되는 것은 구금, 구속되는 모양이다.

● 구속된 사람이 얻은 卦다.

何如知章 訟事 · 紛爭編 (하여지장 송사 · 분쟁편)

原 訟事休止 何如知, 應殺休囚 衰絶空.

解 송사가 중지되는 것을 어떻게 아는가?
應爻에 있는 鬼殺이 日月에 休囚되거나 空亡이 된다.

說 應爻는 나의 배경, 나와 대치하고 있는 대상이다. 鬼殺은 官鬼를 말하는 것이 아니고, 나를 克害하는 자다. 眞空은 소멸이다. 鬼殺이 日月에 破絶되면 부서지는 것과 같다. 그러므로 應爻가 日月에 破絶되거나 眞空이 되면 訟事가 끝난다고 판단한다.

水風井 ! 巽爲風

文子 兄卯 X 世
孫巳 /
財未 //
○官酉 / 應
父亥 /
財丑 //

亥月 辛巳日

- 神算六爻 例文.
- 六冲卦다.
- 서로 대치하고 있는 모양이다.
- 三爻에서 酉金 官爻가 亥月에 休囚되고, 巳日의 克을 받아 空亡이니, 眞空이다.
- 眞空은 소멸을 뜻하니, 관재, 송사가 물러간다.

!山澤損	
◦官寅 / 應	申月
財子 //	
兄戌 //	戊申日
兄丑 // 世	
◦官卯 /	
父巳 /	

● 神算六爻 例文.

● 이 卦에서 申 · 酉月, 戊申日이면 六爻 官爻가 月破, 月의 克에 日破를 당하고, 空亡이니 완전히 무기력(無氣力)하다.

● 己酉日이면 月日의 克을 당하고, 空亡이니 마찬가지다.

● 관재(官災)가 완전히 해소(解消)되니, 송사가 해결되거나 끝났다 하겠다.

何如知章 訟事 · 紛爭編 (하여지장 송사 · 분쟁편)

原 口舌到來 何如知, 破絶兄爻 來克世.

解 구설이 일어나는 것을 어떻게 아는가?
破絶된 兄爻가 發動하여 克世한다.

說 兄爻가 動하면 반드시 재물이나 처에게 손상을 입힌다. 그러나 休囚破絶된 兄爻는 그렇지 못하다. 動하는 것은 행동하는 것이다. 무력(無力)한 爻는 動하나, 他爻를 克傷할 수 없다. 그러므로 無力한 兄爻가 動하나 아무것도 生하거나 克할 수 없으니, 쓸데없는 몸부림에 지나지 않는다. 그래서 구설이 일어난다고 판단한다.

雷水解 ! 澤水困

		亥月 巳日
	父未 //	
兄申	兄酉 X	
	○孫亥 / 應	
	官午 //	
	父辰 /	
	財寅 // 世	

- 神算六爻 例文.
- 五爻에서 酉金 兄爻가 亥月에 休囚되고, 巳日에 克을 받으며 動하여, 申金 兄爻를 化出하니 退神이다.
- 酉金 兄爻가 初爻에 持世한 寅木 財爻를 탐(貪)하고자 하나, 無力하여 탐하지 못한다.
- 멀리서 쓸데없는 몸짓과 헛소리만 하고 있는 모습이다.
- 朱雀은 관재, 구설을 주관하는 자다.
- 현재 구설이 분분(紛紛)한 사람이 얻은 卦다.

地山謙 ! 艮爲山		
朱	◦孫酉官寅 X 世	
靑	財子 //	
玄	兄戌 //	
白	◦孫申 / 應	戊寅日
匕	父午 //	
句	兄辰 //	

- 神算六爻 例文.
- 官鬼가 持世한 경우는 木官이 朱雀을 帶하고 있어야, 전형적인 구설지상(口舌之象)이다.
- 朱雀은 새이므로, 나무에서 주로 생활한다.
- 그러나 官爻에 朱雀이 붙었다고 口舌이 있는 것은 아니다.
- 發動해야 한다. 發動은 실천이다.
- 寅木 官爻가 朱雀을 帶하고 發動, 酉金 孫爻를 化出하면서 回頭克을 당한 꼴이다.
- 여기서 내가 占친 날이 寅月이면, 寅木이 강해 回頭克이 안 된다.
- 자식이나 어린아이로 인한 구설을 당한다.
- 占친 날이 申 · 酉月이면 寅木이 약하고, 酉金이 강해 回頭克이다.
- 국가기관을 능멸(凌蔑)하거나 귀신, 신앙의 대상을 비하(卑下)하여 생긴 구설이 있다.

何如知章 訟事 · 紛爭編 (하여지장 송사 · 분쟁편)

原 書類紛失 何如知, 卦中文書 遇破空.

解 문서나 서류를 잃어버리는 것을 어떻게 아는가?
卦 中에서 父爻가 空亡이 되거나 破絶이 된다.

說 父는 문서이다. 空亡은 그 자리가 잠시 비어 있는 것이고, 眞空은 그 자리를 아예 치워 버린 것을 뜻한다. 그러므로 空亡은 出空 후에 분실물(紛失物)이 돌아오나, 眞空은 이미 소멸되었으니 돌아오지 않는다고 판단한다.

火山旅 ! 火地晉

官巳 /
○父未 //
兄酉 / 世
兄申 財卯 ※
官巳 //
○父未 // 應

未月 辛卯日

- 神算六爻 例文.
- 五爻에 있는 未土 父爻가 未月에 旺하나, 卯日이 發動하여 克父하고 空亡이니, 문서를 분실하였다.
- 未土 父爻가 未月에 旺하니 旬空이다.
- 空亡者는 出空日에 문서를 찾는다.
- 그러나 忌神인 卯木 財爻가 發動하여 克父하나, 申金을 化出, 回頭克이 된다.
- 卯木 財爻를 回頭克시키는 申日에 찾는다.

風火家人 ! 水火旣濟	
孫卯 兄子 〤應	亥月 甲戌日
官戌 /	
◦父申 //	
兄亥 / 世	
官丑 //	
孫卯 /	

- 神算六爻 例文.
- 四爻에서 申金 父爻가 用神이다.
- 실물점(失物占)에서는 用神이 旺하면 찾는데 유리하고, 用神이 衰絶되면 찾지 못한다.
- 申金 父爻가 戌日에 生을 받아 旺하나, 현재 空亡이므로 문서가 감춰진 것과 같다.
- 실물점(失物占)에서 空亡者는 出空日에 출현하는 경우가 많으나, 沖動하는 날 나타나는 경우도 있다.
- 寅日에 찾거나, 甲申日에 찾는다.

何如知章 訟事 · 紛爭編 (하여지장 송사 · 분쟁편)

原 訟事官災 何如知, 應帶官動 損世爻.

解 송사나 관재가 일어나는 것을 어떻게 아는가?
應爻에서 官鬼가 旺動하여 世爻를 損傷시킨다.

說 官鬼는 재앙이다. 應爻는 나의 배경인데, 應爻에 官鬼가 있으면 나의 배경에 적(敵)이 있다는 뜻이다. 그러므로 動하여 克世하면 내 배경으로부터 발생한 敵으로 인하여 쟁송(爭訟)에 이르게 된다고 판단한다.

地山謙 ! 地火明夷

靑	父酉 //		亥月 丁未日
玄	兄亥 //		
白	官丑 //	世	
七	兄亥 /		
句	官丑 //		
朱	官辰◦孫卯 X	應	

- 神算六爻 例文.
- 보통 사람의 占에서 官爻가 持世하는 것은 아름답지 못하다.
- 官爻 持世는 내 신상(身上)의 관재, 질병이나 그늘을 예시하기 때문이다.
- 初爻에서 卯木 孫爻가 朱雀을 帶하고 發動, 克世하니 재앙을 의미한다.
- 그리고 四爻 丑土 世爻는 亥月에 休囚되고, 日破를 당하니 반드시 관재가 있다.
- 沖者는 合日에 應하니, 庚子日을 주의하라.

何如知章 訟事 · 紛爭編 (하여지장 송사 · 분쟁편)

原 物件失脫 何如知, 帶鬼應爻 動克世.

解 물건을 잃어버리는 것을 어떻게 아는가?
應爻에서 鬼殺이 動하여 世爻를 克한다.

說 문복(問卜)하는 입장에서는 克하는 자가 鬼殺이다. 應爻는 나를 지목(指目)하거나 내가 지목하는 자다. 應爻에서 克하는 자가 움직여, 世爻를 克傷시키는 것은 나에게 손실을 주기 위해서다. 그러므로 應爻에서 鬼殺이 動하여 世爻를 克하면 도적을 만난다고 판단한다.

水雷屯 ! 風雷益

◦父子 兄卯 X 應
孫巳 /
財未 //
財辰 // 世
兄寅 //
◦父子 /

亥月 乙卯日

- 神算六爻 例文.
- 財爻의 鬼殺은 兄爻다.
- 財爻가 持世하고 있는 것은 현재 내가 일정 금액을 소유하고 있다는 뜻도 된다.
- 六爻에서 應인 卯木 兄爻가 旺動하여 世爻의 위치에 있는 財를 탈취(奪取)하는 모습이다.
- 반드시 손재(損財)가 있겠다.
- 현재는 卯木 兄爻가 動하여, 化出된 子水 父爻가 空亡이니 무방하지만, 出空하는 甲子日이 불안하다.
- 과연 甲子日에 지갑을 잃어버린 사람이 얻은 卦다.

何如知章 訟事 · 紛爭編 (하여지장 송사 · 분쟁편)

原 拘禁之厄 何如知, 日月官庫 用入庫.

解 구금이나 구속되는 것을 어떻게 아는가?
日 · 月 官鬼가 卦 中에서 動하여 用神을 入庫시킨다.

說 日辰은 占을 주관하는 자다. 月은 爻의 旺衰를 관장(管掌)하는 자다. 日月이 卦 中에서 發動하여 他爻를 生克하는 것은 그 비중이 크다. 日月이 庫를 帶하고 卦中에서 發動하여 他爻를 入庫시키는 것은 세력이 있는 곳에서 그 爻에 해당하는 六親을 잡아 가둔다는 의미를 갖는다.

日 · 月 官庫는 재앙이나 적을 잡아 가두는 곳이다. 日月 官鬼가 動하여 卦 中의 爻를 入庫시키는 것은 그 爻에 해당하는 六親이 범법행위(犯法行爲)를 하여 구속되었다고 판단한다.

坤爲地 ! 地水師

父酉 // 應
兄亥 //
○官丑 //
財午 // 世
財巳 官辰 X
孫寅 //

辰月 乙卯日

● 神算六爻 例文.

● 二爻에서 辰月이 官鬼를 帶하고 發動하는 것은 他爻를 生하거나 克하기 위해서다.

● 六爻에 있는 酉金 父爻는 辰月에 生扶를 받고, 卯日의 沖을 받아 暗動이다.

● 五爻에 있는 亥水 兄爻는 辰月에 克을 받고 卯日에 休囚되니, 亥水 兄爻가 바로 문제(問題)의 爻다.

● 亥水가 六親으로 형제에 해당하니, 형제가 구속되거나, 水命人이 아니면 가장(家長)이 법적인 처벌을 받는 卦다.

● 五爻는 가장의 위치이기 때문이다.

何如知章 訟事 · 紛爭編 (하여지장 송사 · 분쟁편)

原 罰金過重 何如知, 日月兄動 世克破.

解 세금이나 벌금이 과중한 것을 어떻게 아는가?
日月이 兄爻를 帶하고 卦 中에서 動하여 世爻를 괴롭힌다.

說 日月은 세력이 있는 곳으로 국가기관에 비유되기도 한다. 日月이 卦 中에서 兄爻를 帶하고 發動하여 世爻를 冲克하면, 권력기관에서 나를 핍박해 재물을 가져가는 형상이다. 그러므로 세금을 강제 징수당한다고 판단한다.

風澤中孚 ! 風雷益

	兄卯 / 應	亥月
	孫巳 /	
	財未 //	丙寅日
	財辰 // 世	
兄卯	兄寅 X	
	父子 /	

- 神算六爻 例文.
- 二爻 방효(傍爻)에서 寅日이 動하여 世 上의 財爻를 겁탈(劫奪)해가는 象이다.
- 日月은 국가기관에 비유된다.
- 寅日이 卦 中에서 動하여 克世하는 것은 국가기관에서 나를 통제하는 것과 같다.
- 세금포탈(稅金逋脫)로 재산에 가압류 당한 사람의 卦다.

何如知章 財數編 (하여지장 재수편)

原 大富之人 何如知, 財爻旺相 庫持世.

解 큰 재산가인 것을 어떻게 아는가?
財爻가 旺相한데, 世爻가 財庫를 가지고 動한다.

說 財는 재물이다. 財庫는 재물을 끌어 담는 창고다. 旺한 財가 持世한 財庫에 入庫되면, 많은 재물이 나의 창고에 쌓이는 모습이다. 그러므로 旺相한 財庫가 持世하고 動하면 주위의 재물을 끌어 모으는 것과 같으니 큰 부자라고 판단한다.

地水師！地天泰

孫酉 // 應
財亥 //
兄丑 //
○父午 兄辰 X 世
官寅 /
官寅 財子 X

申月 戊子日

- 神算六爻 例文.
- 子日 財爻가 初爻에 臨하고, 五爻 亥水 財爻가 있다.
- 申月이 生財하니 財가 매우 旺하고, 여기저기 흩어져 있는 모양이다.
- 三爻에서 辰土 水庫가 持世하여 發動하니, 사방(四方)에 있는 재물을 끌어 들이는 모양이다.
- 대부호(大富豪)가 틀림없다.

! 地天泰	
孫酉 // 應 財亥 // 兄丑 // 兄辰 / 世 ◦官寅 / 財子 /	巳月 庚戌日

● 神算六爻 例文.

● 地天泰 卦는 兄爻가 持世하나, 六十四卦 중에서 가장 좋은 卦다.

● 財가 여기저기 널려 있을 때는 주워 담을 수 있는 財庫가 있어야 큰 부자라 할 수 있다.

● 三爻 辰土 兄爻가 發動하면, 退神이 되니 아름답지 못하다.

● 돈이 들어온다고 할 수 없다.

● 만일 退神이라도, 動爻 辰土가 日月의 生扶를 받아 旺하면, 退神이라 하지 않는다.

● 이 卦에서 三爻 兄爻가 發動하지 않아도, 暗動이다.

● 여기저기 흩어진 재물을 소비하는 卦다.

火風鼎 ! 雷風恒	
孫巳 財戌 X 應 官申 // 孫午 / 官酉 / 世 父亥 / 財丑 //	午月 乙未日

● 神算六爻 例文.

● 三爻에서 酉金 官爻가 持世하였는데, 六爻에서 戌土 財爻가 旺動하여 世爻를 生한다.

● 또 初爻에서 丑土 財爻가 暗動하여 世爻를 生하니, 재물이 여러 곳에서 모이는 형상이다.

● 여러 개의 기업을 운영하는 사람이 얻은 卦다.

何如知章 財數編 (하여지장 재수편)

原 外地得財 何如知, 外財旺動 生克世.

解 타지방이나 외국에서 재물이 들어오는 것을 어떻게 아는가? 旺相한 財가 外卦에서 動하여 世爻를 生克한다..

說 外卦는 밖이고, 內卦는 안이기 때문에, 外卦 財는 밖에서 버는 돈을 말한다. 그러므로 外卦에서 旺한 財爻가 動해 生世, 克世하면 밖에서 돈이 들어오거나 밖에서 돈을 버는 것으로 판단한다.

乾爲天 ! 風天小畜

○兄卯 /
孫巳 /
孫午 財未 ╳應
財辰 /
○兄寅 /
父子 / 世

申月 丁未日

- 神算六爻 例文.
- 外卦 財爻는 무역업으로 돈을 벌거나, 지방에서 돈을 번다는 뜻이다.
- 그러나 發動해야 밖에서 돈이 들어온다고 본다.
- 外卦 四爻에서 未土 財爻가 發動, 克世하니 큰돈이 들어온다.
- 그러나 世爻가 약하면 들어오는 돈을 감당하지 못한다.
- 이때는 돈(錢)으로 말미암은 재앙이 생긴다.
- 이 卦에서는 世爻가 月의 生을 받으니 旺하다.
- 또 申月은 世爻의 原神이기도 하다.
- 原神이 없으면 좋지 않다.

離爲火 ! 天火同人

朱　　孫戌 / 應
青 孫未 財申 X
玄　　兄午 /
白　　官亥 / 世
匕　　○孫丑 //
句　　父卯 /

申月 戊午日

● 神算六爻 例文.

● 外卦인 五爻에서 申金 財爻가 靑龍을 帶하고 發動하여, 未土 孫爻를 化出하면서, 三爻 亥水 世爻를 生하니 外財가 많이 불어나겠다.

● 申金 財爻가 午日에 驛馬이니, 무역업으로 돈을 벌겠다.

● 外卦 乾宮은 他宮 外卦이므로, 먼 곳과의 무역이다.

風山漸 ! 風地觀

財卯 /
官巳 /
父未 // 世
兄申 財卯 X
官巳 //
父未 // 應

子月 丁巳日

● 神算六爻 例文.

● 본시(本是) 交重卦는 동업점(同業占)에서 많이 본다.

● 交重된 爻는 一位의 爻가 動하면 靜한 一位의 爻도 같이 動한 것으로 간주하기 때문에, 他爻의 두 배의 기량(技倆)이 나타난다.

● 이 卦의 三爻와 六爻에서 卯木 財爻가 交重되어 있다.

● 交重은 사안(事案)의 연계(連繫)됨을 나타낸다.

● 외국에도 공장을 세워 사업을 경영하는 사람이 얻은 卦다.

何如知章 財數編 (하여지장 재수편)

原 事業繁昌 何如知, 旺相財爻 生克世.

解 사업이 순조롭게 잘되는 것을 어떻게 아는가?
旺相한 財爻가 世爻를 生하거나 克한다.

說 財爻가 旺相한 것은 재물이 많거나 많아진다는 조건의 하나다. 재수(財數)는 財爻가 動하여 世爻를 生하거나 克하는 경우에 이루어진다. 그러므로 旺한 財爻가 動하여 世爻를 生世 또는 克世하는 것으로 판단한다.

澤火革 ! 澤地萃

寅月 辛亥日

```
        父未 //
        兄酉 / 應
        孫亥 /
孫亥  ○財卯 X
        官巳 // 世
○財卯  父未 X
```

- 神算六爻 例文.
- 三爻와 初爻에서 卯木 財爻와 未土 父爻가 發動하여, 三合 財局을 이루어 二爻 巳火 世爻를 生하니, 사업이 잘되는 집이다.
- 財爻의 旺衰는 日月의 生克制化로 분별함이 옳다.
- 육수(六獸)로 旺衰를 논하는 것은 옳지 않다.
- 財爻에 꼭 靑龍이 붙어 있어야만 그렇다는 것은 아니다.
- 다만 財爻가 靑龍을 帶하면 금상첨화(錦上添花)라 할 수 있다.

! 風雷益	
兄卯 / 應 孫巳 / 財未 // 財辰 // 世 兄寅 // 父子 /	午月 庚辰日

- 神算六爻 例文.
- 三爻에서 辰土 財爻가 持世하고 있는데, 日月이 生하니 매우 旺하다.
- 原神인 五爻 巳火 孫爻가 月의 生扶를 받아 旺하다.
- 재물이 현재(現在)보다는 늘어난다.
- 그러나 생업(生業)으로는 불어나지 않는다.
- 應爻에 兄爻가 있기 때문이다.

! 天地否
父戌 / 應 兄申 / 官午 / 財卯 // 世 官巳 // 父未 //

- 神算六爻 例文.
- 三爻에서 卯木 財爻가 持世한 것은 현재 내가 돈을 가지고 있다는 뜻이다.
- 그러나 原神 孫爻가 없으니, 내가 돈을 가지고 있을 뿐, 늘어나지는 않는다.
- 여기서 五爻 申金 兄爻가 發動하면 지금 내가 갖고 있는 돈을 탕진(蕩盡)하게 된다.
- 그러나 만일 月日이 孫爻 原神이면 재물의 증식(增殖)이 있다.

何如知章 財數編 (하여지장 재수편)

原 增不動産 何如知, 句陳父帶 動克世.

解 부동산이 늘어나는 것을 어떻게 아는가?
旺相한 父爻가 句陳을 帶하고 動하여, 世爻를 生克한다.

說 句陳은 토지(土地)와 관련되는 神이다. 父는 문서(文書)다. 子孫은 재물을 낳으니 부동산이다. 子孫은 복덕(福德), 희열(喜悅)의 神이라, 不動産을 사들여 기쁨이 생기는 것으로 본다. 그러므로 土에 句陳과 孫爻가 臨하면 부동산(不動産)이 증가(增加)한다고 판단한다.

離爲火 ! 火山旅

朱	兄巳 /	午月 戊午日
靑	孫未 //	
玄	財酉 / 應	
白	財申 /	
匕	兄午 //	
句	父卯 孫辰 X 世	

- 神算六爻 例文.
- 子孫은 부동산이다.
- 財의 原神으로 재물을 생산할 수 있는 것이기 때문이다.
- 初爻에서 辰土 孫爻가 持世하여, 句陳을 帶하고 發動, 父爻를 化出하니, 나에게 문서가 따라 오는 象이다.
- 따라서 부동산이 늘어난다고 하겠다.

火天大有 ! 火風鼎		
朱	兄巳 /	
青	孫未 // 應	戌月
玄	財酉 /	
白	財酉 /	戊申日
匕	官亥 / 世	
句 官子	孫丑 〤	

● 神算六爻 例文.

● 농지나 사업장을 子孫으로 판단한다.

● 孫爻가 財爻의 原神으로 재물을 생산하는 곳이기 때문이다.

● 그래서 전답이나 부동산을 子孫으로도 본다.

● 初爻에서 丑土 孫爻가 句陳을 帶하고 發動하여 克世하니, 부동산을 사들인다.

● 모든 소원점(所願占)은 持世, 生世, 克世를 연구하지 않으면 논할 필요가 없다.

巽爲風 ! 風天小畜	
兄卯 /	
孫巳 /	午月
財未 // 應	
財辰 /	己未日
兄寅 /	
○財丑○父子 〤 世	

● 神算六爻 例文.

● 初爻 子水 父爻가 午月에 月破이고, 未日의 克을 받고 發動해 丑土 財를 化出, 回頭克을 받으니 凶하다.

● 현재는 丑土 財爻가 空亡이라 괜찮으나, 出空하는 丑日에 凶한 일을 당한다.

● 부동산매매 문제로 병(病)을 얻은 사람이 얻은 卦다.

● 父爻가 持世하여 破絶되었기 때문에 문서나 계약(契約)으로 인하여 변고(變故)가 일어나는 卦다.

水雷屯 ! 水澤節

兄子 //
官戌 /
○父申 // 應
官丑 //
孫寅 孫卯 ╳
財巳 / 世

亥月 己卯日

● 神算六爻 例文.

● 初爻에서 巳火 財爻가 持世하여 亥月에 月破를 당하나, 卯日이 生하니 月破라 하지 않는다.

● 卯日이 財의 原神인 孫爻를 帶하고, 卦 中 二爻에서 發動했다.

● 그리고 寅木을 化出하여 退神이 되는 형상이지만, 旺한 爻는 물러가지 않는다.

● 日辰 孫爻가 原神이 되어 世爻 巳火 財를 生하여 주니 많은 돈이 들어오는 卦다.

● 四爻에 있는 申金 父爻는 亥月에 休囚되어 無氣한데 空亡이 되니 眞空이다.

● 문서의 소멸로 인한 재물의 취득이다.

天地否 ! 火地晋

官巳 /
兄申 父未 ╳
兄酉 / 世
○財卯 //
官巳 //
父未 // 應

戌月 辛亥日

● 神算六爻 例文.

● 문서(재산)를 취득하는 데는 경제적 부담이 있다.

● 四爻에서 酉金 兄爻가 持世하고 있는 것은 경제적 어려움을 나타낸다.

● 五爻에서 未土 父爻가 旺動하여 世爻를 生하여 주는 것은 문서를 얻는다는 뜻이므로, 문서를 얻기 위해서 경제적 부담이 있다는 괘다.

澤火革 ! 澤雷隨	
	財未 // 應
	官酉 /
	父亥 /
父亥	財辰 X 世
	兄寅 //
	父子 /

● 神算六爻 例文.

● 三爻에서 辰土 財爻가 持世하고 發動, 亥水 父를 化出하니, 재산 취득의 卦다.

● 世(當事者)와 인연이 있는 것은 持世, 克世, 生世를 말한다.

● 世爻에서 財爻가 動하는 것은 내 위치나 내 환경에서 재물이 움직이는 모습이다.

● 또 世爻에서 辰土 父庫가 動하여 父爻를 入庫시키는 것은 내가 문서를 취득하여 담는다는 뜻이기도 하나, 부모에게 재앙이 일어나는 卦에 가깝다.

何如知章 財數編 (하여지장 재수편)

原 業外財得 何如知, 傍財發動 生克世.

解 직업 외의 재물을 모으는 것을 어떻게 아는가?
傍爻에서 旺相한 財爻가 動하여 世爻를 生克한다.

說 방효(傍爻)에서 財爻가 動하는 것은 직업(職業) 외의 재물이 외처(外處)에서 일어나는 것을 뜻한다. 그러므로 재물과의 인연은 生世, 克世로 판단한다.

水地比 ! 風地觀

孫子 財卯 X
官巳 /
父未 // 世
財卯 //
官巳 //
父未 // 應

巳月 丙寅日

- 神算六爻 例文.
- 六爻에서 卯木 財爻가 旺하고 發動, 克世하니 반드시 外處에서 재물을 모은다.
- 卯木이 日辰에 도화(桃花)가 되고, 動하여 子水 孫爻를 化出, 子卯刑을 이뤘다.
- 미색(美色)으로 돈을 벌거나, 곱게 치장(治粧)하는 물건을 판매하는 일이다.
- 이 卦는 財爻의 原神인 孫爻가 없다.
- 原神이 없는 자는 지속적이거나 영구적이지 못하다.
- 단기적(短期的)인 사업이다.

何如知章 財數編 (하여지장 재수편)

原 事業甚難 何如知, 旺兄持世 世爻動.

解 사업이 많이 어려운 것을 어떻게 아는가?
旺相한 兄爻가 持世하였는데, 다시 發動한다.

說 兄은 財를 冲克하는 破財의 神이다. 兄爻가 持世하면 財가 나를 두려워하는 象이라 재수(財數)를 말하기 어렵다. 그러므로 持世한 兄爻가 旺動하면, 내가 재물을 내쫓으니 사업이 어렵다고 판단한다.

水風井 ! 巽爲風

父子 兄卯 X 世
孫巳 /
財未 //
○官酉 / 應
父亥 /
財丑 //

亥月 丁丑日

- 神算六爻 例文.
- 兄爻는 財의 鬼殺로 財를 핍박하는 자다.
- 六爻에서 卯木 兄爻가 持世하고, 發動하는 것은 財가 내 주위에 오는 것을 차단하며 내쫓는 모습이다.
- 따라서 사업이 잘 되지 않는다고 판단한다.

何如知章 財數編 (하여지장 재수편)

原 家勢貧寒 何如知, 旺相兄爻 持世爻.

解 재물의 소득이 없음을 어떻게 아는가?
日月에 生扶를 받아 旺相한 兄爻가 世爻에 있다.

說 兄爻는 財를 克하는 자로 財와는 인연이 멀다. 旺한 兄爻가 世爻에 있는 것은 내 환경이나 내가 재물을 거부하고 있는 것과 같아 경제적으로 어려움이 있다고 판단한다.

風火家人 ! 水火旣濟

孫卯 兄子	Ⅹ應		申月
官戌	/		
父申	//		
兄亥	/	世	己亥日
官丑	//		
孫卯	/		

- 神算六爻 例文.
- 三爻에서 亥水 兄爻가 持世했다.
- 申月이 生하고 日辰을 帶하고 있어 世爻 兄爻가 旺相하다.
- 六爻 應爻에서도 兄爻가 旺動하여 재물을 찾고 있는 象이다.
- 직장운(職場運)도 활발하지 못하고, 생활이 어려운 이가 얻은 卦다.

何如知章 財數編 (하여지장 재수편)

原 堂主破財 何如知, 旺相兄爻 持世動.

解 재물을 소비하고 있음을 어떻게 아는가?
旺相한 兄爻가 世 上에서 發動한다.

說 兄爻는 財를 克하는 자다. 世爻에서 兄爻가 旺動하는 것은 財를 내 위치에서 내쫓는 것과 같으며, 주위 환경에 있는 財를 손상시키니, 재물의 소비가 많다고 판단한다.

水風井 ! 巽爲風

父子○兄卯 X 世
孫巳 /
財未 //
官酉 / 應
父亥 /
財丑 //

亥月 乙巳日

- 神算六爻 例文.
- 본시(本是) 兄爻가 持世하면 財數를 말하지 말아야 한다.
- 世爻에서 兄爻가 動하는 것은 내 주변에 있는 재물에 손상(損傷)을 입히고 있다는 의미다.
- 世와 應 사이에 있는 未土 財爻는 내 환경에서 동원(動員)되는 財이며,
- 世爻와 應爻 사이를 벗어난 丑土 財爻는 내 환경 밖의 財다. 사채(私債)라 하겠다.
- 돌아오는 卯月이 크게 凶하다.
- 과연 卯月에 파산(破産)한 사람이 얻은 卦다.

何如知章 財數編 (하여지장 재수편)

原 財原兩處 何如知, 內外兩財 初在孫.

解 재물이 들어오는 곳이 여러 곳임을 어떻게 아는가?
財爻가 內·外卦에 있는데, 初爻에서 財爻를 生扶한다.

說 動하는 것은 움직이고 있는 것이다. 卦 中에서 二位의 爻가 動하는 것은 두 곳의 움직임이다. 그러므로 財爻 二位가 發動하여 生世하거나 克世하면 두 곳에서 재물이 들어온다고 판단한다.

風火家人 ! 山火賁

	°官寅 /	申月 乙巳日
父巳	財子 ⅹ	
	兄戌 // 應	
	財亥 /	
	兄丑 //	
	°官卯 / 世	

● 神算六爻 例文.

● 三爻는 世爻와 應爻 사이에 있는 爻로 間爻라 한다.

● 間爻인 亥水 財爻가 申月에 生을 받아 旺한데, 乙巳日에 沖을 받으니, 暗動이다.

● 間爻가 動하여 生克하는 것은 나와 내 생활반경(生活半徑)에서 벌어지는 吉凶이다.

● 三爻에서 亥水 財爻가 暗動하여 世爻를 生하는 것은 내 직장이나 사업장에서 발생하는 수입이다.

● 방효(傍爻)는 世爻와 應爻의 사이를 벗어난 자이니, 내 배경을 벗어난 곳이다.

● 五爻에서 子水 財爻가 動하여 世爻를 生하는 것은 생업(生業) 이외의 다른 곳에서 수입(收入)이 발생하는 것이다.

● 직장생활을 하며 조그마한 건물을 가지고 임대업을 하는 사람이 얻은 卦다.

何如知章 財數編 (하여지장 재수편)

原 財散多處 何如知, 內外兄爻 動克世.

解 재물이 여러 곳에서 흩어지고 있는 것을 어떻게 아는가?
初爻에서 生扶를 얻고 있는 兄爻가 內·外卦에서 動한다.

說 兄爻는 재물을 손상시키는 자다. 兄爻가 動하는 것은 현재 재물의 소비를 나타내는 것이다. 兄爻가 內·外卦에서 動하는 것은 재물이 여러 곳에서 소진(消盡)되고 있다고 판단한다.

水火旣濟 ! 風火家人	
父子 兄卯 ╳	子月 丁丑日
孫巳 / 應	
財未 //	
父亥 /	
財丑 // 世	
兄卯 /	

● 神算六爻 例文.

● 兄爻가 방효(傍爻)에서 交重 發動되는 것은 내 사업장이나 생활환경을 벗어난 지역에서의 손재(損財)를 나타낸다.

● 初爻와 六爻에서 兄爻가 交重 發動하여, 世爻에 있는 丑土 財爻를 겁탈(劫奪)해가니, 大凶하다.

● 내 생업(生業)이 아닌 주식투자와 기획부동산의 권유로 부동산에 투자해 어려움을 당하고 있는 사람이 얻은 卦다.

何如知章 財數編 (하여지장 재수편)

原 創業成功 何如知, 應財旺動 生世身.

解 창업하여 성공하는 것을 어떻게 아는가?
應爻에 財爻가 있어 發動하여 世爻를 生扶한다.

說 개업(開業)이나 창업(創業)은 世爻와 應爻를 중시해야 한다. 世爻가 空亡이면 내가 능력이 부족하거나 성의(誠意)가 없으며, 應爻가 空亡이면 손님이나 내 사업의 대상이 성의가 없다. 그러므로 應爻가 財爻를 帶하고 旺動하여 世爻를 生하면 반드시 창업하여 성공한다고 판단한다.

火風鼎 ! 雷風恒

		午月 甲戌日
孫巳 財戌	✕應	
○官申	//	
孫午	/	
○官酉	/ 世	
父亥	/	
財丑	//	

- 神算六爻 例文.
- 世爻는 내 위치다.
- 應爻는 매장이다.
- 六爻에서 應爻가 戌土 財爻를 帶하고 旺動하는 것은 매장(賣場)에 손님과 재물의 움직임이 왕성(旺盛)하다는 의미를 갖는다.
- 應爻가 動하여 世爻를 生하니, 매장에서 발생하는 재물을 내가 얻는다.
- 현재는 世爻가 空亡이다.
- 出空하는 甲申日부터 大吉하다 하겠다.
- 창업하여 성공한 사람이 얻은 卦다.

何如知章 財數編 (하여지장 재수편)

原 創業失敗 何如知, 應位破空 兄世犯.

解 창업하여 실패하는 것을 어떻게 아는가?
應爻가 破絶되고 世爻에 兄爻가 있다.

說 應爻는 내 사업의 대상이다. 應爻가 空亡이면 내 사업의 대상이 없는 것과 같고, 世爻에 兄爻가 있으면 재물의 취득이 어렵다. 그러므로 應爻가 空亡이 되고, 世爻에 兄爻가 있게 되면, 창업에 실패한다고 판단한다.

澤水困 ! 坎爲水

子月 丙戌日

兄子 // 世
官戌 /
兄亥 父申 X
○財午 // 應
官辰 /
孫寅 //

- 神算六爻 例文.
- 六爻에서 子水 兄爻가 持世하여 지나치게 旺相하니, 재수(財數)를 거론(擧論)하기 어렵다.
- 三爻 應爻에 午火 財爻가 있으나, 子月에 月破되고 空亡이니 眞空이다.
- 창업한 후 실패한 사람이 얻은 卦다.

何如知章 財數編 (하여지장 재수편)

原 近親損財 何如知, 間爻兄爻 動克世.

解 집안 식구나 가까운 사람으로부터 손재를 당하는 것을 어떻게 아는가?
間爻에서 兄爻가 動하여 世爻를 克한다.

說 間爻나 內卦의 육친(六親)은 내 주변 친구나 가까운 형제다. 間爻나 內卦에서 兄爻가 動하여 世爻를 克하면, 가까운 형제나 친구에게 금전적 손실이 있다고 판단한다.

火地晋 ! 天地否

	父戌 / 應		亥月
父未	兄申 X		
	官午 /		
	財卯 // 世		乙卯日
	官巳 //		
	父未 //		

- 神算六爻 例文.
- 世·應 사이에 있는 爻를 間爻라 한다.
- 世爻와 應爻 사이는 내 생활반경이다.
- 五爻에서 兄爻가 動한 것은 내 주변 사람의 움직임이다.
- 五爻에서 申金 兄爻가 動하여 世爻를 克한 것은 친구로부터의 손재(損財)를 예시한다.
- 가까운 친구로부터 재물의 손실을 당한 사람의 卦다.

何如知章 家宅編 (하여지장 가택편)

原 人事不來 何如知, 世應俱落 空亡排.

解 오고 가는 인적이 없는 것을 어떻게 아는가?
世爻와 應爻가 같이 空亡이 된다.

說 世爻는 내 위치이다. 應爻는 나를 찾는 손님, 내 배경이다. 그러므로 世爻가 空亡이면 내가 사람을 만날 뜻이 없다. 應爻가 空亡이면 나를 찾는 사람이 없고, 내가 활동할 배경도 없다고 판단한다.

水地比 ! 風地觀

孫子 財卯 X
官巳 /
○父未 //世
財卯 //
官巳 //
○父未 //應

亥月 辛卯日

- 神算六爻 例文.
- 世爻는 내 위치이고, 應爻는 내 배경이며 주위환경이다.
- 世爻가 空亡이면 내 행동이 소극적이며, 應爻가 空亡이면 주위 배경이 비어 있는 것과 같다.
- 世爻와 應爻에 있는 未土 父爻가 亥月에 休囚되고, 六爻에서 卯日이 發動, 世爻와 應爻를 克하고 있는데, 未土 父爻가 空亡이니 眞空이다.
- 이 집에 오는 사람도 없고, 가는 사람도 없다 하겠다.

何如知章 家宅編 (하여지장 가택편)

原 家中侵水 何如知, 三爻水庫 破絶空.

解 집안에 물이 새는 곳이 있거나, 외부에서 물이 유입되는 것을 어떻게 아는가?
三爻에서 水庫가 破空이 된다.

說 三爻는 내문(內門)으로 외부(外部)에서 들어오는 吉凶을 가려, 吉은 받아들이고 凶은 막아주는 곳이다. 그러므로 三爻가 水庫가 되고 破 또는 空亡을 만나면, 문이 부서지는 것과 같아 물이 새거나 차오른다고 판단한다.

火雷噬嗑 ! 天雷无妄

		寅月 戊戌日
	財戌 /	
財未	官申 ╳	
	孫午 / 世	
	○財辰 //	
	兄寅 //	
	父子 / 應	

- 神算六爻 例文.
- 三爻는 베란다 또는 문정(門庭)이다.
- 三爻가 寅月에 克을 받고 있는데, 戊日에 沖을 입으니 日破다.
- 官鬼는 어두움을 상징하는 자다.
- 五爻에서 申金 官爻가 動하여 二爻를 克하는 것은 가택(家宅)을 괴롭히는 모습이다.
- 三爻에서 辰土 水庫가 破空이 되니, 물을 통제하는 곳이 부서진 것과 같다.
- 수도(水道)가 동파(凍破)되어, 물로 인한 괴로움을 당한 집에서 얻은 괘다.

天火同人 ! 天雷无妄	
○財戌 /	申月
官申 /	
孫午 / 世	
○父亥 財辰 ✕	丙寅日
兄寅 //	
父子 / 應	

● 神算六爻 例文.

● 三爻에서 辰土 水庫가 發動하고, 五爻에서 申金이 暗動하니, 申子辰 三合 父局을 이루었다.

● 父局이 四爻 午火 世爻를 克하니 大凶하다.

● 홍수로 집이 침수된 사람이 얻은 卦다.

何如知章 家宅編 (하여지장 가택편)

原 廚房水浸 何如知, 二爻水帶 玄武官.

解 주방이 물에 잠기게 되는 것을 어떻게 아는가?
二爻에 亥水 官鬼가 玄武를 帶한다.

說 二爻는 주방의 위치이고, 亥水 父爻는 물이다. 현무(玄武)는 은밀(隱密)한 행동을 하는 자다. 그러므로 玄武 水官이면 물이 은밀하게 새어 나온다고 판단한다.

火雷噬嗑 ! 離爲火		
	兄巳 / 世	寅月 辛酉日
	孫未 //	
	財酉 /	
孫辰	官亥 X 應	
	○孫丑 //	
	父卯 /	

- 神算六爻 例文.
- 三爻에서 亥水 官爻가 發動하고, 初爻에서 卯木 父爻가 暗動, 三合 父局을 이룬다.
- 三合 父局은 二爻 丑土 孫爻를 강하게 克傷하므로, 주방에 문제가 발생한다.
- 父는 본래 水다.
- 보일러 파이프가 터져 주방이 물바다가 된 집에서 얻은 卦다.

雷地豫！火地晋

父戌 官巳 X
○父未 //
兄酉 / 世
財卯 //
官巳 //
○父未 // 應

寅月 戊子日

- 神算六爻 例文.
- 巳火 官爻가 二爻와 六爻에서 交重해 發動, 酉金 世爻를 克한다.
- 酉金 世爻는 寅月에 休囚되고, 巳火 官爻의 克을 받으니 凶하다.
- 辰日 화재(火災)를 주의하라.
- 辰日에 應하는 것은 六爻에서 巳火 官爻가 戌土 父를 化出하면서 入墓됐는데, 辰日이면 戌土 火墓가 沖去되기 때문이다.

何如知章 家宅編 (하여지장 가택편)

原 火氣流出 何如知, 二爻火鬼 動克世.

解 주방이나 집안에 가스가 새는 것을 어떻게 아는가?
二爻에서 火 官鬼가 動하여 克世한다.

說 二爻는 주방, 거실이다. 火 官鬼는 불의 재앙이다. 그러므로 二爻에서 火 官鬼가 發動하여 克世하면 가스가 새어 나와 나를 괴롭힌다고 판단한다.

雷地豫 ! 火地晋

父戌 官巳 X
父未 //
兄酉 / 世
○財卯 //
官巳 //
父未 // 應

午月 辛亥日

- 神算六爻 例文.
- 官鬼는 어려움이나 두려움의 상징이다.
- 二爻와 六爻에 巳火 火官이 交重 發動하여 克世하니 大凶하다.
- 交重은 힘이 배가(倍加)한다.
- 四爻에 있는 酉金 世爻가 午月에 克을 받고, 休囚되니 凶하다.
- 辰日에 應하는 것은 六爻에서 旺動한 巳火 官鬼가 戌土 父를 化出하여 化墓에 들었는데, 辰日에 巳火 官爻를 붙들고 있는 戌土 火庫를 沖去하기 때문이다.

何如知章 家宅編 (하여지장 가택편)

原 門庭有欠 何如知, 三爻衰絶 逢眞空.

解 출입문이나 베란다에 흠이 생기는 것을 어떻게 아는가?
休囚된 三爻가 空亡이 된다.

說 三爻는 內門이나 베란다, 창문으로도 본다. 三爻가 眞空이 되는 것은 한 부분이 소멸된 것에 비유된다. 그러므로 문이나 베란다에 흠이 생긴다고 판단한다.

火雷噬嗑 ! 火地晋

官巳 /
父未 //
兄酉 / 世
○財卯 //
官巳 //
孫子 父未 ※應

午月 庚戌日

- 神算六爻 例文.
- 二十代 초반인 대학생이 얻은 卦다.
- 初爻 父爻가 動하여 四爻에 있는 酉金 世爻를 生하니 성적이 우수한 학생이다.
- 未月에 시험운(試驗運)이 大吉하다. 반드시 합격한다.
- 三爻에 있는 卯木 財爻가 眞空이 된 것은 출입문이나 베란다에 문제가 있다는 뜻이다.
- 공부하는 방 창틀이 내려앉아, 임시방편을 해 놓은 상태라 한다.
- 모든 占은 현재 놓여 있는 배경이나 환경에 따라 판단해야 한다.
- 상기(上記)의 卦를 중년 남자가 얻었다면 妻에게 문제가 있는 卦다.
- 중년 여자가 상기(上記)의 卦를 얻었다면 재물에 손실이 있는 卦다.

何如知章 家宅編 (하여지장 가택편)

原 移徙妻厄 何如知, 宅兄旺動 財損傷.

解 이사 후에 부인이 불편한 것을 어떻게 아는가?
二爻에서 兄爻가 旺動하여 妻의 위치를 불안하게 한다.

說 二爻는 妻의 위치이다. 妻가 제일 꺼려하는 자는 兄爻다. 그러므로 兄爻가 二爻에서 움직이는 것은 처의 움직임을 저지(沮止)하며, 妻의 위치를 지키지 못하게 한다고 판단한다.

火澤睽 ! 火雷噬嗑

亥月 庚子日

	○孫巳	/	
	財未	//	世
	官酉	/	
	○財辰	//	
兄卯	兄寅	X	應
	父子	/	

- 神算六爻 例文.
- 二爻는 가택(家宅)이며, 주방(廚房)으로 妻의 위치이기도 하다.
- 二爻에서 妻가 가장 꺼려하는 자가 旺動하는 것은 가택이나 처에게 위해(危害)를 준다는 의미다.
- 三爻에 있는 辰土 財爻가 眞空이 되는 것은 妻가 妻의 위치를 벗어난다는 의미다.
- 이사 후에 妻가 어려움을 당한 사람이 얻은 卦다.

何如知章 家宅編 (하여지장 가택편)

原 移徙夫殞 何如知, 宅孫發動 鬼眞空.

解 이사 후에 남편에게 재난이 발생하는 것을 어떻게 아는가? 宅爻에서 孫爻가 旺動하는데, 官鬼가 眞空이 된다.

說 眞空은 소멸을 예시한다. 二爻는 가택(家宅)이다. 子孫은 官을 克하는 자다. 그러므로 二爻에서 孫爻가 發動하는 것은 그 집에서 남편의 움직임을 용납하지 않겠다는 뜻이며, 官이 眞空되는 것은 官이 제자리를 지키지 못한다는 의미이니, 남편에게 재난(災難)이 있다고 판단한다.

山地剝 ! 山水蒙	
父寅 /	寅月 丁巳日
○官子 //	
孫戌 // 世	
兄午 //	
兄巳 孫辰 X	
父寅 // 應	

- 神算六爻 例文.
- 二爻에 孫爻가 있는 것은 이사점(移徙占)에 최길(最吉)하다.
- 그러나 孫爻가 動하는 것은 반드시 문제점이 있기 때문이다.
- 즉 다른 爻를 克하거나 生하기 위해서다.
- 卦 中에 酉金 財爻가 은복(隱伏)이 되어, 生할 자가 없다.
- 그래서 五爻에 있는 子水 官爻를 克하게 된다.
- 이사 후에 남편과 이별한 사람이 얻은 卦다.

何如知章 家宅編 (하여지장 가택편)

原 移徙天布 何如知, 宅財旺動 父落空.

解 이사 후에 부모와 이별하는 것을 어떻게 아는가?
二爻에서 財爻가 旺動하여 父爻를 折傷시킨다.

說 二爻는 가택(家宅)이다. 財는 父를 克한다. 二爻에서 財爻가 旺動하는 것은 집에서 부모를 배척하고 있는 모양이다. 그러므로 官鬼가 空亡이거나 卦 中에 없으면, 부모가 그 집에서 견디기 어렵다고 판단한다.

離爲火 ! 火天大有

	官巳 / 應	卯月 丁亥日
	◦父未 //	
	兄酉 /	
	父辰 / 世	
父丑	財寅 X	
	孫子 /	

- 神算六爻 例文.
- 父를 해치는 자는 財다.
- 財爻가 二爻에서 日月의 生扶를 얻어 旺動하는 것은 家宅에서 父爻를 완강(頑剛)히 거부하는 것과 같다.
- 춘절(春節)에 土가 空亡을 만나면 眞空이다.
- 眞空은 소멸 또는 소멸되어가는 과정이다.
- 家宅爻에서 財爻가 旺動하는 것은 소멸되어가는 부모를 밖으로 밀어내는 것과 같다.
- 이사 후에 어머니 상(喪)을 당했다.

何如知章 風水編-陰宅 (하여지장 풍수편 - 음택)

原 幽宅斜風 何如知, 辰巳兄空 白虎臨.

解 조상의 묘에 바람이 드는 것을 어떻게 아는가?
辰 · 巳 兄爻가 眞空인데, 白虎와 同行한다.

說 분묘효(墳墓爻)는 六爻다. 白虎는 흉폭(兇暴)하다. 辰 · 巳는 巽宮으로 바람을 주관한다. 空亡은 멈춤, 정지, 허실이다. 그러므로 六爻가 白虎 辰 · 巳 空亡이면 바람이 모여 정지한 형상이므로, 바람이 있다고 판단한다.

! 火澤睽

白	○父巳 /		戌月
匕	兄未 //		
句	孫酉 /	世	癸卯日
朱	兄丑 //		
青	官卯 /		
玄	○父巳 /	應	

- 神算六爻 例文.
- 六爻 巳火가 白虎를 帶하고 空亡이다.
- 辰 · 巳는 방위로는 손방(巽方)으로 바람을 주관한다.
- 묘지(墓地)에 바람이 있다고 판단한다.

何如知章 風水編-陰宅 (하여지장 풍수편 - 음택)

原 墓中有水 何如知, 亥子父空 白虎臨.

解 조상의 묘에 물이 차 있는 것을 어떻게 아는가?
亥·子 水가 父를 帶하고 眞空되었는데, 다시 白虎가 臨한다.

說 白虎는 흉폭(兇暴)하다. 水는 물이다. 空亡은 제압, 정지 즉 물이 솟아 정지해 있는 형상이고, 허실(虛實), 파괴(破壞)도 된다. 그러므로 亥·子水가 白虎를 帶하고 空亡이면, 무덤에 물이 고여 있다고 판단한다.

水天需 ! 水風井

	○父子 〃	酉月 壬戌日
	財戌 / 世	
	官申 〃	
	官酉 /	
	父亥 / 應	
○父子	○財丑 ✕	

- 神算六爻 例文.
- 六爻는 조상의 위치, 분묘(墳墓)다.
- 六爻에서 子水 父爻가 空亡이니, 이 집의 조상의 묘(墓)에 물로 인해 어려움이 있다.
- 初爻에서 丑土 財爻가 動해, 子水 父爻를 化出하면서 六爻를 克合하니, 조상의 묘 때문에 근심하고 있다 하겠다.

	! 風雷益	
七	兄卯 / 應	申月
句	◦孫巳 /	
朱	財未 //	
靑	◦財辰 // 世(官酉)	庚子日
玄	兄寅 //	
白	父子 /	

- 神算六爻 例文.
- 亥 · 子水 爻라도 孫爻이면 물이 말라 있다고 본다.
- 父爻이면 물이 차 있는 것이다.
- 白虎가 臨한 初爻 子水 父爻가 日月의 生扶를 받아 旺하다. 墓에 물이 가득 차 있다.
- 누구의 墓인가? 어떤 祖上인가?
- 申月卦이므로, 卦身과 世爻 아래에 伏神인 酉金 官爻와 比和되니 형제다.
- 구체적으로 알려면 다시 분점(分占)해야 한다.

何如知章 風水編-陰宅 (하여지장 풍수편 - 음택)

原 移葬莎草 何如知, 六墓發動 生克世.

解 조상의 묘를 이장하거나, 묘지 주변에 잔디를 심거나, 조경하는 것을 어떻게 아는가?
六爻에서 戌土 父나 未土 父가 動하여, 生世나 克世한다.

說 六爻는 조상의 위치이므로 분묘(墳墓), 사당(祠堂)으로도 판단한다. 發動은 움직임을 나타낸다. 그러므로 조상의 위치가 움직이면 이장(移葬)이 있거나 손질하는 일이 있다고 판단한다.

火澤睽 ! 雷澤歸妹

○官巳	父戌 Ӿ 應		巳年
	兄申 //		
	官午 /		寅月
	父丑 // 世		
	財卯 /		丁酉日
	○官巳 /		

- 神算六爻 例文.
- 六爻에서 戌土 父爻가 發動, 初爻와 四爻에 있는 巳 · 午火 官爻를 入庫시키니, 戌土 父爻가 바로 鬼墓다.
- 귀묘(鬼墓)가 六爻에서 發動하니, 移葬하고 싶어한다.
- 묘지(墓地) 이장(移葬) 후에 운세는 어떠한가?
- 二爻에서 卯木 財爻가 暗動, 克世하니 반드시 妻를 얻겠다.
- 과연 移葬 후에 결혼한 사람이 얻은 卦다.

地水師 ! 山水蒙	
財酉 父寅 X 官子 // 孫戌 // 世 ○兄午 // 孫辰 / 父寅 // 應	巳月 丁亥日

● 神算六爻 例文.

● 六爻에서 父나 官이 움직이는 경우, 천묘(遷墓)나 사초(莎草) 등의 묘지 관계로만 판단하는 것은 적절하지 못하다.

● 五行에 따라 여러 가지로 판단될 수 있기 때문이다.

● 初爻부터 六爻까지의 爻는 문복자(問卜者)가 현재 처해 있는 주위 환경이다.

● 初爻와 六爻가 交重된 것은 문복자 주위 환경의 결속(結束)이다.

● 初爻와 六爻가 交重 發動한 것은 문중(門中)이 움직인다는 의미도 갖는다.

● 寅은 木이다.

● 종이는 木에 해당하므로, 문중이 동원(動員)되어 족보나 문집을 만드는 행사라 하겠다.

何如知章 疾厄 · 事故編 (하여지장 질액 · 사고편)

原 得病夭死 何如知, 用神衰絶 入墓中.

解 병이 들어 요절하는 것을 어떻게 아는가?
休囚된 用神이 入墓된다.

說 休囚는 生扶를 받지 못하고 刑冲克破를 당해 전혀 힘이 없는 것이다. 入墓는 무덤에 묻힌다는 것이다. 그러므로 無氣力한 用神이 入墓되면, 병으로 죽는다고 판단한다.

天雷无妄 ! 天地否

	◦父戌 / 應	午月 己巳日
	兄申 /	
	官午 /	
	財卯 // 世	
	官巳 //	
孫子	父未 ✕	

- 神算六爻 例文.
- 三爻 卯木 財爻가 午月에 休囚되고, 巳日에 설기(泄氣)되니 無力하다.
- 그리고 卯木 財爻의 原神인 子水 孫爻가 月破를 당하고, 巳日에 絶이 되니, 卯木 財爻는 전혀 구원(救援)을 받지 못하고 있다.
- 따라서 妻에게 병이 있는 것을 알 수 있다.
- 生死를 판단할 때는 原神을 참고해야 한다.
- 原神이 破나 眞空을 만나면 미래(未來)가 없기 때문이다.
- 初爻에서 財爻의 墓庫인 未土 父爻가 發動하여 入庫시키니, 未日에 물동이를 두드리게 된다.

天山遯 ! 天地否		
朱	父戌 / 應	未月
青	兄申 /	
玄	官午 /	戊申日
白	兄申◦財卯 X 世	
匕	官巳 //	
句	父未 //	

● 神算六爻 例文.

● 三爻에서 持世한 卯木 財爻가 未月에 入庫되고, 申日의 克을 받으며 回頭克을 당하니, 완전히 무기력(無氣力)하다.

● 白虎까지 붙어 있어 더욱 凶하다.

● 설상가상으로 原神인 子孫이 없다.

● 世爻인 나 자신, 妻 또는 木命人에게 피해가 있겠다.

● 만일 辛亥日이면 절처봉생(絶處逢生)으로 죽지 않고 살아난다.

● 단, 太歲가 寅 · 卯 · 亥 · 子年이어야 한다.

● 太歲가 用神을 生하면, 그날 또는 그달이 지나면 살아난다.

● 그러나 日辰이 生하더라도 太歲나 月建의 도움이 없으면, 그날 또는 그 순간이 지나면 죽는다.

● 初爻 未月이 發動하면 世爻가 入墓되니, 죽는 경우가 많겠다.

何如知章 疾厄 · 事故編 (하여지장 질액 · 사고편)

原 家在水鬼 何如知, 破空水爻 殺臨鬼.

解 물로 인해 재앙을 당한 영가(靈駕)가 있는 것을 어떻게 아는가?
休囚되거나 眞空된 水爻에 官鬼가 있다.

說 破나 空은 현재의 위치에 없는 허상(虛像)으로 본다. 官은 鬼殺이고, 水는 물이다. 그러므로 水 鬼殺이 眞空이 되거나 日破나 月破를 당하면, 이미 소멸이 되었거나 되어가는 과정이니, 물로 화(禍)를 당한 영가(靈駕)가 있다고 판단한다. 水 官鬼와 卦身을 비교하여 수액(水厄)을 당한 六親을 구별한다.

	!離爲火
句	兄巳 / 世
朱	孫未 //
青	財酉 /
玄	官亥 / 應
白	孫丑 //
匕	父卯 /

- 神算六爻 例文.
- 爻가 發動하지 않아도, 익사자(溺死者)가 있다고 할 수 있다.
- 玄武는 水를 관장(管掌)하는 자다.
- 三爻 亥水 官爻가 玄武를 帶하고 있다.
- 卦身이 巳月 卦다.
- 官鬼가 卦身을 克하니, 남편 영가(靈駕)로 판단한다.
- 亥水가 月破나 日破를 당하거나, 空亡에 떨어지면, 익사(溺死)가 더 확실하다.

風澤中孚 ! 山澤損			
青	官寅 / 應		申月 丁酉日
玄 ◦父巳	財子 X		
白	兄戌 //		
匕	兄丑 // 世		
句	官卯 /		
朱	◦父巳 /		

● 神算六爻 例文.

● 財爻는 父에게는 鬼殺이다.

● 五爻에서 子水 財爻가 旺하고, 玄武를 帶하여 發動, 巳火 父를 化出하면서 初爻 巳火를 克하니 凶하다.

● 初爻 巳火 父爻는 休囚되고, 空亡이니 眞空이다.

● 아버지가 물로 인한 재난(災難)을 당했다.

● 二爻에 있는 卯木 官鬼와 六爻에 있는 寅木 官鬼가 父爻의 原神이다.

● 兩 官鬼가 日 · 月破를 당하니, 原神이 소멸되었다.

● 아버지로 판단한 것은 卦가 艮宮에서 艮宮으로 변하니, 陽에서 陽으로 변했기 때문이다.

澤山咸 ! 水山蹇		
匕	孫子 //	申月 庚子日
句	父戌 /	
朱 孫亥	兄申 X 世	
青	兄申 /	
玄	官午 //	
白	◦父辰 // 應	

● 神算六爻 例文.

● 申子辰 水局, 물이 바다를 이루어 二爻 午火 官爻를 克한다.

● 二爻에 있는 午火 官鬼가 衰絶되고, 日辰에 破를 입어, 소멸되어 가는 모습이다.

● 남편의 익사(溺死)가 염려스럽다.

何如知章 疾厄 · 事故編 (하여지장 질액 · 사고편)

原 入院災遇 何如知, 孫庫帶殺 用克傷.

解 입원 중에 불상사가 일어나는 것을 어떻게 아는가?
孫爻가 動하여 用神을 損傷시킨다.

說 子孫은 치료수단이다. 고(庫)는 집이나 거처가 된다. 고(庫)가 孫爻를 帶하면 병(病)을 치유(治癒)하는 집이다. 그러므로 庫가 孫爻를 帶하고 發動하여, 他爻를 沖克시키거나 衰絶된 爻를 入庫시키면, 그 爻에 해당하는 六親이 입원 중에 화(禍)가 발생한다고 판단한다.

澤火革 ! 天火同人

孫未○孫戌 X 應		午月 丁卯日
財申 /		
兄午 /		
○官亥 / 世		
孫丑 //		
父卯 /		

- 神算六爻 例文.
- 본인(本人)의 占은 항상 世爻가 用神이다.
- 三爻에 있는 亥水 世爻가 午月에 休囚되어 심약(心弱)한데, 空亡을 만나니 眞空이다.
- 六爻에 있는 戌土 孫爻가 旺動하여 克世하니, 병원에서 거부하는 모양이다.
- 병원에 입원했으나, 바로 임종(臨終)을 맞이한 자의 卦다.

何如知章 疾厄 · 事故編 (하여지장 질액 · 사고편)

原 凶器被傷 何如知, 陽刃虎帶 動克世.

解 흉기에 몸이 손상되는 것을 어떻게 아는가?
陽刃이 白虎와 同行하여 世爻를 共克한다.

說 陽刃은 날카롭다는 의미가 있다. 陽刃이 간효(間爻)에서 動하면 주변 사람이고, 방효(傍爻)에서 動하면 생면부지(生面不知)의 사람이다. 그러므로 陽刃이 旺動하여 世爻를 克하면, 타인의 흉기에 의해 절상(折傷)을 당한다고 판단한다.

水火既濟 ! 風火家人

○父子 兄卯 X		子月 甲寅日
孫巳 / 應		
財未 //		
父亥 /		
○財丑 // 世		
兄卯 /		

- 神算六爻 例文.
- 甲日의 陽刃은 卯다.
- 二爻에 있는 丑土 世爻가 子月에 쇠약(衰弱)하고, 寅日의 克을 받고 空亡이라, 眞空이다.
- 卯木 陽刃이 六爻에서 旺動하여 二爻에 있는 世爻를 克傷하니 大凶하다.
- 未日에 불량배의 공격을 받아 몸에 흉상이 있었으나, 생명에는 지장(支障)이 없었다.
- 문복자가 金命人이기 때문이다.

何如知章 疾厄 · 事故編 (하여지장 질액 · 사고편)

原 車輛破損 何如知, 驛馬破絶 世兄帶.

解 차량이 파손되는 것을 어떻게 아는가?
卦 中의 驛馬가 破絶되거나 眞空이 된다.

說 역마(驛馬)는 승용물(乘用物)이다. 世爻나 應爻나 間爻에 있는 역마는 내 승용차 또는 내 주변 인물의 승용차다. 傍爻에 있는 驛馬는 면식(面識)이 없는 사람의 승용차다. 世爻가 眞空이면 본인(本人)의 승용차가 파손이다. 그러므로 他爻의 驛馬가 破를 만나면 타인의 승용차가 부서졌다고 판단한다.

風澤中孚 ! 風水渙

父卯 /
○兄巳 / 世
孫未 //
兄午 //
○孫辰 / 應
○兄巳 父寅 X

子月 乙未日

- 神算六爻 例文.
- 世爻에 있는 驛馬는 내 소유의 차량이다.
- 五爻에서 巳火 驛馬가 持世했는데, 子月에 休囚되고 空亡을 만나니, 眞空이다.
- 다행히 初爻에 있는 父爻가 動하여 巳火 世爻를 生扶하니, 절처봉생(絶處逢生)이다.
- 空亡者는 沖日이나 出空日에 결과가 나타난다.
- 亥日에 차량에 손상이 있었으나, 큰 어려움은 없었다.

何如知章 疾厄 · 事故編 (하여지장 질액 · 사고편)

原 畵像中毒 何如知, 火桃旺動 生世爻.

解 인터넷이나 게임에 중독된 것을 어떻게 아는가?
卦 中에서 火 桃花殺을 帶하고, 世爻를 生扶한다.

說 火는 빛과 열을 상징한다. 桃花는 사람의 정신을 취(醉)하게 하고 혼미(昏迷)하게 한다. 生하는 것은 치켜세우는 것과 같다. 그러므로 火 桃花가 旺動하여 世爻를 生扶하면 생산성이 없는 게임이나 인터넷에 중독되었다고 판단한다.

地澤臨 ! 雷澤歸妹

	父戌 // 應	寅月
	兄申 //	
父丑	官午 X	
	父丑 // 世	乙巳日
	○財卯 /	
	官巳 /	

- 神算六爻 例文.
- 桃花는 사람의 정신을 매료(魅了)시키는 매력이 있는 자다.
- 官鬼는 어두움이며 그늘이다.
- 四爻에서 午火 桃花가 官爻를 帶하고 動하는 것은 桃花에 귀신이 붙은 것과 같다.
- 四爻에서 午火 桃花가 旺動하여 三爻에 있는 丑土 世爻를 生扶하는 것은 丑土 世爻를 부추기는 것과 같다.
- 게임에 빠진 이가 얻은 卦다.

何如知章 疾厄 · 事故編 (하여지장 질액 · 사고편)

原 無面欺罔 何如知, 外傍兄動 破克身.

解 얼굴도 모르는 사람에게 사기를 당하는 것을 어떻게 아는가? 外卦에서 傍爻 兄爻가 動하여 世爻에 있는 財爻를 損絶시킨다.

說 外卦는 먼 곳이다. 傍爻는 내 생활조건을 벗어난 지역이다. 外卦에서 傍爻가 兄爻를 대동(帶同)하고 旺動하여 世爻를 破克하면 일면식(一面識)도 없는 사람에게 재물을 탈취당한다고 판단한다.

雷水解 ! 澤水困

	父未 //	未月 辛亥日
兄申	兄酉 X	
	孫亥 / 應	
	官午 //	
	父辰 /	
	◦財寅 // 世	

- 神算六爻 例文.
- 外卦 五爻에서 酉金 兄爻가 動하니, 傍爻의 動이다.
- 外卦는 먼 곳이다.
- 傍爻는 생활권 밖이다.
- 空亡은 자리를 잠시 떠나거나 정신을 잠시 놓은 것에 비유된다.
- 世爻가 空亡인데, 酉金 兄爻가 五爻에서 旺動하여 世爻를 克해오니, 내가 잠시 정신을 놓고 있는 사이에 재물을 탈취당하는 것과 같다.
- 寅木 世爻가 出空하는 甲寅日을 주의해야 한다.
- 과연 甲寅日에 이상한 전화를 받았으나, 어려움은 없었다.

何如知章 疾厄 · 事故編 (하여지장 질액 · 사고편)

原 多段階亡 何如知, 兄弟成局 克害世.

解 다단계 판매에 참여하여 피해를 당하는 것을 어떻게 아는가? 內 · 外卦에서 兄爻가 局을 이루어 世爻를 핍박한다.

說 다단계 판매(多段階 販賣)는 무리를 지어야 이루어진다. 世應이 三合 成局이 되면 무리를 짓는 象이다. 三合 忌神局이 되면 무리를 지어 자신이나 타인에게 손실(損失)을 끼치는 모양이므로, 다단계 사업으로 피해가 있다고 판단한다.

天澤履 ! 天水訟

○孫戌 /	寅月
財申 /	
兄午 / 世	甲子日
兄午 //	
孫辰 /	
兄巳 父寅 X 應	

- 神算六爻 例文.
- 初爻에서 寅木 父爻가 動하고 三爻와 四爻에서 午火 兄爻가 暗動하여, 六爻에 있는 戌土 孫爻와 寅午戌 三合 兄弟局이 되었다.
- 世應이 같이 動하여 국세(局勢)를 지으니, 한울타리 안에서 뜻을 모으는 것과 같다.
- 火勢가 動하여 五爻에 있는 申金 財爻를 괴롭히므로, 형제가 무리를 지어 재물을 겁탈하는 모양이다.
- 世爻에서 午火 兄爻가 子日에 沖을 받고, 暗動이 되어, 타인의 財를 겁탈하려 하나 재물을 얻지 못한다.
- 다단계 사업으로 어려움을 겪은 사람이 얻은 卦다.

제 6 장

대정수 작괘법 (大定數 作卦法)

1. 대정수 작괘법
2. 평생운 대정수 산출법
3. 대운 대정수 산출법
4. 세운(신수) 대정수 산출법
5. 월운 대정수 산출법
6. 신수를 보는 다른 방법

제 6 장 대정수 작괘법 (大定數 作卦法)

1. 대정수 작괘법

평생사주 또는 일년 신수를 보기 위한 괘를 얻는 방법으로 대정수 작괘법이 있다.

사주팔자를 바탕으로 대정수를 산출하여 괘를 얻는 것이다. 얻은 괘는 육효점(六爻占)으로 풀이한다. 대정수를 작괘하기 위해서는 먼저 십간과 십이지의 선천수와 후천수를 알아야 한다.

또 대정수는 평생운(平生運) 대정수, 십년 단위의 대운(大運) 대정수, 1년 단위의 세운(歲運) 대정수, 월 단위의 월운(月運) 대정수로 나눌 수 있다.

평생운 대정수는 평생운을, 대운 대정수는 해당되는 대운을, 세운 대정수는 일년운을 보는 데 각각 사용한다.

(1) 선천수 (先天數)

十干과 十二支에는 각각 고유한 선천수가 배정되어 있다.

甲己子午	乙庚丑未	丙辛寅申	丁壬卯酉	戊癸辰戌	巳亥
9	8	7	6	5	4

(2) 후천수 (後天數)

十干과 十二支에는 선천수와 함께 후천수도 배정되어 있다.

甲寅	乙卯	丙午	丁巳	戊辰戌	己丑未	庚申	辛酉	壬子	癸亥
3	8	7	2	5	10	9	4	1	6

2. 평생운 대정수 산출법

사주를 바탕으로 대정수를 산출한다.

따라서 먼저 사주를 뽑아야 한다.

그 다음 사주팔자에 선천수와 후천수를 각각 적용, 계산한 뒤 합한 것이 대정수다.

(1) 선천수 계산

사주의 네 기둥 중에서 월주(月柱), 일주(日柱), 시주(時柱)에만 선천수를 적용하고, 연주(年柱)는 적용하지 않는다.

또 월주는 선천수를 그대로 사용하고, 일주는 적용한 선천수에 10을, 시주에는 100을 각각 곱한 수를 쓴다.

이렇게 해서 나온 수를 모두 합한 것이 대정수를 산출할 때 쓰이는 선천수다.

예문1 坤命의 사주를 예로 들어보자.

		時	日	月	年
		丙	乙	辛	丁
		子	巳	亥	酉
					大運
丁	丙	乙	甲	癸	壬
巳	辰	卯	寅	丑	子

• 이 사주에서 연주(丁酉)를 제외하고,
월주, 일주, 시주에 각각 선천수를 적용하면,

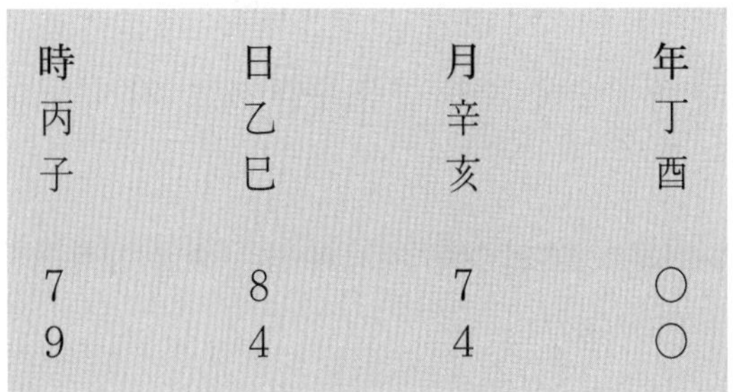

時	日	月	年
丙	乙	辛	丁
子	巳	亥	酉
7	8	7	○
9	4	4	○

가 된다.

• 월주, 일주, 시주에 각각 천간과 지지의 선천수를 합하면,

16	12	11	○

이 된다.

• 월주는 선천수 그대로 쓰고, 일주는 12에 10을 곱하고, 시주는 16에 100을 곱하면,

1600	120	11	○

이 된다.

• 이렇게 계산한 월주11, 일주 120, 시주 1600을 모두 합하면 1731이다. 이것이 이 사주의 대정수 중 선천수다.

• 여기서 끝이 아니고, 다음은 후천수를 계산해야 한다.

(2) 후천수 계산

후천수는 연주, 월주, 일주, 시주에 모두 적용한다.

또 천간에는 적용한 후천수에 10을 곱한 수를 쓰고, 지지는 그대로 사용한다.

이렇게 해서 나온 천간의 후천수와 지지의 후천수를 모두 더한 것이 대정수에서 쓰는 후천수다.

앞의 (예문1) 의 사주를 예로 들어보자.

• 이 사주의 천간과 지지에 후천수를 모두 적용하면,

時	日	月	年
丙	乙	辛	丁
子	巳	亥	酉
7	8	4	2
1	2	6	4

이 된다.

• 천간에는 10을 곱하고, 지지는 그대로 두면,

70	80	40	20
1	2	6	4

이 된다.

• 월주, 일주, 시주에 각각 천간의 후천수와 지지의 후천수를 합하면,

71	82	46	24

이 된다.

• 이렇게 계산한 연주 24, 월주 46, 일주 82, 시주 71을 합하면 223이다. 이것이 이 사주의 대정수 중 후천수다.

(3) 평생운 대정수

평생운 대정수는 앞에서 계산한 선천수와 후천수를 합한 수다.

• (예문1) 사주의 대정수 선천수 1731과, 후천수 223을 합하면 1954다.

• 1954가 이 사주의 평생운 대정수다.

지금부터는 평생운 대정수로 육효 괘를 만들어 보겠다.

(4) 평생운 대정수 작괘법

평생운 대정수를 바탕으로 작괘하고, 동효를 잡는 방법이다.

대정수 작괘법에서는 대정수 4자리 중에서 중앙의 두 숫자로 괘를 짠다.

- (예문1) 의 경우, 평생운 대정수 1954에서 중앙에 있는 9와 5 두 숫자로 작괘한다.

- 앞에 있는 9가 上卦(外卦)가 되고, 뒤에 있는 5가 下卦(內卦)가 된다.

- 그러나 실제 作卦할 때는 그 숫자(95)를 그대로 사용하지 않는다.

- 화관법(化觀法) 또는 후천작괘법(後天作卦法)이라고 하는 일정한 방식에 따라 숫자를 변환하여 사용한다.

(5) 화관법 (化觀法)

대정수 1 은 7 艮山
2 는 2 兌澤
3 은 6 坎水
4 는 3 離火
5 는 4 震雷
6 은 5 巽風
7 은 7 艮山
8 은 8 坤地
9 는 1 乾天 으로 각각 바뀐다.

이것을 1變7, 2變2, 3變6, 4變3, 5變4, 6變5, 7變7, 8變8, 9變1 이라고 표시한다.

一乾天(1건천), 二兌澤(2태택), 三離火(3리화), 四震雷(4진뢰), 五巽風(5손풍), 六坎水(6감수), 七艮山(7간산), 八坤地(8곤지)

- 예문1 의 경우, 두 숫자 95에서 화관법에 따라 9變1, 5變4이므로, 1은 上卦(外卦)이고, 4는 下卦(內卦)이다.

- 그래서 이 사주의 평생운을 대정수로 作卦하면 天雷无妄 卦가 된다.

(6) 동효 구하는 법

動爻는 평생운 대정수를 6으로 나눈 뒤, 남는 수로 정한다.

- (예문1) 사주의 경우, 평생운 대정수 1954다.

- 1954를 6으로 나누면 4가 남는다. 그래서 動爻는 四爻다.

- 설명한 것을 종합하면,
  (예문1) 사주의 평생운을 대정수로 작괘하면, 天雷无妄 卦에 動爻는 四爻가 된다.

그리고 육효점에서 쓰는 점치는 날, 즉 태세와 월건과 일진은 평생운 대정수 작괘법에서는 사주의 연주, 월주, 일주로 잡는다.

따라서 이 사주의 평생운 대정수로 작괘한 것은 다음과 같이 나타낼 수 있다.

風雷益 ! 天雷无妄				
玄		財戌 /		丁酉年
白		官申 /		
七	財未	孫午 X	世	辛亥月
句		財辰 //		
朱		兄寅 //		乙巳日
青		父子 /	應	

3. 대운 대정수 산출법

평생운 대정수에 해당 대운의 후천수를 산출하여 더한다.
선천수는 산출하지 않는다.

예문1 사주에서 甲寅 대운의 대정수를 산출해 보자.

		時	日	月	年
		丙	乙	辛	丁
		子	巳	亥	酉
					大運
丁	丙	乙	甲	癸	壬
巳	辰	卯	寅	丑	子

- 대운은 월주에서 비롯되기 때문에 월주와 같이 후천수를 계산한다.
- 甲은 천간이므로, 甲의 후천수 3에 10을 곱한 30을 사용한다.
- 寅은 지지이므로, 寅의 후천수 3을 그대로 사용한다.
- 이 사주의 甲寅 대운 후천수는 30+3=33이다.

- 따라서 평생운 대정수 1954와 甲寅 대운 후천수 33을 합하면 1987이 된다. 이것이 甲寅 대운 대정수다.

- 대운 대정수로 작괘하는 방법도 평생운 대정수 작괘법과 똑같다. 1987의 중앙에 있는 9와 8로 작괘한다.

- 變法을 적용하면 9變1, 8變8이므로, 天地否 卦가 된다.

• 動爻는 甲寅 대운 대정수 1987을 6으로 나누면 1이 남으니 初爻다.

• 卦象으로 나타내면 다음과 같다.

天雷无妄 ! 天地否

玄		父戌	/	應	丁酉年 甲寅 大運
白		兄申	/		
匕		官午	/		
句		財卯	//	世	
朱		官巳	//		
靑	孫子	父未	X		

여기서 한 가지 생각해 볼 문제가 있다. 대정수 작괘법에서 태세, 월건, 일진을 잡는 방법에 대한 문제다.

일반적으로 대정수 작괘법에서는 사주의 생년(生年), 생월(生月), 생일(生日)을 각각 태세(太歲), 월건(月建), 일진(日辰)으로 사용하는 것을 원칙으로 한다. 대운은 물론 1년 세운(신수)이나 월운을 볼 때도 마찬가지다.

그러나 이와 달리 적용해 볼 수도 있다. 甲寅 대운의 경우 甲寅이 점괘를 주재하는 만큼 甲寅을 占의 주재자로, 辛巳年 운세를 볼 때는 辛巳年을 占의 주재자로 사용할 수도 있는 것이다.

두 가지 방법을 모두 적용하여 운세를 풀어 보기를 권한다.

4. 세운(신수) 대정수 산출법

대운 대정수에 해당하는 해(年)의 후천수를 산출하여 합하면 된다. 세운의 경우도 대운 대정수를 산출할 때처럼 선천수는 고려하지 않는다.

- **예문1** 사주에서 甲寅 대운 중의 辛巳年 대정수를 산출해보자. 후천수이므로 천간에는 10을 곱한 수를 쓴다.

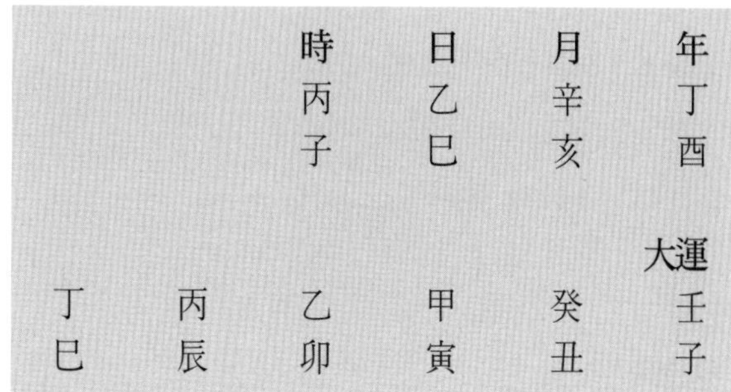

		時	日	月	年
		丙	乙	辛	丁
		子	巳	亥	酉
					大運
丁	丙	乙	甲	癸	壬
巳	辰	卯	寅	丑	子

- 辛은 천간이므로, 辛의 후천수 4에 10을 곱하면 40이다.
- 巳는 지지이므로, 巳의 후천수 2는 그대로 사용한다.
- 이 사주의 辛巳年 후천수는 40+2=42다.
- 따라서 甲寅 대운 대정수 1987과 辛巳年 후천수 42를 합하면 2029가 된다. 이것이 辛巳年 세운 대정수다.
- 세운 대정수로 작괘하는 방법도 평생운, 대운 대정수 작괘법과 똑같다.

• 辛巳年 세운 대정수 2029에서 중앙에 있는 0과 2로 작괘를 한다.

• 0이면 앞이나 뒤에 가까이 있는 수를 끌어다 쓴다. 이 경우 外卦 0은 가장 앞에 있는 2를 끌어다 쓴다.(또 다른 방법 중 하나는 下卦에서 2를 끌어다 쓰는 것도 있다.)

• 變法을 적용하면 2變2, 2變2이므로, 兌爲澤 卦가 된다.

• 動爻는 2029를 6으로 나누면, 1이 남으니 初爻다.

• 卦象으로 나타내면 다음과 같다.

澤水困 ! 兌爲澤

七		父未 // 世	丁酉年
句		兄酉 /	甲寅大運
朱		孫亥 /	辛巳年
青		父丑 // 應	
玄		財卯 /	
白	財寅	官巳 X	

5. 월운 대정수 산출법

세운 대정수에 운세를 보고자 하는 월의 후천수를 산출하여 더하면 된다. 선천수는 고려하지 않는다.

(예문1) 사주의 辛巳年 戊戌月(9월)의 대정수를 산출해 보자.

- 戊는 천간이므로, 戊의 후천수 5에 10을 곱하면 50이다.
- 戌은 지지이므로, 戌의 후천수 5를 그대로 사용한다.
- 이 사주의 戊戌月의 후천수는 50+5=55다.
- 따라서 辛巳年 세운 대정수 2029와 戊戌月 후천수 55를 합하면 2084가 된다. 이것이 월운 대정수다.
- 월운 대정수 2084에서 중앙에 있는 0과 8로 作卦를 한다.
- 0이면 앞이나 뒤에 가까이 있는 수를 끌어다 쓴다. 이 경우 外卦 0은 가장 앞에 있는 2를 끌어다 쓴다.
- 變法을 적용하면 2變2, 8變8이므로, 澤地萃 卦가 된다.
- 動爻는 2084를 6으로 나누면, 2가 남으니 二爻다.

• 월운을 볼 때는 辛巳年을 月建의 위치에, 戊戌月을 日辰의 위치에 놓는다.

• 卦象으로 나타내면 다음과 같다.

澤水困 ! 澤地萃

朱		父未 //	辛巳年 戊戌月
青		兄酉 / 應	
玄		孫亥 /	
白		財卯 //	
七	父辰	官巳 X 世	
句		父未 //	

6. 신수를 보는 다른 방법

특정 해(年)의 1년 신수(身數)를 보는 다른 방법이 있다. 태어난 월, 일, 시를 신수 보는 해에 대입하여 사주를 뽑은 뒤 대정수를 산출하는 것이다.

(1) 1958年 음력 2月 25日 丑時生의 올해 辛巳年 신수를 본다고 하자.

먼저 1958年이 아니라, 올해 辛巳年 2月(辛卯) 25日(辛巳) 丑時를 적용하여 사주를 뽑는다.

己	辛	辛	辛
丑	巳	卯	巳

(2) 선천수 계산

이 사주에 선천수를 적용하면

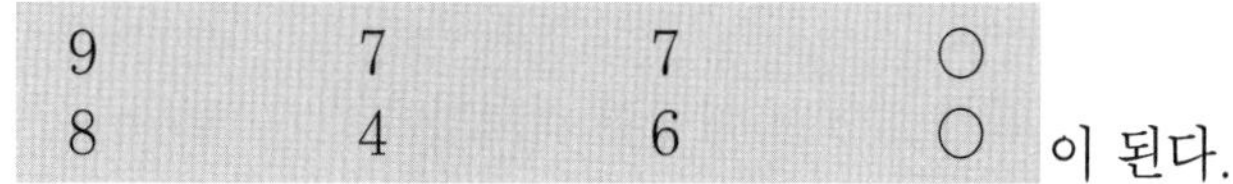

9	7	7	○
8	4	6	○

이 된다.

시주의 합은 9+8=17, 일주의 합은 7+4=11, 월주의 합은 7+6=13이 된다.

선천수의 경우 월주는 그대로 사용하고, 시주에는 100을, 일주에는 10을 각각 곱한 수를 사용한다.

따라서 1700+110+13=1823이 이 사주의 선천수가 된다.

(3) 후천수 계산

이 사주에 후천수를 적용하면

10	4	4	4
10	2	8	2

이 된다.

후천수는 사주 네 기둥의 지지는 그대로 쓰고, 천간에는 10을 곱한 수를 사용한다.

따라서 이 사주의 후천수는

110 + 42 + 48 + 42 = 242 가 된다.

(4) 辛巳年 身數 대정수

앞에서 계산한 선천수 1823과 후천수 242를 더한 2065가 이 사주의 辛巳年 신수 대정수다.

대정수로 作卦할 때는 앞에서 설명한 것처럼 중간의 0과 6, 두 숫자를 사용한다.

그런데 숫자 0에 해당하는 卦는 없다. 이때는 가까이 있는 수, 즉 0 앞에 있는 2를 끌어다 쓴다.

따라서 2와 6으로 作卦한다.
또 2變2, 6變5이므로 澤風大過 卦가 된다.

動爻는 2026을 6으로 나누면 1이 남으니 初爻다.

卦象을 그리면 다음과 같다.

澤天夬 ! 澤風大過

七		財未 //		辛巳年
句		官酉 /		
朱		父亥 /	世	辛卯月
青		官酉 /		
玄		父亥 /		辛巳日
白	父子	財丑 X	應	

제 7 장

내정장 (來情章)

제7장 내정장(來情章)

찾아온 손님의 점사를 미리 아는 것을 내정(來情)이라 한다. 來情은 모든 점술(占術)의 정수(精髓)로 역술인이라면 누구나 연구하고 배우고 싶어 하는 분야다. 특히 육효점(六爻占)을 공부하는 사람으로서는 반드시 연구해야 한다. 육효점 자체가 자연의 의중(意中)을 읽어, 인간의 미래사(未來事)를 판단하고자 하는 것이기 때문이다. 내정법(來情法)은 모든 점에서 최종 응용편이다. 정신을 집중하고 단정한 자세로 모든 지식, 지혜, 경험을 총동원해야 한다. 처음에는 다소 착오(錯誤)가 있을 수도 있으나, 반복 연습하면 반드시 좋은 결과를 얻게 된다.

내정장은 2009년에 출간된 〈神算六爻秘傳要訣〉에 자세하게 설명이 되어 있어서 중복 설명이 되므로, 다음 몇 가지 사례만 소개한다. 내정법 연구에 도움이 되기를 바란다. 내정을 할 때는 뽑은 괘에서 가장 문제가 있는 爻나 動爻를 먼저 살펴야 한다. 좀 더 심도(深度)있게 연구하고 싶으면, 〈神算六爻秘傳要訣〉을 참고하면 한결 도움이 되리라 생각한다.

天火同人 ! 乾爲天	
父戌 / 世	午月 丙子日
兄申 /	
官午 /	
父辰 / 應	
父丑 財寅 X	
孫子 /	

- 神算六爻 例文.
- 二爻에서 寅木 財가 旺하고 發動하여 克世하니 재수점이라 할 수 있다.
- 그러나 그렇지 않다.
- 자세히 살펴보면 四爻 午火 官이 暗動한다. 따라서 二爻 寅木 財는 克世하지 않고, 四爻 官을 生하고, 四爻 官은 生世한다.
- 또 二爻, 四爻, 六爻는 寅午戌 三合 官局을 이루어 生世한다.
- 따라서 이 占은 승진을 묻는 점이라 하겠다.

天澤履 ! 乾爲天	
父戌 / 世	午月 丙辰日
兄申 /	
官午 /	
父丑 父辰 X 應	
財寅 /	
孫子 /	

- 神算六爻 例文.
- 三爻에서 辰土 父가 發動했다. 왜 했을까? 動한 辰土 父는 初爻 子水 子孫을 克한다.
- 六爻에서 戌土 父, 世가 暗動, 初爻 子水 子孫을 克한다. 이는 내가 그 자손을 배척하고 있다는 뜻이다.
- 따라서 이 卦는 子孫占으로 자손에게 재앙이 깊음을 말해준다 하겠다.
- 자손에게 언제 어려움이 있을까?
- 初爻 子水 子孫이 月破를 당하고, 三爻에서 鬼殺인 辰日이 發動, 克하니 바로 오늘이다.
- 그러나 오늘 丙辰日은 子水 子孫이 空亡이라 凶함을 피하겠다.
- 子水 子孫이 出空하는 甲子日을 조심하라.

火風鼎 ! 雷風恒	
孫巳 財戌 ※應	卯月 辛巳日
官申 //	
孫午 /	
官酉 / 世	
父亥 /	
財丑 //	

● 神算六爻 例文.

● 六爻에서 戌土 財가 發動, 生世하니 재수 대길이라 하겠다.

● 그러나 그렇지 않다.

● 자세히 살펴 보면, 三爻 酉金 世가 月破를 당하고 日辰 巳의 克을 받은 가운데 空亡이니 眞空이다. 이는 내가 완전히 무기력한 상태에서 자리를 비우고 없음과 같다. 따라서 어찌 戌土 財의 生을 받을 수 있으랴. 재수를 말할 수 없다.

● 그렇다면 六爻에서 戌土 財가 왜 發動했을까.

● 二爻 亥水 父를 克하기 위해서다. 육효점에서 動爻가 다른 爻를 生하지 못하면 克하기 마련이다.

● 二爻 亥水 父는 卯月에 休囚된 가운데 日辰 巳의 沖을 받으니 日破다. 따라서 이 卦는 부모에게 재앙이 있음을 암시하고 있다.

風澤中孚 ! 風水渙	
父卯 /	酉月 癸未日
兄巳 / 世	
孫未 //	
兄午 //	
孫辰 / 應	
兄巳 父寅 ※	

● 神算六爻 例文.

● 육효점에서 어떤 爻가 發動, 克世 또는 生世하지 않으면 問卜者(점을 보러 온 사람)의 일을 말하지 않는 것이다.

● 여기서는 初爻에서 寅木 父가 發動 生世한다.

● 父는 집을 뜻하니, 집을 옮기는 것과 관련된 占이라 하겠다.

● 寅日에 동북쪽에서 집을 구하겠다.

水天需 ! 水風井	
父子 //	巳年 戌月 乙巳日
財戌 / 世	
官申 //	
官酉 /	
父亥 / 應	
父子 財丑 ∦	

- 神算六爻 例文.
- 무엇을 말하는지 판단하기 어려운 괘다.
- 五爻에서 戌土 財가 持世한 가운데 年月日의 生扶를 받으니 재수가 大吉한 것 같다.
- 그러나 자세히 보면 그렇지 않다.
- 二爻 亥水 父, 應이 年月日로부터 三破를 당한 데다, 初爻 丑土 財가 發動, 克하니 大凶하다.
- 부모에게 재앙이 있다 하겠다.

火天大有 ! 乾爲天	
父戌 / 世	酉月 戊申日
父未 兄申 ∦	
官午 /	
父辰 / 應	
財寅 /	
孫子 /	

- 神算六爻 例文.
- 五爻에서 申金 兄이 發動, 二爻 寅木 財를 克한다.
- 하지만 世가 財와 무관(無關)하기 때문에 問卜者의 손재점(損財占)으로 볼 수 없다.
- 二爻는 妻의 자리다.
- 二爻 寅木 財가 月日의 克을 당해 매우 무력하다.
- 이것은 처(妻)가 자리를 지키기 어렵다고 해석할 수 있다.
- 二爻 寅木 財가 空亡인 가운데 驛馬를 만나니, 처의 가출점이 틀림없다.

火地晉 ! 山地剝	
財寅 / 孫子 // 世 兄酉 父戌 X 財卯 // 官巳 // 應 父未 //	巳月 丁丑日

● 神算六爻 例文.

● 四爻에서 戌土 父가 發動, 五爻를 克한다.

● 그래서 문서 계약점이나 시험점으로 보기 쉽다.

● 그러나 子水 世가 巳月에 休囚되고, 丑日의 克을 받으니 무력하다.

● 따라서 시험을 보거나 문서 계약을 할 힘이 없다 하겠다.

● 자세히 살펴보면 二爻 宅爻에 巳火 官이 붙어 있고, 卦身 戌月卦가 發動하여 入庫시키는 것은 戌土 父가 動한 연유(緣由)가 된다.

● 卦身이 動하여 巳火 官을 入庫시켜 子水 世爻를 克하는 것은 巳火 官에 대한 추궁이다.

● 그러므로 이 占은 귀신에 대해 물은 것이라 판단할 수 있다.

水雷屯 ! 風雷益

父子 兄卯 乂應
孫巳 /
財未 //
財辰 // 世
兄寅 //
父子 /

卯月 己丑日

- 神算六爻 例文.
- 六爻에서 卯木 兄이 旺한 가운데 發動, 持世한 三爻 辰土 財를 克하니 손재점(損財占)으로 판단하기 쉽다.
- 그러나 자세히 살펴보면 그러지 않다.
- 三爻 辰土 世와 四爻 未土가 財다.
- 이 가운데 辰土 財는 月의 克을 받지만, 丑日의 生扶를 받으니 힘이 있다.
- 그러나 未土 財는 月의 克을 받고, 日辰의 沖을 당하니 日破다. 그리고 空亡까지 겹쳤으니 眞空이 되어 무기력하다.
- 그러므로 여기서는 六爻에서 發動한 卯木 兄이 未土를 克하는 것으로 봐야 한다.
- 육효점을 풀이할 때는 항상 문제점이 있는 爻를 살펴야 한다.
- 이 占은 처의 재앙을 묻는 점이다.
- 처에게 재앙은 언제 발생할까?
- 未土 財가 出空하는 乙未日을 조심하라.
- 처가 구속될 수도 있다.
- 卯는 丑日에 囚獄殺(재살)이 되기 때문이다.

水澤節 ! 風澤中孚

玄 財子 官卯 Ⅹ
白 父巳 /
匕 兄未 // 世
句 兄丑 //
朱 官卯 /
青 父巳 / 應

亥月 乙丑日

- 神算六爻 例文.
- 二爻와 六爻에서 卯木 官이 交重된 가운데 發動, 克世하니 官運에 吉한 占으로 볼 수 있다.
- 그러나 그렇지 않다.
- 四爻 未土 世는 亥月에 休囚되고, 丑日의 沖을 만나 日破가 되니 무기력하다.
- 따라서 世는 發動한 卯木 官의 克을 감당하지 못한다.
- 官運이 있는 것이 아니라, 오히려 재앙을 당하는 것을 말해준다.
- 그리고 卦 中에 子孫이 없다. 이는 旺動한 卯木 官을 제어할 자가 없다는 얘기다.
- 卯木 官이 玄武를 帶하고 發動하니, 도적이 움직이는 것과 같다.
- 따라서 도적을 만났거나, 만날 수 있음을 보여주는 점이라 하겠다.

風水渙 ! 風澤中孚

官卯 /
父巳 /
兄未 // 世
兄丑 //
官卯 /
官寅 父巳 Ⅹ 應

戌月 甲午日

- 神算六爻 例文.
- 四爻에서 未土 兄이 持世하고 있는데, 初爻에서 巳火 父가 發動, 生世한다.
- 發動한 巳火 父는 寅木 官을 化出, 回頭生을 받아 매우 旺하다.
- 따라서 직업을 구하기 위한 시험점이라 하겠다.
- 父가 發動, 生世나 克世하면 부동산 매매로 볼 수 있다.
- 그러나 여기서는 부동산 매매점으로 보지 않는다.
- 卦 中에 財가 없기 때문이다.

風火家人 ! 風雷益	
兄卯 / 應 孫巳 / 財未 // 父亥 財辰 X 世 兄寅 // 父子 /	巳年 午月 辛酉日

● 神算六爻 例文.

● 三爻에서 持世한 辰土 財가 旺한 가운데 發動, 亥水 父를 化出했다.

● 얼핏 보면, 재물을 밖으로 내보내고 문서를 취하는 형상, 즉 부동산을 사는 모습이다.

● 그러나 그렇지 않다.

● 來情法에서는 空亡, 月破, 日破, 動爻 등 항상 문제가 있는 爻를 먼저 살펴야 한다.

● 여기서는 初爻 子水 父가 月破를 당한 가운데 空亡이라 凶하다.

● 그러나 酉日의 生을 받으니 절처봉생이라 하겠다.

● 부모에게 문제가 있음을 알리는 괘다.

火雷噬嗑 ! 火澤睽	
父巳 / 兄未 // 孫酉 / 世 兄丑 // 官寅 官卯 X 父巳 / 應	未月 戊申日

● 神算六爻 例文.

● 옛 來情法에는 世의 沖者나 空亡者로 판단하는 법이 있다.

● 그러나 沖者나 空亡者로 판단하는 것은 다소 무리가 있다.

● 이 卦를 보면 二爻에서 卯木 官이 未月에 入庫되고, 申日에 克을 받은 가운데 發動, 退神이 됐다.

● 신랑이 무기력하게 물러났다고 볼 수 있다.

● 또 四爻에서 酉金 子孫이 持世한 것은 신랑 官을 용납하지 않겠다는 뜻이다.

● 가출한 신랑과 이혼하고자 하는 여자의 占卦다.

제 8 장

신산성명학 신수요결 작괘법
(神算姓名學 身數要訣 作卦法)

1. 신산성명학 신수요결 작괘법의 요점 정리
2. 상괘에 적용되는 수리 산출법
3. 하괘에 적용되는 수리 산출법
4. 동효에 적용되는 수리 산출법
5. 신산성명학 신수요결 작괘법 예문
6. 신산성명학 신수 자획법
7. 신산성명학 신수요결 실례

제 8 장 신산성명학 신수요결 작괘법
(神算姓名學 身數要訣 作卦法)

성명학은 고대부터 시대에 따라 수리(數理), 자의(字義), 파자(破字), 괘상(卦象), 음양오행(陰陽五行), 수리오행(數理五行), 음오행(音五行), 자오행(字五行) 등 여러 가지 방법으로 지역에 따라 독특하게 발전되어 왔다.

〈신산성명학 신수요결 작괘법〉에서는 여러 유형의 성명학 이론을 비교, 분석하지 않는다. 필자(筆者)의 짧은 식견(識見)으로는 다소 무리일 뿐 아니라, 그 동안 각 분야에서 각 이론을 발전시킨 선배 제현에게 무례가 되기 때문이다. 본래 역(易)을 통해 성명학을 판단하는 방법 중 대표적인 것이 주자결(朱子訣)이었다. 그러나 주자결은 작괘하는 법 등 다소 난해한 부분이 있어 근래에 와서 외면되어 왔다.

현대에 많이 사용하고 있는 성명학은 간결하고 명쾌해 보이나, 그 사람의 당년(當年) 길흉(吉凶)을 예측(豫測)하는 데는 상당한 무리(無理)가 있다. 그래서 필자가 근세까지 전해오다 거의 맥이 끊긴 성명학 신수요결을 복원, 보완 작업에 몰두하던 중 1979년(己未年) 10월 故 박정희 대통령의 불행한 사건이 있었다.

그 분의 연세(年歲)와 성명(姓名)으로 당년(當年)의 신수(身數)를 작괘(作卦)한 결과, 온 몸이 떨릴 정도로 적중하는 데 놀라움을 금할 수 없었다. 그 뒤 여러 사람의 성명으로 작괘, 연구하면서 부족한 부분을 보완하여 정자법, 소감법, 대감법, 혼합법으로 분류하여 완성이 되었다. 이것이 〈신산성명학 신수요결 작괘법〉이다. 예문(例文)은 역학의 각 분야에서 가장 어려운 난제(難題)로 여기고 있는 수명(壽命)을 위주로 설명했다.

필자가 성명학에 역상(易象)을 결부시켜 발표함으로써 성명학을 더욱 복잡하게 만들어 혼란만 주지 않겠느냐는 주위의 여론도 있었으나, 공개하기로 하였다. 새로운 성명학 분야를 개척하는 것이 아니고, 예부터 전해 온 부분을 보완하여 발표함으로써, 성명으로 일년 신수(一年身數)를 보다 정확하게 판단할 수 있도록 하는 데 목적이 있기 때문이다.

간혹 이 분야에 무지(無知)한 독자(讀者)들이 〈신산성명학 신수요결 작괘법〉을 시중에 유포되어 있는 역상 해설이나 수리를 이용해 작괘하는 법과 유사하게 보는 경향이 있는데, 전혀 다르다는 것을 밝혀 둔다. 예문(例文)은 한두 사람이면 어쩌다 적중한 것이 아니냐고 볼 수 있어, 여러 명으로 실례(實例)를 실었다. 적중률이 높아 신산육효학에 관심을 갖는 일반인, 교수, 각 분야의 전문가들이 많다. 여러분도 충분히 숙지(熟知)하면 쪽집게 같다는 말을 들을 수 있다.

1. 신산성명학 신수요결 작괘법의 요점 정리

神算姓名學 身數要訣(신산성명학 신수요결)은 육효 즉 신산육효학의 이론을 적용하여 풀이한다. 그러므로 上卦, 下卦, 動爻가 필요하다. 여기서는 한자 성명을 중심으로 설명했다.

1 상괘 작괘법 (上卦 作卦法)

- 陽生은 身數를 보는 해(年)의 나이 十單位數와 生年의 干支 後天數를 合하여, 8로 나눈 나머지 數가 上卦가 된다.

※ 陽生 干支 後天數 : 天干은 後天數에 10乘(10을 곱한다)을 하고, 地支는 單數를 그대로 사용한다.

- 陰生은 身數를 보는 해(年)의 나이 十單位數와 生年의 天干 順位數를 合하여, 8로 나눈 나머지 數가 上卦가 된다.

2 하괘 작괘법 (下卦 作卦法)

- 陽生과 陰生이 모두 동일(同一)하다.
- 나이의 單數와 姓名의 總劃數를 合하여, 8로 나눈 나머지 數가 下卦가 된다.

※ 總劃數(총획수)는 정자법, 소감법, 대감법, 혼합법이 적용된 數다.

3 동효 작괘법 (動爻 作卦法)

- 上卦數와 下卦數를 合하여, 6으로 나눈 나머지 數가 動爻가 된다.

2. 상괘에 적용되는 수리 산출법 (上卦에 適用되는 數理 算出法)

(1) 陽生의 上卦를 구하는 법

1 나이에서 十單位數와 單數로 분리하여 十單位數를 사용한다.

2 生年의 干支 後天數에서 天干은 後天數에 十乘(10을 곱한다)을 적용하고, 地支는 單數를 그대로 사용한다.

3 나이의 十單位數와 生年의 干支 後天數를 合하여, 8로 나눈 나머지 數가 陽生의 上卦다.

(예문) 陽生 1984년(甲子生)의 2012년(壬辰年) 身數 上卦 算出法

① 1984년 甲子生은 2012년(壬辰年)에 29세다.

② 나이(29)에서 십단위수는 20이고, 단수는 9다.
그래서 십단위수인 20을 上卦에 적용한다.

③ 생년(甲子)의 간지 후천수는 天干 甲의 후천수 3에 10을 곱하면 30이다. 地支 子의 후천수는 1이다.
그래서 甲子의 후천수는 31이다. 31을 上卦에 적용한다.

④ 나이의 십단위수 20과 생년 간지 후천수 31을 합하면 51이다.
51을 8로(八卦이므로 8로 나눈다) 나눈 나머지 수는 3이다.
3은 八卦에서 離宮에 해당한다. 그러므로 上卦는 離卦가 된다.

---

(2) 陰生의 上卦를 구하는 法

1 나이에서 十單位數와 單數로 분리하여 十單位數를 사용한다.

2 生年의 天干 順位數를 사용한다.(天干만 사용)

3 나이의 十單位數와 生年의 天干 順位數를 合하여, 8로 나눈 나머지 數가 陰生의 上卦다.

(예문) 陰生 1985년(乙丑生)의 2012년(壬辰年) 身數 上卦 算出法

① 1985년 乙丑生은 2012년(壬辰年)에 28세다.

② 나이(28)에서 십단위수는 20이고, 단수는 8이다.
그래서 십단위수인 20을 上卦에 적용한다.

③ 생년(乙丑)의 천간 순위수는 2다.
2를 上卦에 적용한다.

④ 나이의 십단위수 20과 생년의 천간 순위수 2를 합하면 22다.
22를 8로(八卦이므로 8로 나눈다) 나눈 나머지 수는 6이다.
6은 八卦에서 坎宮에 해당한다. 그러므로 上卦는 坎卦가 된다.

---

3. 하괘에 적용되는 수리 산출법 (下卦에 適用되는 數理 算出法)

(1) 陽生과 陰生의 下卦를 구하는 法

1 陽生과 陰生이 모두 동일(同一)하다.

2 나이에서 十單位數와 單數로 분리하여 單數를 사용한다.

3 姓名의 總劃數를 사용한다.

※ 總劃數는 정자법(正字法), 소감법(小減法), 대감법(大減法), 혼합법(混合法)이 적용된 數다.

4 나이의 單數와 姓名의 總劃數를 合하여, 8로 나눈 나머지 數가 下卦다.

(예문) 陽生 1984년(甲子生) 姓名 金吉秀의 2012년(壬辰年) 身數 下卦 算出法

① 1984년 甲子生은 2012년(壬辰年)에 29세다.

② 나이(29)에서 십단위수는 20이고, 단수는 9다.
그래서 단수인 9를 下卦에 적용한다.

③ 金吉秀의 성명 총획수는 21획이다.

④ 나이의 단수 9와 성명 총획수 21을 합하면 30이다.
30을 8로(八卦이므로 8로 나눈다) 나눈 나머지 수는 6이다.
6은 八卦에서 坎宮에 해당한다. 그러므로 下卦는 坎卦가 된다.

---

4. 동효에 적용되는 수리 산출법 (動爻에 適用되는 數理 算出法)

1 上卦數와 下卦數를 合한다.

2 合한 數를 6으로(六爻이므로 6으로 나눈다) 나눈 나머지 數가 動爻다.

천간 순위수(天干順位數)

天干 :	甲	乙	丙	丁	戊	己	庚	辛	壬	癸
數 :	1	2	3	4	5	6	7	8	9	10

간지 후천수(干支後天數)

天干 :	甲	乙	丙	丁	戊	己	庚	辛	壬	癸
10倍數:	30	80	70	20	50	100	90	40	10	60

地支 :	子	丑	寅	卯	辰	巳	午	未	申	酉	戌	亥
單數 :	1	10	3	8	5	2	7	10	9	4	5	6

陽生과 陰生에 따른 干支 數理

陽生 : 간지 후천수(干支後天數)를 사용한다.

陰生 : 천간 순위수(天干順位數)만 사용한다.

暘生:	甲	丙	戊	庚	壬
陰生:	乙	丁	己	辛	癸

5. 신산성명학 신수요결 작괘법 예문

(1) 陽生의 경우

(예문) 1940년(庚辰生), 金吉秀의 2001년(辛巳年) 身數 作卦法

① 庚辰生은 陽生이다.

② 1940년 庚辰生은 2001년(辛巳年)에 62세다.
십단위수는 上卦數가 되고, 단수는 下卦數가 된다.
그러므로 60은 上卦에 적용하고, 2는 下卦에 적용한다.

③ 陽生이므로 생년(庚辰)의 간지 후천수를 사용한다.
천간 庚의 후천수는 9이고, 천간에 10乘(10을 곱한다)을 하면 90이다. 지지 辰의 후천수는 5다.
庚辰의 간지 후천수의 합은 95다.
그러므로 95를 上卦에 적용한다.

④ 金吉秀(김길수)의 성명 총획수는 21이다.
성명의 총획수는 下卦數가 된다.
그러므로 21을 下卦에 적용한다.

⑤ 上卦는 나이 62세의 십단위수 60과 생년 간지 庚辰의 후천수 95를 합하면 155다. 155를 8로 나누면 3이 남는다.
3은 離宮이니, 上卦는 離卦가 된다.

⑥ 下卦는 나이 62세의 단수 2와 성명 金吉秀의 총 획수 21을 합하면 23이다. 23을 8로 나누면 7이 남는다.
7은 艮宮이니, 下卦는 艮卦가 된다.

⑦ 動爻는 上卦數의 합 155와 下卦數의 합 23을 합하면 178이 된다.

178을 6으로 나누면 4가 남는다. 그러므로 四爻가 動爻다.

⑧ 종합적으로 정리하면 다음과 같다.

庚辰生 金吉秀의 辛巳年 身數.

火山旅 卦. 四爻 動.

	艮爲山 ! 火山旅	
	兄巳 /	庚辰生 辛巳年
	孫未 //	
孫戌	財酉 X 應	
	財申 /	
	兄午 //	
	孫辰 // 世	

(2) 陰生의 경우

(예문) 1941년(辛巳生), 金貞任의 2001년(辛巳年) 身數 作卦法

① 辛巳生은 陰生이다.

② 1941년 辛巳生은 2001년(辛巳年)에 61세다.
십단위수는 上卦數가 되고, 단수는 下卦數가 된다.
그러므로 60은 上卦에 적용하고, 1은 下卦에 적용한다.

③ 陰生이므로 생년(辛巳)의 천간 순위수를 사용한다.
천간 辛의 순위수는 8이다.
그러므로 8을 上卦에 적용한다.

④ 金貞任(김정임)의 성명 총획수는 23이다.
한자이름의 총획수는 下卦數가 된다.
그러므로 23을 下卦에 적용한다.

⑤ 上卦는 나이 62세의 십단위수 60과 생년 천간 辛의 천간 순위수 8을 합하면 68이다. 68을 8로 나누면 4가 남는다.
4는 震宮이니, 上卦는 震卦가 된다.

⑥ 下卦는 나이 61세의 단수 1과 성명 金貞任의 총 획수 23을 합하면 24다. 24를 8로 나누면 0이니, 8로 본다.
8은 坤宮이니, 下卦는 坤卦가 된다.

⑦ 動爻는 上卦數의 합 68과 下卦數의 합 24를 합하면 92가 된다.
92를 6으로 나누면 2가 남는다. 그러므로 二爻가 動爻다.

⑧ 종합적으로 정리하면 다음과 같다.

辛巳生 金貞任의 辛巳年 身數.
雷地豫 卦. 二爻 動.

雷水解！雷地豫

財戌 //
官申 //
孫午 / 應
兄卯 //
財辰 孫巳 X
財未 // 世

辛巳生 辛巳年

6. 신산성명학 신수 자획법 (神算姓名學 身數 字劃法)

신산성명학 신수 자획법은 정자법(正字法), 소감법(小減法), 대감법(大減法), 혼합법(混合法)으로 분류된다.

(1) 正字法 (정자법)

姓名에서 出生 年의 地支와 같은 五行이 없으면, 姓名의 總劃數를 모두 사용하여 作卦하는 法이다.

(예문) 甲子生, 金吉秀(김길수)

① 金吉秀 총획수는 21이다.

② 출생 년(甲子)의 지지 子는 水다.

③ 성명에서 '水'에 해당하는 자획이 없다.

④ 그러므로 총획수 21획을 그대로 사용한다.

⑤ 이것이 정자법(正字法)이다.

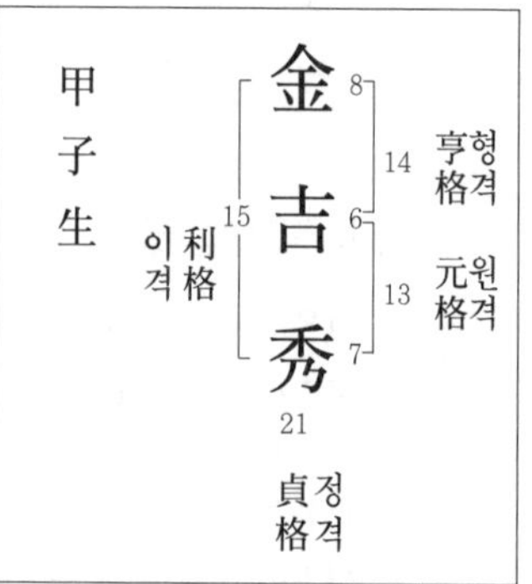

---

(2) 小減法 (소감법)

姓名에서 出生 年의 地支와 같은 五行의 字劃이 있으면, 해당 字劃의 劃數를 제외하고 作卦하는 法이다.

(예문) 甲子生, 金洙美(김수미)

① 金洙美의 총획수는 27이다.

② 출생 년(甲子)의 지지 '子'는 水다.

③ 성명에서 水와 관련된 자획을 찾아서, 해당 자획수를 성명 총획수에서 제외한다.

④ '洙' 자에서 '氵'이 水에 해당한다.
'氵'(삼수 변)은 4획이다.
그래서 金洙美의 총획수(27)에서 4획(氵)을 제외하면 23이다.

⑤ 그러므로 金洙美의 총획수는 27획이 아니고, 23획이다.

⑥ 이것이 소감법(小減法)이다.

---

(3) 大減法 (대감법)

姓名의 각 글자에 같은 五行으로 구성된 字劃이 있으면 해당 字劃을 삭제하고 作卦하는 法이다.

(예문) 甲子生, 柳在圭(류재규)

① 柳在圭의 총획수는 21이다.

② 성명에서 각 글자에 같은 오행으로 구성된 자획을 찾아서, 해당 자획을 성명에서 제외한다.

③ '柳' 자는 '木' 과 '卯' 로 이루어져 있다.
'木' 과 '卯' 는 오행이 모두 木에 해당한다.
그래서 '柳' 자의 9획을 모두 제외한다.

④ '圭' 자는 '土' 와 '土' 로 이루어져 있다.
'土' 는 오행이 土에 해당한다.
그래서 '圭' 자의 6획을 모두 제외한다.

⑤ 성명 '柳在圭' 에서 '柳' 와 '圭' 를 제외한 '在' 자의 6획으로 작괘를 한다.

⑥ 그러므로 柳在圭의 총획수는 21획이 아니고, 6획이다.

⑦ 이것이 대감법(大減法)이다.

---

(4) 混合法 (혼합법)

혼합법(混合法)은 대감법(大減法)과 소감법(小減法)을 모두 적용하여 作卦하는 法이다.

(예문) 甲子生, 林昶洙(임창수)

① 林昶洙의 총획수는 26이다.

② 출생 년(甲子)의 지지 子는 水다.

③ 성명에서 각 글자에 같은 오행으로 구성된 자획을 찾아서, 해당 자획을 성명에서 제외한다.
'林' 자는 '木' 과 '木' 으로 이루어져 있다.
'木' 은 오행이 木에 해당한다.
그래서 '林' 자의 8획을 제외하면, '林' 자의 획수는 0이 된다.

④ 성명에서 水와 관련된 자획을 찾아서, 해당 자획수를 성명 총획수에서 제외한다.
'洙' 자에서 '氵' 이 水에 해당한다. '氵' 은 4획이다.
그래서 '洙' 자에서 '氵' 을 제외하면, '洙' 자의 획수는 6획이 된다.

⑤ 결론은 林昶洙의 총획수는 '昶' 자의 9획과 '朱' 자의 6획을 합한 15획이다.

⑥ 이것이 혼합법(混合法)이다.

---

7. 신산성명학 신수요결 실례

戊戌生, 朴順天

1 박순천 ; 1898년 ~ 1983년, 여성정치가
正字法 적용
癸亥年 (1983년) 身數

2 戊戌生은 陽生이므로, 간지 후천수를 사용한다.
戊戌의 간지 후천수가 55이므로, 55를 上卦數로 한다.

3 성명 총획수가 22획이므로, 22를 下卦數로 한다.

4 癸亥年(1983년)이면 86세다.
86에서 십단위수인 80은 上卦에 합한다.
단수인 6은 下卦에 합한다.

5 上卦數의 합은 55+80=135, 下卦數의 합은 22+6=28이다.

6 上卦數와 下卦數를 각각 8로 나눈다.
上卦는 7이 남고, 下卦는 4가 남는다.
7은 艮宮이고, 4는 震宮이니, 山雷頤 卦가 된다.

7 動爻는 上卦數 135와 下卦數 28을 합하면 163이다.
163을 6으로 나누면 1이 남는다. 初爻가 動爻다.

山地剝 ! 山雷頤	
兄寅 /	戊戌生 癸亥年
父子 // 身	
財戌 // 世	
財辰 //	
兄寅 // 命	
財未 父子 X 應	

- 酉月 卦다.
- 四爻 戌土가 世이므로, 身은 五爻다.
- 五爻에 있는 子水 父爻가 身爻다.
- 世爻는 현재 내가 서 있는 위치와 환경이고, 身爻는 내 몸이다.
- 사람의 생사(生死)는 환경이나 身爻의 衰絶에 영향을 받는다.
- 그래서 수명(壽命)은 世爻와 身爻를 참고해야 한다.
- 이 卦는 五爻에 있는 子水 身爻가 생년태세 戊戌의 克을 받고 空亡인 가운데, 初爻에서 交重 發動하여 回頭克을 입으니 大凶하다.
- 사자후(獅子吼)를 토(吐)하던 여걸(女傑)이 자연으로 돌아가시던 해의 卦다.

신산 김용연의 톡톡톡

전생(前生) 1

전생을 보는 무속인(巫俗人)들은 전생에 저질러진 업보를 현재 처해 있는 처지와 결부시켜 납득이 갈만한 설명을 했다. 요즘 전생을 상담하는 이들은 옛 사람보다 훨씬 상담을 더 잘한다고 생각하겠지만, 당신은 왕비였다, 장군이었다는 식으로 내뱉기만 할 뿐, 전생(前生)과 현세(現世)를 연관(連貫)지어 설명하는 상담가가 있다는 얘기를 들어 본 적이 없다.

丁巳生, 朴正熙

1 박정희 ; 1917년 ~ 1979년, 대한민국 제5,6,7,8,9대 대통령
小減法 적용
己未年 (1979년) 身數

2 丁巳生은 陰生이므로, 천간 순위수를 사용한다.
丁의 천간 순위수가 4이므로, 4를 上卦數로 한다.

3 성명 총획수가 24획이므로, 24를 下卦數로 한다.
그러나 丁巳生이므로, 이름 '熙' 자에서 火에 해당하는 '灬'를 제외하니 20획이 된다.
그러므로 20을 下卦數로 한다.

4 己未年(1979년)이면 63세다.
63에서 십단위수인 60은 上卦에 합한다.
단수인 3은 下卦에 합한다.

5 上卦數의 합은 4+60=64, 下卦數의 합은 20+3=23이다.

6 上卦數와 下卦數를 각각 8로 나눈다.
上卦는 0이니 8이 되고, 下卦는 7이 남는다.
8은 坤宮이고, 7은 艮宮이니, 地山謙 卦가 된다.

7 動爻는 上卦數 64와 下卦數 23을 합하면 87이다.
87을 6으로 나누면 3이 남는다. 三爻가 動爻다.

坤爲地 ! 地山謙	
兄酉 // 身 孫亥 // 世 父丑 // 財卯 兄申 乂 命 官午 // 應 父辰 //	丁巳生 己未年

● 戌月 卦다.

● 六爻 酉金이 身爻가 되고, 三爻 申金이 命爻가 된다.

● 五爻에서 亥水 孫爻가 持世했는데, 世가 생년태세 巳火에 破를 당하고, 당년태세 未土에 克을 받아 불길(不吉)하다.

● 三爻에서 申金 兄爻가 動하여 世爻를 生扶하는 것 같으나, 卯木 財를 化出하여 스스로 絶이 되니 안타깝다.

● 四爻에 있는 丑土 忌神이 空亡이나, 당년태세의 沖을 받아 暗動이 되어, 亥水 世爻를 來克하니 더욱 凶하다.

● 破絶을 당한 爻는 그 爻에 臨한 飛神이 출현하는 年이나 月, 또는 日이 應하는 시기(時期)가 되기도 한다.

신산 김용연의 톡톡톡

전생(前生) 2

지인(知人)의 전생(前生) 상담(相談) 내용이다. 당신은 전생에 너구리를 잡는 포수였다. 너구리를 잡기 위해 굴 입구에 불을 피웠는데, 굴 안에는 임신한 너구리가 있었다. 임신한 너구리는 뱃속에 있는 새끼를 지키기 위해 필사적으로 버티다가, 결국은 실명(失明)을 하게 되었다. 그 업보(業報)로 어미 너구리가 당신 아들로 태어났다. 당신 아들은 반드시 20세 전에 실명한다고 하였다. 사실 그 해에 지인(知人)의 아들이 18세였는데, 이미 실명한 뒤였다.

乙丑生, 陸英修

1 육영수 ; 1925년 ~ 1974년, 영부인 (박정희 대통령)
小減法 적용
甲寅年 (1974년) 身數

2 乙丑生은 陰生이므로, 천간 순위수를 사용한다.
乙의 천간 순위수가 2이므로, 2를 上卦數로 한다.

3 성명 총획수가 37획이므로, 37을 下卦數로 한다.
그러나 乙丑生이므로, '陸' 자에서 오행 土에 해당하는 '土' 와 '土' 를 빼면 31획이 된다.
그러므로 31을 下卦數로 한다.

4 甲寅年(1974년)이면 50세다.
나이가 이처럼 십단위수로 끝나면 10을 먼저 下卦에 합하고, 나머지 40은 上卦에 합한다.

5 上卦數의 합은 2+40=42, 下卦數의 합은 31+10=41이다.

6 上卦數와 下卦數를 각각 8로 나눈다.
上卦는 2가 남고, 下卦는 1이 남는다.
2는 兌宮이고, 1은 乾宮이니, 澤天夬 卦가 된다.

7 動爻는 上卦數 42와 下卦數 41을 합하면 83이다.
83을 6으로 나누면 5가 남는다. 五爻가 動爻다.

雷天大壯 ! 澤天夬		
	兄未 //	乙丑生 甲寅年
孫申	孫酉 X 世	
	財亥 / 身	
	兄辰 /	
	官寅 / 應	
	財子 / 命	

- 辰月 卦다.
- 五爻에 持世한 酉金이 發動해 申金을 化出, 退神이 되면서, 생년태세 丑에 入庫되니 凶하다.
- 身은 四爻에 있는 亥水 財爻이고, 命은 初爻에 있는 子水 財爻다.
- 命이 眞空이 된 것은 걸어가는 길이 무너진 것과 같다
- 당년태세 寅에 酉金 世爻가 絶이 되니 이롭지 못하다.
- 七月에 만인(萬人)을 오열(嗚咽)에 잠기게 했다.

신산 김용연의 톡톡톡

역학 공부를 시작하는 사람들에게 1

교육기관이나 선생으로부터 교육을 받을 때, 참으로 많은 것을 배우고 익히며, 비전을 전수 받기도 한다. 그러나 실제로 상담을 받으러 온 사람과 마주 대하면, 상담해 줄 이야깃거리가 없을 것이다. 그것은 당신이 초급반, 중급반, 고급반, 연구반을 거치면서, 상담자와 우두커니 바라보는 교육만 받았기 때문이다.

壬申生, 閔斗基

1 민두기 ; 1932년 ~ 2000년, 역사학자
正字法 적용
庚辰年 (2000년) 身數

2 壬申生은 陽生이므로, 간지 후천수를 사용한다.
壬申의 간지 후천수가 19이므로, 19를 上卦數로 한다.

3 성명 총획수가 27획이므로, 27을 下卦數로 한다.

4 庚辰年(2000년)이면 69세다.
69에서 십단위수인 60은 上卦에 합한다.
단수인 9는 下卦에 합한다.

5 上卦數의 합은 19+60=79, 下卦數의 합은 27+9=36이다.

6 上卦數와 下卦數를 각각 8로 나눈다.
上卦는 7이 남고, 下卦는 4가 남는다.
7은 艮宮이고, 4는 震宮이니, 山雷頤 卦가 된다.

7 動爻는 上卦數 79와 下卦數 36을 합하면 115다.
115를 6으로 나누면 1이 남는다. 初爻가 動爻다.

山地剝 ! 山雷頤	
兄寅 /	壬申生
父子 // 身	
財戌 // 世	
財辰 //	庚辰年
兄寅 // 命	
財未 父子 乂應	

- 酉月 卦다.
- 五爻 子水가 身이고, 二爻 寅木이 命이다.
- 子水 父爻가 五爻와 初爻에서 交重이 되고, 당년태세 辰年에 入庫가 되니 身爻가 무력(無力)하다.
- 그리고 初爻 子水 父爻는 發動하여 未土 財에 回頭克을 당하니 즐겁지 않다.
- 四爻에 있는 戌土 世爻는 辰年에 破를 당했는데, 卦 中에 구원처가 없어 안타깝다.
- 저승에서 인재(人才)가 급히 필요하였나 보다.

신산 김용연의 **톡톡톡**

역학 공부를 시작하는 사람들에게 2

초학자(初學者)에게 질문은 공부하는데 절대적인 도움을 준다. 그런데 부실한 교육기관이나 강사는 질문을 회피한다. 그 이유로 강의 중 질문은 학업 진도에 영향을 준다는 이유를 대거나, 강의 끝나고 질문을 하라고 한 후, 바쁘다고 그냥 무시해 버린다. 이것은 그 교육기관의 강사가 수강생의 질문에 납득이 갈만한 설명을 해 줄 자신이 없기 때문이다. 수강생들은 귀중한 시간을 낭비하면서 그곳에 머물러서는 안 된다. 역학을 강의하는 교육기관에서 간혹 탁월한 강사를 보기도 한다. 그러나 대개의 강사들은 손님 상담에 실패한 자들이다. 상담에 실패한 자로부터 무엇을 배울 수 있는지를 생각해 보라.

辛巳生，李壽仁

1 이수인 ; 1941년 ~ 2000년, 정치인
正字法 적용
庚辰年 (2000년) 身數

2 辛巳生은 陰生이므로, 천간 순위수를 사용한다.
辛의 천간 순위수가 8이므로, 8을 上卦數로 한다.

3 성명 총획수가 25획이므로, 25를 下卦數로 한다.

4 庚辰年(2000년)이면 60세다.
나이가 이렇게 십단위수로 끝나면 10을 먼저 下卦에 합하고, 나머지 50은 上卦에 합한다.

5 上卦數의 합은 8+50=58, 下卦數의 합은 25+10=35이다.

6 上卦數와 下卦數를 각각 8로 나눈다.
上卦는 2가 남고, 下卦는 3이 남는다.
2는 兌宮이고, 3은 離宮이니, 澤火革 卦다.

7 動爻는 上卦數 58과 下卦數 35를 합하면 93이다.
93을 6으로 나누면 3이 남는다. 三爻가 動爻다.

澤雷隨！澤火革		
官未 // 身		辛巳生
父酉 /		
兄亥 / 世		
官辰 兄亥 ㄨ 命		庚辰年
官丑 //		
孫卯 / 應		

- 卯月 卦다.
- 四爻 亥水 兄爻가 持世했는데, 생년 태세 巳火에 破를 당하니 염려스럽다.
- 다시 당년태세 辰이 入庫시키니 아름답지 못하다.
- 그리고 亥水 世爻의 原神 五爻 酉金 父爻가 空亡이다.
- 이 시대의 인물이 결실을 보지 못하니 안타까울 뿐이다.
- 수재(秀才)가 환갑(還甲)을 넘기기가 이리도 어려운가!

신산 김용연의 **톡톡톡**

뱀의 발톱을 그리는 선생 1

- 사주명리학을 공부하는 초학자들이 용신이 중요하다고 하여, 용신을 찾아 헤매는 경우를 간혹 본다. 용신을 바르게 잡았다 하자. 그러면 상담을 받으러 온 사람에게 무슨 이야기를 할 것인가? 용신을 생부(生扶)해 주는 운(運)에는 매사가 순조롭고, 용신을 상극(相克)하는 해(年)에는 재앙이 발생한다는 것 이외에 할 이야기가 얼마나 더 있는지 생각해 보았는가?
- 뱀은 본시 다리가 없는데, 뱀을 그리다 보면, 다리가 없어 모양이 나지 않는다고 하여, 그려 붙인 것이 뱀 다리다. 바르지 못한 강사들이 사족(蛇足)을 잘 그리는데, 미천(微賤)한 실력으로 강의 시간을 늘리거나 학생들을 현혹(眩惑)시키기 위해서다. 일방적으로 자기 이론만 고집하는 강사들 중에서 간혹 볼 수 있다.

丁巳生, 李家源

1 이가원 ; 1917년 ~ 2000년, 국문학자
正字法 적용
庚辰年 (2000년) 身數

2 丁巳生은 陰生이므로, 천간 순위수를 사용한다.
丁의 천간 순위수가 4이므로, 4를 上卦數로 한다.

3 성명 총획수가 31획이므로, 31을 下卦數로 한다.

4 庚辰年(2000년)이면 84세이다.
84에서 십단위수인 80은 上卦에 합한다.
단수인 4는 下卦에 합한다.

5 上卦數의 합은 4+80=84, 下卦數의 합은 31+4=35이다.

6 上卦數와 下卦數를 각각 8로 나눈다.
上卦는 4가 남고, 下卦는 3이 남는다.
4는 震宮이고, 3은 離宮이니, 雷火豊 卦다.

7 動爻는 上卦數 84와 下卦數 35를 합하면 119이다.
119를 6으로 나누면 5가 남는다. 五爻가 動爻다.

澤火革 ! 雷火豊		
	官戌 // 命	丁巳生
父酉	父申 ╳ 世	
	財午 /	
	兄亥 / 身	庚辰年
	官丑 // 應	
	孫卯 /	

● 戌月 卦다.

● 三爻에 있는 亥水 兄爻가 身이 되고, 六爻에 있는 戌土 官爻가 命이 된다.

● 持世한 五爻 申金이 空亡인데, 發動하여 化出한 酉金도 空亡이니, 자공화공(自空化空)이다.

● 三爻 亥水 身이 생년태세 巳年에 破를 당하고, 당년태세 辰에 入庫되니, 자손들에게 죽장(竹杖)을 나누어 주는구나!

신산 김용연의 **톡톡톡**

뱀의 발톱을 그리는 선생 2

그런데 그 다음이 큰 문제다. 그 선생으로부터 공부한 우수한 제자는 뱀의 발가락을 그리고, 또 그 제자의 제자는 발톱을 그리게 된다. 모름지기 초학자들은 뱀의 다리와 발톱을 그리는 것을 배우지 않았는지 확인해야 하며, 혹시 당신도 지금 뱀 발톱에 매니큐어(manicure)를 칠하는 법을 배우고 있지는 않은지 뒤돌아보아야 한다.

丁丑生, 姜在求

1 강재구 ; 1937년 ~ 1965년, 군인
正字法 적용
乙巳年 (1965년) 身數

2 丁丑生은 陰生이므로, 천간 순위수를 사용한다.
丁의 천간 순위수가 4이므로, 4를 上卦數로 한다.

3 성명 총획수가 21획이므로, 21을 下卦數로 한다.

4 乙巳年(1965년)이면 29세다.
29에서 십단위수인 20은 上卦에 합한다.
단수인 9는 下卦에 합한다.

5 上卦數의 합은 4+20=24, 下卦數의 합은 21+9=30이다.

6 上卦數와 下卦數를 각각 8로 나눈다.
上卦는 0이니 8이 되고, 下卦는 6이 남는다.
8은 坤宮이고, 6은 坎宮이니, 地水師 卦가 된다.

7 動爻는 上卦數 24와 下卦數 30을 합하면 54다.
54를 6으로 나누면 0이 남는다. 六爻가 動爻다.

山水蒙 ! 地水師	
孫寅 父酉〤應	丁丑生
兄亥〃	
官丑〃 命	
財午〃世	乙巳年
官辰 /	
孫寅〃 身	

- 申月 卦다.
- 初爻 寅木이 身이고, 四爻 丑土가 命이다.
- 寅木 子孫의 原神인 五爻 亥水가 생년태세의 克을 받고, 당년태세에 破를 당했다.
- 寅木 身爻는 太歲의 生扶를 받지 못해 無力한데, 空亡이 되니 眞空이다.
- 六爻 酉金 父爻가 發動하여 寅木 身을 克하니, 몸이 부서지는 것과 같다.
- 우리의 영웅(英雄)은 만인(萬人)의 가슴에 영면(永眠)하시게 되었다.

신산 김용연의 **톡톡톡**

갑목, 을목을 벗어나지 못하는 사람들 1

"넌 무슨 일주야?" "그 사람은 OO일주니까, 성격이 이렇다." 역학을 공부하는 초보자들의 대화 일부분이다. 그 사람이 갑일(甲日)이나 을일(乙日)에 태어났다는 것이지, 갑목(甲木)이나 을목(乙木)이 아니다. 이런 식으로 성향(性向)을 분별(分別)할거라면, 차라리 혈액형으로 판단하는 것이 훨씬 합리적이다.

甲辰生, 卜惠淑

1 복혜숙 ; 1904년 ~ 1982년, 연극배우
正字法 적용
壬戌年 (1982년) 身數

2 甲辰生은 陽生이므로, 간지 후천수를 사용한다.
甲辰의 간지 후천수가 35이므로, 35를 上卦數로 한다.

3 성명 총획수가 26획이므로, 26을 下卦數로 한다.

4 壬戌年(1982년)이면 79세다.
79에서 십단위수인 70은 上卦에 합한다.
단수인 9는 下卦에 합한다.

5 上卦數의 합은 35+70=105, 下卦數의 합은 26+9=35다.

6 上卦數와 下卦數를 각각 8로 나눈다.
上卦는 1이 남고, 下卦는 3이 남는다.
1은 乾宮이고, 3은 離宮이니, 天火同人 卦다.

7 動爻는 上卦數 105와 下卦數 35를 합하면 140이다.
140을 6으로 나누면 2가 남는다. 二爻가 動爻다.

乾爲天 ! 天火同人	
孫戌 / 應身	甲辰生
財申 /	
兄午 /	
官亥 / 世命	壬戌年
父寅 孫丑 ※	
父卯 /	

- 寅月 卦다.
- 三爻 亥水가 持世하고 있는데, 생년태세 辰이 克하고, 당년태세 戌이 克하니 大凶하다.
- 二爻에서 丑土 孫爻가 旺한 가운데 發動해 克世까지 하니, 壬戌年을 넘어가기가 참으로 어렵다.
- 丑土 孫爻가 發動해 回頭克을 당하나, 생년태세와 당년태세가 扶(比和)하니 回頭克이 아니다.
- 未月에 들어서면 寅木이 休囚되고 入庫되면서, 丑土가 亥水 世爻를 克한다.
- 영화계의 큰 별이 검은 개의 안내를 받는구나!

신산 김용연의 **톡톡톡**

갑목, 을목을 벗어나지 못하는 사람들 2

역학은 신비스러운 학문이 아니다. 자연의 변화와 순환이치, 생극제화를 연구하여 우리 생활도처에서 발생하는 어려움을 피하고 편안함을 선택하는 것을 연구하는 학문이다. 역술인 중 간혹 무속인이 하는 전생 이야기를 하거나, 신비스런 이야기를 하는 자들이 있는데 황당하다 하겠다. 초학자들은 이런 자를 경계해야 한다.

辛亥生, 盧天命

1 노천명 ; 1911년 ~ 1957년, 시인
正字法 적용
丁酉年 (1957년) 身數

2 辛亥生은 陰生이므로, 천간 순위수를 사용한다.
辛의 천간 순위수가 8이므로, 8을 上卦數로 한다.

3 성명 총획수가 28획이므로, 28을 下卦數로 한다.

4 丁酉年(1957년)이면 47세다.
47에서 십단위수인 40은 上卦에 합한다.
단수인 7은 下卦에 합한다.

5 上卦數의 합은 8+40=48, 下卦數의 합은 28+7=35이다.

6 上卦數와 下卦數를 각각 8로 나눈다.
上卦는 0이니 8이 되고, 下卦는 3이 남는다.
8은 坤宮이고, 3은 離宮이니, 地火明夷 卦다.

7 動爻는 上卦數 48과 下卦數 35를 합하면 83이다.
83을 6으로 나누면 5가 남는다. 五爻가 動爻다.

水火旣濟 ! 地火明夷			
	父酉 //		辛亥生 丁酉年
官戌	兄亥 ✕ 命		
	官丑 // 世		
	兄亥 / (財午)		
	官丑 // 身		
	孫卯 / 應		

- 酉月 卦다.
- 四爻에서 持世한 丑土가 생년태세 亥에 상문(喪門)이다.
- 丑土 世의 原神은 三爻 亥水 아래 伏神인 午火 財다.
- 三爻와 五爻에서 亥水 兄爻가 交重되고 發動하여, 伏神인 午火 財를 破克하니, 伏神은 출현(出現)해도 쓰지 못한다.
- 수명(壽命)을 판단하는 데는 原神의 동향(動向)이 중요하다.
- 선생의 주옥(珠玉)같은 작품 활동도 여기까지다.

신산 김용연의 **톡톡톡**

고전(古典) 1

고전은 우리가 아끼고 보존해야 할 만한 가치가 있는 책이다. 고전은 어떤 분야든지 그 학문의 바탕이 된다. 반드시 읽어야 한다. 그러나 고전은 그 시대상에 맞게 쓰인 책이다. 주변 환경이나 생활조건 그리고 사고하는 방식이 전혀 다른 현대에서는 고전에 기술된 내용이 절대적일 수 없다. 참고는 하되, 적용은 시대에 맞게 연구해야 한다.

丙辰生, 李玉禮

1 이옥례 ; 1916년 ~ 1965년, 가수
正字法 적용
乙巳年 (1965년) 身數

2 丙辰生은 陽生이므로, 간지 후천수를 사용한다.
丙辰의 간지 후천수가 75이므로, 75를 上卦數로 한다.

3 성명 총획수가 30획이므로, 30을 下卦數로 한다.

4 乙巳年(1965년)이면 50세다.
나이가 이처럼 십단위수로 끝나면 10을 먼저 下卦에 합하고, 나머지 40은 上卦에 합한다.

5 上卦數의 합은 75+40=115, 下卦數의 합은 30+10=40이다.

6 上卦數와 下卦數를 각각 8로 나눈다.
上卦는 3이 남고, 下卦는 0이니 8이 된다.
3은 離宮이고, 8은 坤宮이니, 火地晋 卦가 된다.

7 動爻는 上卦數 115와 下卦數 40을 합하면 155다.
155를 6으로 나누면 5가 남는다. 五爻가 動爻다.

天地否！火地晋

	官巳 /	丙
兄申	父未 ※	辰
	兄酉 / 世身	生
	財卯 //	乙
	官巳 //	巳
	父未 // 應命(孫子)	年

- 卯月 卦다.
- 四爻에서 酉金 兄爻가 持世하여 旺하니, 경제적 어려움이 많겠다.
- 卦身 三爻 卯木은 생년태세와 당년태세의 生扶를 받지 못해 힘이 없다.
- 그리고 卯木 卦身의 原神 子水는 初爻 未土 아래 伏神으로 생년태세와 당년태세의 克傷을 당해 無力하다.
- 따라서 卦身 卯木은 眞空이다.
- 卦身이 망가지고 부서지는 것은 卦가 망가지고 부서진 것과 같다.
- 삼학도(三鶴島)에 목포의 눈물이 애절하다.

신산 김용연의 **톡톡톡**

고전(古典) 2

일례로 옛 상법에는 얼굴이 크고 두툼하며, 허리가 두텁고 길며, 다리가 짧은 사람을 선호했다. 농경 사회에서는 서민의 부(富)의 척도를 농경지의 소유로 판단했다. 복스럽고 넓은 얼굴은 넓은 경작지와 비례하여 판단했고, 길고 두터운 허리와 짧은 다리는 움직임이 더디므로, 한 곳에 정착해 한 가지 일에 전념하는 데 최상 조건의 체형이다.

癸丑生, 金東里

1 김동리 ; 1913년 ~ 1995년, 소설가
正字法 적용
乙亥年 (1995년) 身數

2 癸丑生은 陰生이므로, 천간 순위수를 사용한다.
癸의 천간 순위수가 10이므로, 10을 上卦數로 한다.

3 성명 총획수가 23획이므로, 23을 下卦數로 한다.

4 乙亥年(1995년)이면 83세다.
83에서 십단위수인 80은 上卦에 합한다.
단수인 3은 下卦에 합한다.

5 上卦數의 합은 10+80=90, 下卦數의 합은 23+3=26이다.

6 上卦數와 下卦數를 각각 8로 나눈다.
上卦는 2가 남고, 下卦는 2가 남는다.
2는 兌宮이니, 兌爲澤 卦가 된다.

7 動爻는 上卦數 90과 下卦數 26을 합하면 116이다.
116을 6으로 나누면 2가 남는다. 二爻가 動爻다.

澤雷隨 ! 兌爲澤		
父未 // 世		癸丑生 乙亥年
兄酉 /	命	
孫亥 /		
父丑 // 應		
財寅 財卯 ╳	身	
官巳 /		

- 卦身은 亥月 卦다.
- 六爻 未土 世가 생년태세 丑에 破를 입었다.
- 二爻에서 卯木 財爻가 發動하고, 亥卯未 三合 財局을 이뤄, 克해오니 이롭지 못하다.
- 世爻 未土 父爻의 原神인 初爻 巳火 官爻가 당년태세에 破를 당하니, 凶을 가중(加重)시킨다.
- 절세(絶世) 문장가(文章家)의 수명(壽命)이 여기까지인가!

신산 김용연의 톡톡톡

고전(古典) 3

그러나 현대 사회는 어떠한가? 시골의 넓은 농경지는 애물단지로 전락하고, 도심 주변에 좁아도 예쁜 땅 즉 요지(要地)의 비싼 땅을 선호하는 시대이며, 빠른 정보를 얻어야 부(富)를 이룰 수 있다. 그래서 좁은 얼굴과 짧은 허리, 긴 다리를 선호하고, 또 이런 체형을 가진 사람이 부(富)를 이룬다. 현실이 이와 같은데, 옛 고전을 뒤적거리며 맞는다고 고집하겠는가? 강사는 고전의 한자 풀이를 불러주고, 학생은 그것을 받아쓰기나 하고 있는 역학의 현실이 안타깝다.

癸卯生, 金永郞

1 김영랑 ; 1903년 ~ 1950년, 시인

正字法 적용

庚寅年 (1950년) 身數

2 癸卯生은 陰生이므로, 천간 순위수를 사용한다.

癸의 천간 순위수가 10이므로, 10을 上卦數로 한다.

3 성명 총획수가 27획이므로, 27을 下卦數로 한다.

4 庚寅年(1950년)이면 48세다.

48에서 십단위수인 40은 上卦에 합한다.

단수인 8은 下卦에 합한다

5 上卦數의 합은 10+40=50, 下卦數의 합은 27+8=35다.

6 上卦數와 下卦數를 각각 8로 나눈다.

上卦는 2가 남고, 下卦는 3이 남는다.

2는 兌宮이고, 3은 離宮이니, 澤火革 卦가 된다.

7 動爻는 上卦數 50과 下卦數 35를 합하면 85이다.

85를 6으로 나누면 1이 남는다. 初爻가 動爻다.

澤山咸 ! 澤火革	
官未 // 身 父酉 / 兄亥 / 世 兄亥 / 命 官丑 // 官辰 孫卯 ⅹ 應	癸卯生 庚寅年

- 卯月 卦다.
- 四爻 亥水가 持世하니, 六爻 未土 官爻가 身이다.
- 未土 身을 생년태세 卯가 克하고, 당년태세 寅이 克하는 가운데 空亡이니 眞空이다.
- 亥水 世爻는 생년태세와 당년태세에 休囚되어 無力하다.
- 亥水의 原神인 酉金 父爻가 생년태세에 破를 입고, 당년태세에 絶이 되었다.
- 수채화 같은 시작(詩作)도 여기서 그만인가!

신산 김용연의 **톡톡톡**

우리 일상생활에 영향을 미치는 점술

율곡 선생은 점술(占術)을 산에 있는 도토리나 날밤에 비유(比喩)했다. 도토리나 날밤은 오곡(五穀)에 비유할만한 것은 안 되지만, 중생(衆生)에게는 군것질거리도 되며, 식량이 떨어졌을 때는 대용(代用)할 수도 있다. 날밤이나 도토리는 우리가 생활하는 데 절대 필요한 것은 아니다. 그러나 없는 것보다는 다소 유익(有益)하다는 뜻이다.

庚子生, 朱耀翰

❶ 주요한 ; 1900년 ~ 1979년, 시인
正字法 적용
己未年 (1979년) 身數

❷ 庚子生은 陽生이므로, 간지 후천수를 사용한다.
庚子의 간지 후천수가 91이므로, 91을 上卦數로 한다.

❸ 성명 총획수가 42획이므로, 42를 下卦數로 한다.

❹ 己未年(1979년)이면 80세다.
나이가 이렇게 십단위수로 끝나면 10을 먼저 下卦에 합하고, 나머지 70은 上卦에 합한다.

❺ 上卦數의 합은 91+70=161, 下卦數의 합은 42+10=52다.

❻ 上卦數와 下卦數를 각각 8로 나눈다.
上卦는 1이 남고, 下卦는 4가 남는다.
1은 乾宮이고, 4는 震宮이니, 天雷无妄 卦가 된다.

❼ 動爻는 上卦數 161과 下卦數 52를 합하면 213이다.
213을 6으로 나누면 3이 남는다. 三爻가 動爻다.

天火同人 ! 天雷无妄	
財戌 / 官申 / 孫午 / 世命 父亥 財辰 X 兄寅 // 父子 / 應身	庚子生 己未年

- 卦身은 卯月 卦다.
- 四爻 午火 世가 생년태세 子水의 沖克을 받으니 바람직하지 못하다.
- 三爻에서 辰土 水庫가 發動하여 亥水를 化出하고, 初爻에 있는 身 父爻를 入庫시키니, 凶하다.
- 午火 世爻는 생년태세에 破를 입었는데, 다시 당년태세에 休囚되었다.
- 선생의 命이 己未年에 머무는가!

신산 김용연의 **톡톡톡**

성명학(姓名學) 1

누구나 귀한 자손을 얻었을 때, 소중하고 좋은 이름을 지어주고 싶어한다. 성명(姓名)이 그 사람의 일생(一生)에 얼마나 큰 영향을 주는지는 분명하지 않다. 그러나 0.01%라도 길흉(吉凶)이 영향을 미친다면, 누만금(累萬金)의 비용(費用)을 들여서라도 좋은 이름을 지어주고 싶은 것이 부모의 마음이다. 이러한 부모의 마음을 역이용(逆利用)하여 황당한 유설(謬說)로 사람을 현혹(眩惑)시키는 사이비(似而非)들이 많으니 경계해야 한다.

庚申生, 韓英淑

1 한영숙 ; 1920년 ~ 1989년, 무용가
正字法 적용
己巳年 (1989년) 身數

2 庚申生은 陽生이므로, 간지 후천수를 사용한다.
庚申의 간지 후천수가 99이므로, 99를 上卦數로 한다.

3 성명 총획수가 40획이므로, 40을 下卦數로 한다.

4 己巳年(1989년)이면 70세다.
나이가 이렇게 십단위수로 끝나면 10을 먼저 下卦에 합하고, 나머지 60은 上卦에 합한다.

5 上卦數의 합은 99+60=159, 下卦數의 합은 40+10=50이다.

6 上卦數와 下卦數를 각각 8로 나눈다.
上卦는 7이 남고, 下卦는 2가 남는다.
7은 艮宮이고, 2는 兌宮이니, 山澤損 卦가 된다.

7 動爻는 上卦數 159와 下卦數 50을 합하면 209이다.
209를 6으로 나누면 5가 남는다. 五爻가 動爻다.

風澤中孚 ! 山澤損		
官寅 / 應		庚申生
父巳 財子 ⅹ	命	
兄戌 //		
兄丑 // 世		己巳年
官卯 /	身	
父巳 /		

● 卦身은 申月 卦다.

● 二爻 卯木 身이 생년태세 申金의 克을 받아 힘이 없다.

● 身의 原神이고, 命인 五爻 子水 財爻는 旺動하나, 당년태세 巳火를 化出하여 스스로 絶이 되니, 무기력(無氣力)하다.

● 二爻에 있는 卯木 身이 의지할 곳이 없다.

● 나비와 같이 아름다운 선생의 자태(姿態)를 어디에서 뵐 수 있을 것인가!

신산 김용연의 **톡톡톡**

성명학(姓名學) 2

한번쯤은 들어 보고, 불러 보았을 만한 이름 중에 이순자, 김옥숙, 손명순, 이희호, 권양숙, 김옥길, 김숙희, 김윤옥, 홍기, 공덕귀 등이 있다. 이 이름을 가지고 성명학을 한다는 이들을 찾아가 쓸만한 이름이 있냐고 물어보면, 무엇이라고 대답할까? 다시 말해서, 성명학적 이론으로는 단 하나도 쓸만한 이름이 없다. 그런데 이 이름들은 역대 대통령의 영부인, 유명 대학교 총장, 교육부장관을 지낸 존귀(尊貴)한 분들의 함자(銜字)다.

庚辰生, 李秀正

1 이수정 ; 1940년 ~ 2000년, 문화부장관
正字法 적용
庚辰年 (2000년) 身數

2 庚辰生은 陽生이므로, 간지 후천수를 사용한다.
庚辰의 간지 후천수가 95이므로, 95를 上卦數로 한다.

3 성명 총획수가 19획이므로, 19를 下卦數로 한다.

4 庚辰年(2000년)이면 61세다.
61에서 십단위수인 60은 上卦에 합한다.
단수인 1은 下卦에 합한다.

5 上卦數의 합은 60+95=155, 下卦數의 합은 19+1=20이다.

6 上卦數와 下卦數를 각각 8로 나눈다.
上卦는 3이 남고, 下卦는 4가 남는다.
3은 離宮이고, 4는 震宮이니, 火雷噬嗑 卦가 된다.

7 動爻는 上卦數 155와 下卦數 20을 합하면 175이다.
175를 6으로 나누면 1이 남는다. 初爻가 動爻다.

火地晉 ! 火雷噬嗑	
孫巳 /	庚
財未 // 世命	辰
官酉 /	生
財辰 //	庚
兄寅 // 應身	辰
財未 父子 X	年

- 卦身은 戌月 卦다.
- 卦身이 생년태세와 당년태세 辰에 兩破를 당하니 아름답지 못하다.
- 卦身이 破絶된 것은 卦가 이미 그 기능을 상실(喪失)하였음을 나타낸다.
- 二爻에 있는 寅木 兄爻가 身이다.
- 身의 原神인 子水 父爻가 생년태세와 당년태세의 克을 받고, 당년태세에 入庫되고 動하여 回頭克을 당하니, 身이 무너진 것과 같다.
- 선생의 생전(生前)에 고귀한 인품을 뵙는 것이 여기까지인가!

신산 김용연의 톡톡톡

성명학(姓名學) 3

이것은 그 사람의 환경과 성명 조합으로 이루어진 운명을 예측하지 못한 데 있다. 겉으로 나타난 수리(數理)와 음양오행(陰陽五行)의 배열에 반드시 길흉(吉凶)이 있다는 것은 아니다. 수리나 음양오행의 배열도 중요하지만 가장 중요한 것은 심오(深奧)한 역상(易象)의 운용(運用)이다. 이것을 연구해 세상에 공개한 것이 〈신산성명학 신수요결〉이다.

丙辰生, 李永道

❶ 이영도 ; 1916년 ~ 1976년, 시조시인
正字法 적용
丙辰年 (1976년) 身數

❷ 丙辰生은 陽生이므로, 간지 후천수를 사용한다.
丙辰의 간지 후천수가 75이므로, 75를 上卦數로 한다.

❸ 성명 총획수가 28획이므로, 28을 下卦數로 한다.

❹ 丙辰年(1976년)이면 61세다.
61에서 십단위수인 60은 上卦에 합한다.
단수인 1은 下卦에 합한다.

❺ 上卦數의 합은 75+60=135, 下卦數의 합은 28+1=29다.

❻ 上卦數와 下卦數를 각각 8로 나눈다.
上卦는 7이 남고, 下卦는 5가 남는다.
7은 艮宮이고, 5는 巽宮이니, 山風蠱 卦가 된다.

❼ 動爻는 上卦數 135와 下卦數 29를 합하면 164이다.
164를 6으로 나누면 2가 남는다. 二爻가 動爻다.

艮爲山 ! 山風蠱		
兄寅 / 應		丙辰生
父子 //		
財戌 //	身	
官酉 / 世		丙辰年
孫午 父亥 ╳		
財丑 //	命	

- 卦身은 寅月 卦다.
- 身은 四爻 戌土이고, 命은 初爻 丑土다.
- 身爻 戌土를 생년태세와 당년태세 辰土가 무리를 지어 沖하니 凶하다.
- 모든 占에 原神이 중요하지만, 건강이나 수명을 판단하는 데는, 더욱 비중(比重)을 두어야 한다.
- 그리고 二爻 亥水가 發動, 身의 原神인 午火의 출현을 막는다.
- 적룡(赤龍:丙辰)이 선생을 하늘로 안내하는구나!

신산 김용연의 톡톡톡

문복자의 대다수는 답을 가지고 온다. 1

동생의 병이 위중한 손님이 의원을 찾아왔다. 의원에게 동생의 병세를 상세하게 설명한 뒤, 약 조제를 기다리고 있었다. 의원이 약을 조제하고 있는 동안, 형은 초조한 마음으로 무의식중에 무릎 앞에 있는 먼지를 검지로 동그랗게 쓸어 모았다. 무심히 그것을 바라보던 의원이 약의 조제를 멈추며, "내 약은 자네 동생의 병을 고칠 수 없네. 다른 의원을 찾아가 보게."하고 형을 돌려보냈다. 며칠 후, 형이 의원을 다시 찾아와, "어제 동생의 장례를 치렀습니다."하고 원망이 섞인 소리로 말했다.

辛亥生, 蔡善葉

1 채선엽 ; 1911년 ~ 1987년, 음악가
正字法 적용
丁卯年 (1987년) 身數

2 辛亥生은 陰生이므로, 천간 순위수를 사용한다.
辛의 천간 순위수가 8이므로, 8을 上卦數로 한다.

3 성명 총획수가 44획이므로, 44를 下卦數로 한다.

4 丁卯年(1987년)이면 77세다.
77에서 십단위수인 70은 上卦에 합한다.
단수인 7은 下卦에 합한다.

5 上卦數의 합은 8+70=78, 下卦數의 합은 44+7=51이다.

6 上卦數와 下卦數를 각각 8로 나눈다.
上卦는 6이 남고, 下卦는 3이 남는다.
6은 坎宮이고, 3은 離宮이니, 水火旣濟 卦가 된다.

7 動爻는 上卦數 78과 下卦數 51을 합하면 129이다.
129를 6으로 나누면 3이 남는다. 三爻가 動爻다.

水雷屯 ! 水火旣濟	
兄子 // 應身 官戌 / 父申 // 官辰 兄亥 乂 世命 官丑 // 孫卯 /	辛亥生 丁卯年

● 寅月 卦다.

● 三爻에서 亥水 兄爻가 持世하고 있다.

● 空亡인 亥水 世가 發動하여, 辰土를 化出하고, 化墓에 드는 것이 바람직하지 못하다.

● 神의 경지에 이른 화음(和音)의 솜씨가 천리 밖으로 아련하게 사라져 가는구나!

신산 김용연의 톡톡톡

문복자의 대다수는 답을 가지고 온다. 2

- 그러자 의원이 대답하기를 "그 때 당신이 동생의 무덤을 만들고 있어서, 동생이 죽을 것을 이미 알고 있었네."하였다. 형이 팔짝 뛰면서, "아니 제가 언제 동생의 무덤을 만들었단 말씀이십니까?"하자, 의원은 "그날 자네가 무릎 앞에 있던 먼지를 손가락으로 동그랗게 모았는데, 나는 그것이 동생의 무덤으로 보였네." 하였다.
- 이것은 역술이나 점술에 탁월한 능력이나 감각을 가진 역술인들은 문점(問占)하러 오는 이가 문점하려는 목적과 결과를 함께 가지고 온다는 것을 감지(感知)한다는 것이다.

庚戌生, 崔以順

1 최이순 ; 1910년 ~ 1987년, 교육자
正字法 적용
丁卯年 (1987년) 身數

2 庚戌生은 陽生이므로, 간지 후천수를 사용한다.
庚戌의 간지 후천수가 95이므로, 95를 上卦數로 한다.

3 성명 총획수가 28획이므로, 28을 下卦數로 한다.

4 丁卯年(1987년)이면 78세다.
78에서 십단위수인 70은 上卦에 합한다.
단수인 8은 下卦에 합한다.

5 上卦數의 합은 95+70=165, 下卦數의 합은 28+8=36이다.

6 上卦數와 下卦數를 각각 8로 나눈다.
上卦는 5가 남고, 下卦는 4가 남는다.
5는 巽宮이고, 4는 震宮이니, 風雷益 卦가 된다.

7 動爻는 上卦數 165와 下卦數 36을 합하면 201이다.
201을 6으로 나누면 3이 남는다. 三爻가 動爻다.

風火家人 ! 風雷益

兄卯 / 應
孫巳 / 身
財未 //
父亥 財辰 Ж世
兄寅 // 命
父子 /

庚戌生 丁卯年

- 申月 卦다.
- 辰土 世爻가 생년태세에 破를 당하고, 당년태세에 克을 당하니 이롭지 못하다.
- 世爻 辰土 財爻가 破絶이 되고 動하여, 亥水 父를 化出하였다.
- 變爻가 空亡이면 動爻도 變爻를 따라 잠시 쉬게 된다.
- 생년태세와 당년태세에 破絶된 辰土 世爻가 잠시 쉬게 되니 영면(永眠)하시게 되었다.

신산 김용연의 **톡톡톡**

문복하는 자에 따라 같은 괘도 판단이 다르다. 1

비가 내리는 날 아침에 젊은 부부(夫婦)가 찾아왔다. 부부가 얻은 괘(卦)는 화지진괘(火地晉卦)였다. 화지진은 지상(地上)에 높이 태양이 떠오르는 괘다. 태양은 동서양을 막론하고 자손을 상징한다. 비구름에 태양이 가렸으니, 자손이 학업(學業)에 관심이 부족하다 하였더니, 바로 그 문제로 상담하고 싶어 방문했다고 하였다.

戊午生, 韓戊淑

1 한무숙 ; 1918년 ~ 1993년, 소설가
正字法 적용
癸酉年 (1993년) 身數

2 戊午生은 陽生이므로, 간지 후천수를 사용한다.
戊午의 간지 후천수가 57이므로, 57을 上卦數로 한다.

3 성명 총획수가 34획이므로, 34를 下卦數로 한다.

4 癸酉年(1993년)이면 76세다.
76에서 십단위수인 70은 上卦에 합한다.
단수인 6은 下卦에 합한다.

5 上卦數의 합은 57+70=127, 下卦數의 합은 34+6=40이다.

6 上卦數와 下卦數를 각각 8로 나눈다.
上卦는 7이 남고, 下卦는 0이니 8이 된다.
7은 艮宮이고, 8은 坤宮이니, 山地剝 卦가 된다.

7 動爻는 上卦數 127과 下卦數 40을 합하면 167이다.
167을 6으로 나누면 5가 남는다. 五爻가 動爻다.

風地觀 ! 山地剝

財寅 /
官巳 孫子 X 世
父戌 // 命
財卯 //
官巳 // 應
父未 // 身

戊午生
癸酉年

- 卦身은 戌月 卦다.
- 五爻 子水 世가 생년태세 午火의 破를 당하니 불길하다.
- 당년태세 酉가 生하니 무방한 듯하나, 卦 中에 原神이 없는 것이 안타깝다.
- 卦는 그 자리에 머무나, 日月은 흘러가기 때문이다.
- 子水 世爻가 發動해, 巳火를 化出하여 스스로 絶이 되었다.
- 선생의 命이 희상첨육(稀上添六)이다.

신산 김용연의 톡톡톡

문복하는 자에 따라 같은 괘도 판단이 다르다. 2

- 한 여름, 태양이 이글거리는 날에 중년 여인이 상담을 요청했다. 이 날, 얻은 괘도 화지진괘였다. 이 여인에게 태양은 남편이다. 태양의 기세(氣勢)가 지나쳐, 남편이 태양의 더운 기세를 잠시 피한 것 같다 하였더니, 남편이 가출했다고 하였다.
- 동일(同一)한 괘를 얻었으나, 환경과 시간에 따라 전혀 다른 각도로 판단이 된다. 당신이 탁월한 역술인(易術人)이 되고 싶다면, 바로 이 부분을 깊이 연구해야 한다.

癸卯生, 梁柱東

❶ 양주동 ; 1903년 ~ 1977년, 학자, 시인

小減法 적용

丁巳年 (1977년) 身數

❷ 癸卯生은 陰生이므로, 천간 순위수를 사용한다.

癸의 천간 순위수가 10이므로, 10을 上卦數로 한다.

❸ 성명 총획수가 28획이므로, 28을 下卦數로 한다.

그러나 小減法이 적용되어, 생년(卯)과 같은 오행(木)은 모두 뺀다. 그래서 16획이 下卦數가 된다.

❹ 丁巳年(1977년)이면 75세다.

75에서 십단위수인 70은 上卦에 합한다.

단수인 5는 下卦에 합한다.

❺ 上卦數의 합은 10+70=80, 下卦數의 합은 16+5=21이다.

❻ 上卦數와 下卦數를 각각 8로 나눈다.

上卦는 0이 남고, 下卦는 5가 남는다.

0은 坤宮이고, 5는 巽宮이니, 地風升 卦가 된다.

❼ 動爻는 上卦數 80과 下卦數 21을 합하면 101이다.

101을 6으로 나누면 5가 남는다. 五爻가 動爻다.

水風井 ! 地風升		
官酉 //		癸
財戌 父亥 ⅹ	命	卯
財丑 // 世		生
官酉 /		丁
父亥 /	身	巳
財丑 // 應		年

- 酉月 卦다.
- 四爻 丑土가 持世하여 당년태세의 生扶를 얻어 旺相하다.
- 二爻 亥水가 身, 五爻 亥水는 命이다.
- 身과 命인 亥水 父爻가 생년태세 卯에 休囚되고, 당년태세 巳火에 破를 당해 아름답지 못하다.
- 설상가상(雪上加霜)으로 五爻에서 命이 亥水 父爻를 帶하고 發動, 戌土 財를 化出하여 回頭克이 된다.
- 동양 최고인 수재(秀才)의 命이 여기까지인가!

신산 김용연의 톡톡톡

이것이 신이 내려주는 점술이다.

- 〈神算六爻精解〉는 고전을 번역한 책이 아니다. 다만 필요한 부분을 고전에서 발췌하고, 현대에 맞게 적용하여, 육효를 공부하는 이들에게 도움이 되기 위하여 최선의 노력을 했음을 밝혀둔다.
- 역술(易術)이나 점술(占術)의 궁극적 목적은 흉(凶)을 피하고, 길(吉)을 선택하는 데 있다. 시대의 배경이나 필요한 조건을 참고하여, 현재 처한 상황을 잘 이해해야 앞일(未來事)을 묻는 이들에게 시원한 대답을 해 줄 수 있다.
- 요즘 서점가에 가면 고서의 번역물이 난무하고 있으며, 무슨 특별한 비전인 것처럼 과대 포장된 책이 많다. 후학들을 위하여 일러둔다. 고전은 읽어 볼만한 가치가 있고, 학문을 위한 사람에게는 대단히 중요한 책이지만, 역술을 전문으로 하는 사람에게는 고전을 능가하는 임상에 강한 것이 좋은 책이다.

乙巳生, 柳珍山

1 유진산 ; 1905년 ~ 1974년, 정치인

大減法 적용

甲寅年 (1974년) 身數

2 乙巳生은 陰生이므로, 천간 순위수를 사용한다.

乙의 천간 순위수가 2이므로, 2를 上卦數로 한다.

3 성명 총획수가 22획이므로, 22를 下卦數로 한다.

그러나 대감법이 적용되어, 한 글자가 같은 오행으로 구성된 자획은 제외한다. '柳' 자는 木과 卯로 구성되어 있다. 木과 卯는 木으로 같은 五行이니, '柳' 자를 제외하면 13획이 된다. 그래서 13획을 下卦數로 한다.

4 甲寅年(1974년)이면 70세다.

나이가 이처럼 십단위수로 끝나면 10을 먼저 下卦에 합하고, 나머지 60은 上卦에 합한다.

5 上卦數의 합은 2+60=62, 下卦數의 합은 13+10=23이다.

6 上卦數와 下卦數를 각각 8로 나눈다.

上卦는 6이 남고, 下卦는 7이 남는다.

6은 坎宮이고, 7은 艮宮이니, 水山蹇 卦가 된다.

7 動爻는 上卦數 62와 下卦數 23을 합하면 85이다.

85를 6으로 나누면 1이 남는다. 初爻가 動爻다.

水火旣濟 ! 水山蹇

```
      孫子 //   命    乙
      父戌 /          巳
      兄申 // 世      生
      兄申 /    身    甲
      官午 //         寅
財卯  父辰 X 應       年
```

● 酉月 卦다.

● 三爻 申金 兄爻가 身이고, 六爻 子水 孫爻가 命이다.

● 四爻에서 申金 兄爻가 持世하고 있다.

● 생년태세 巳火가 克하고, 당년태세 寅木이 破하니 아름답지 못하다.

● 그리고 初爻에서 原神 辰土가 發動, 回頭克을 당한다.

● 사자후(獅子吼)를 토(吐)하던 대 정치인(大 政治人)도 옥계(玉溪)를 건너가시게 되었다.

신산 김용연의 톡톡톡

천시점(天時占) 1

- 천시점(天時占)은 육친(六親)으로 맑음, 태양, 비, 구름, 바람으로 분별한다.
- 부모는 항상 번민해야 하고 자식에 대한 사랑은 조건이 없다. 그리고 하늘에서 비가 내리는 것은 지상에 있는 모든 중생에 대한 사랑이다. 그래서 부(父)를 비(雨)로 판단한다.
- 자손의 성장 과정을 바라보는 부모의 마음은 항상 밝은 희망에 차 있다. 그래서 자손(子孫)을 태양에 비유하여 판단한다.

戊申生, 崔眞實

❶ 최진실 ; 1968년 ~ 2008년, 탤런트, 배우
正字法 적용
戊子年 (2008년) 身數

❷ 戊申生은 陽生이므로, 간지 후천수를 사용한다.
戊申의 간지 후천수가 59이므로, 59를 上卦數로 한다.

❸ 성명 총획수가 36획이므로, 36을 下卦數로 한다.

❹ 戊子年(2008년)이면 41세다.
41에서 십단위수인 40은 上卦에 합한다.
단수인 1은 下卦에 합한다.

❺ 上卦數의 합은 59+40=99, 下卦數의 합은 36+1=37이다.

❻ 上卦數와 下卦數를 각각 8로 나눈다.
上卦는 3이 남고, 下卦는 5가 남는다.
3은 離宮이고, 5는 巽宮이다. 火風鼎 卦다.

❼ 動爻는 上卦數 99와 下卦數 37을 합하면 136이다.
136을 6으로 나누면 4가 남는다. 四爻가 動爻다.

山風蠱 ! 火風鼎		
兄巳 / 身		戊申生
孫未 // 應		
孫戌 財酉 X		
財酉 / 命		戊子年
官亥 / 世		
孫丑 //		

- 丑月 卦다.
- 二爻에서 亥水 官爻가 持世했는데, 생년태세와 당년태세가 生扶하니, 亥水 世爻가 旺相하다.
- 世爻가 旺相하다는 것은 현재 내 주위환경이 탄탄하다는 의미다.
- 身은 당주(堂主)의 몸, 즉 자신을 나타낸다.
- 六爻 巳火 兄爻가 身爻가 되는데, 생년태세 戊申에 生扶를 얻지 못하고, 당년태세 子水의 克을 받으니 凶하다.
- 우리의 연인(戀人)이 만인(萬人)의 심금(心琴)을 울렸다.

신산 김용연의 톡톡톡

천시점(天時占) 2

- 형제는 무리를 지어 놀기를 좋아한다. 그래서 형제(兄弟)를 바람(風)으로 판단한다.
- 재(財)는 처(妻)다. 사내가 처를 맞아들이는 것은 큰 즐거움이다. 그래서 재(財)를 청명(淸明)으로 판단한다.
- 남편은 가족의 생활을 책임져야 하며, 가족을 위해 항상 자신감에 넘치는 행동을 해야 가족이 신뢰한다. 관(官)을 우레(雷)로 보는 연유(緣由)다.

庚申生, 張自然

1 장자연 ; 1980년 ~ 2009년, 모델, 배우
正字法 적용
己丑年 (2009년) 身數

2 庚申生은 陽生이므로, 간지 후천수를 사용한다.
庚申의 간지 후천수가 99이므로, 99를 上卦數로 한다.

3 성명 총획수가 29획이므로, 29를 下卦數로 한다.

4 己丑年(2009년)이면 30세다.
나이가 이처럼 십단위수로 끝나면 10을 먼저 下卦에 합하고, 나머지 20은 上卦에 합한다.

5 上卦數의 합은 99+20=119, 下卦數의 합은 29+10=39다.

6 上卦數와 下卦數를 각각 8로 나눈다.
上卦는 7이 남고, 下卦는 7이 남는다.
7은 艮宮이니, 艮爲山 卦가 된다.

7 動爻는 上卦數 119와 下卦數 39를 합하면 158이다.
158을 6으로 나누면 2가 남는다. 二爻가 動爻다.

山風蠱！艮爲山	
官寅 / 世命	庚申生
財子 //	
兄戌 //	
孫申 / 應身	己丑年
財亥 父午 X	
兄辰 //	

- 巳月 卦다.
- 六爻에서 寅木 官爻가 持世했는데, 생년태세의 破를 당했다.
- 당년태세인 己丑年의 도움도 없다.
- 破는 본시(本是) 소멸이나 부서짐을 의미한다.
- 내 위치가 무너지고 부서졌다 하겠다.
- 艮은 山을 나타내는데, 艮과 艮이 겹쳐 卦를 이루니, 산 위에 또 산을 만든 것과 같다.
- 전도(前途)가 밝은 예쁜 꽃 한 송이가 흉한 이리떼의 발굽에 밟혀 자연으로 귀환했다.

신산 김용연의 **톡톡톡**

천시점(天時占) 3

- 구름은 본시 수(水)에 속하니, 구름을 부(父)로 판단하기도 한다. 대개의 고전(古典)에 이렇게 되어 있다. 그러나 필자(筆者)는 견해(見解)를 달리해서, 구름에서 비가 내리므로, 구름을 관(官)으로 구분 지었다. 후학들은 참고하기 바란다.
- 필자가 최초로 구름을 관으로 판단한다고 〈神算六爻·이것이 귀신도 곡하는 점술이다〉에 명시(明示)하였다. 필자의 이론을 허락없이 게재한 책을 접하였는데, 유감(遺憾)스럽다.

壬子生, 金日成

1 김일성 ; 1912년 ~ 1994년, 북한 정치 지도자
正字法 적용
甲戌年 (1994년) 身數

2 壬子生은 陽生이므로, 간지 후천수를 사용한다.
壬子의 간지 후천수가 11이므로, 11을 上卦數로 한다.

3 성명 총획수가 19획이므로, 19를 下卦數로 한다.

4 甲戌年(1994년)이면 83세다.
83에서 십단위수인 80은 上卦에 합한다.
단수인 3은 下卦에 합한다.

5 上卦數의 합은 11+80=91, 下卦數의 합은 19+3=22다.

6 上卦數와 下卦數를 각각 8로 나눈다.
上卦는 3이 남고, 下卦는 6이 남는다.
3은 離宮이고, 6은 坎宮이니, 火水未濟 卦다.

7 動爻는 上卦數 91과 下卦數 22를 합하면 113이다.
113을 6으로 나누면 5가 남는다. 五爻가 動爻다.

	天水訟！火水未濟		
	兄巳 / 應		壬
財申	孫未 ∦		子
	財酉 /	命	生
	兄午 // 世		甲
	孫辰 /		戌
	父寅 //	身	年

- 火水未濟 卦는 申月 卦다.
- 卦身이 空亡이 된다.
- 三爻에서 午火 兄爻가 持世하고, 생년태세 子의 破를 당해 크게 凶하다.
- 그리고 다시 당년태세 戌年에 入墓된다.
- 甲戌年에 역사의 한 획을 긋게 되었다.

신산 김용연의 **톡톡톡**

당사주(唐四柱) 1

경찰서 정보과에 근무하던 가깝게 지내던 한 분이 지나가던 길에 들려 나눈 이야기다. 평소에 역학에 관심이 많아, 사주명리학(四柱命理學)에도 조예가 깊고, 관상학(觀相學)에도 일가견(一家見)이 있는 분이다. "선생님, 제가 생각하기에는 사주명리학보다는 당사주(唐四柱)가 더 신뢰가 가는 것 같은데 어떻게 생각하십니까?" 하고 물어 본다. 사주명리학을 연구하는 사람들에게는 황당하고 어처구니없는 소리일 것이다. 그러나 깊이 생각해 볼 문제다.

丙戌生, 盧武鉉

1. 노무현 ; 1946년 ~ 2009년, 대한민국 제16대 대통령
   小滅法 적용
   己丑年 (2009년) 身數

2. 丙戌生은 陽生이므로, 간지 후천수를 사용한다.
   丙戌의 간지 후천수가 75이므로, 75를 上卦數로 한다.

3. 성명 총획수가 37획이므로, 37을 下卦數로 한다.
   그러나 丙戌生이므로, '盧' 자에서 土에 해당하는 '田' 을 제외하니 32획이 된다. 그래서 32를 下卦數로 한다.

4. 己丑年(2009년)이면 64세다.
   64에서 십단위수인 60은 上卦에 합한다.
   단수인 4는 下卦에 합한다.

5. 上卦數의 합은 75+60=135, 下卦數의 합은 32+4=36이다.

6. 上卦數와 下卦數를 각각 8로 나눈다.
   上卦는 7이 남고, 下卦는 4가 남는다.
   7은 艮宮이고, 4는 震宮이다. 山雷頤 卦가 된다.

7. 動爻는 上卦數 135와 下卦數 36을 합하면 171이다.
   171을 6으로 나누면 3이 남는다. 三爻가 動爻가 된다.

山火賁 ! 山雷頤	
兄寅 / 父子 // 身 財戌 // 世 父亥 財辰 X 兄寅 // 命 父子 / 應	丙戌生 己丑年

● 山雷頤 卦는 酉月 卦다.

● 四爻에서 생년태세 戌土 財爻가 持世하고, 丑年이 도우니 世爻가 旺하다.

● 그러나 世爻의 原神인 巳火 孫이 二爻에 은복(隱伏)되고, 日月의 生扶가 없어 無力하다.

● 身은 五爻이고, 命은 二爻다.

● 身은 五爻와 初爻에 交重되어 있는데, 생년태세와 당년태세의 克을 입으니 大凶하다.

● 命도 二爻와 六爻에 交重되어 있다.

● 命의 原神인 子水 父爻가 제 위치를 지키지 못하니, 命도 無力하다.

● 四爻와 三爻만 유기(有氣)할 뿐, 나머지 爻는 休囚敗絶되었다.

● 설상가상(雪上加霜)으로 三爻에서 辰土 水庫가 旺動하여, 五爻에 있는 身爻인 子水 父爻를 入墓시키니, 온 국민을 오열 속에 잠기게 했다.

신산 김용연의 톡톡톡

당사주(唐四柱) 2

- 당사주는 사주명리학에 비해 적중률이 떨어지나, 십년 뒤에 오나, 이십년 뒤에 와서 물어도 그 내용이 일목요연(一目瞭然)하다. 그러나 사주로 판단하는 사람은 보름이나 한 달 뒤에 와서, 다시 물어보면 전혀 다른 판단을 하는 이가 간혹 있다. 그래서 이러한 이야기가 나오는 것이다.
- 사주는 총 518400조다. 남녀가 대운을 보는 방식이 다르니 1036800조다. 우리나라 인구는 남북한을 통털어 75,000,000만명 정도다. 대략 70명이 같은 사주다. 같은 사주라도 환경이나 교육하는 방식에 따라 전혀 다른 인격체로 성장한다. 생년월일시가 같다 하여 살아가는 모습이 같은 것은 아니다. 명리학을 심도 있게 연구하려면 이런 점도 깊이 새겨 참고해야 한다.

乙卯生, 鄭周永

❶ 정주영 ; 1915년 ~ 2001년, 기업인
正字法 적용
辛巳年 (2001년) 身數

❷ 乙卯生은 陰生이므로, 천간 순위수를 사용한다.
乙의 천간 순위수가 2이므로, 2를 上卦數로 한다.

❸ 성명 총획수가 32획이므로, 32를 下卦數로 한다.

❹ 辛巳年(2001년)이면 87세다.
87에서 십단위수인 80은 上卦에 합한다.
단수인 7은 下卦에 합한다.

❺ 上卦數의 합은 80+2=82, 下卦數의 합은 7+32=39다.

❻ 上卦數와 下卦數를 각각 8로 나눈다.
上卦는 2가 남고, 下卦는 7이 남는다.
2는 兌宮이고, 7은 艮宮이니, 澤山咸 卦가 된다.

❼ 動爻는 上卦數 82와 下卦數 39를 합하면 121이다.
121을 6으로 나누면, 1이 남는다. 初爻가 動爻다.

澤火革 ! 澤山咸	
父未 // 應命 兄酉 / 孫亥 / 兄申 / 世身 官午 // 財卯 父辰 X	乙卯生 辛巳年

● 澤山咸은 卦身이 寅月 卦다.

● 三爻에 있는 申金 兄爻가 持世하며, 身과 동행(同行)한다.

● 申金 兄爻가 생년태세에 休囚絶이 되고, 당년태세 辛巳年에 克을 당하고, 空亡이 되니 眞空이다.

● 더욱 불미(不美)한 것은 初爻에 있는 辰土 父爻가 動하여 世爻를 구원하고자 하나, 생년태세가 回頭克을 하니 속수무책(束手無策)이다.

● 우리 민족에게 희망과 근면을 일깨워준 큰 산이 이렇게 허망한가!

신산 김용연의 **톡톡톡**

육수(六獸)와 신살(神殺)도 볼 때는 봐야 한다.

육효를 공부하면서 대부분의 학생들이 육수(六獸)나 신살(神殺)을 먼저 익혀, 쉽게 점사를 판단하려 한다. 그래서 필자(筆者)가 강의 중에 보편적인 점사에서는 육수나 신살에 비중을 두어서는 안 된다고 하였더니, 아예 육수와 신살을 무시(無視)해 버리는 경향이 있는데, 이 또한 올바른 자세가 아니다. 육효에 능통하지 않은 사람이 보기 어려운 음택(陰宅)이나 양택(陽宅)에 관한 점에서는 육수와 신살의 적용이 절대적이니 참고하기 바란다.

癸亥生, 金大中

1 김대중 ; 1924년 ~ 2009년, 대한민국 제15대 대통령
正字法 적용
己丑年 (2009년) 身數

2 癸亥生은 陰生이므로, 천간 순위수를 사용한다.
癸의 천간 순위수가 10이므로, 10을 上卦數로 한다.

3 성명 총획수가 15획이므로, 15를 下卦數로 한다.

4 癸亥生이 己丑年에는 87세다.
십단위수인 80은 上卦數에 합한다.
단수인 7은 下卦數에 합한다.

5 上卦數의 합은 10+80=90, 下卦數의 합은 15+7=22다.

6 上卦數와 下卦數를 각각 8로 나눈다.
上卦는 2가 남고, 下卦는 6이 남는다.
2는 兌宮이고, 6은 坎宮이니, 澤水困 卦가 된다.

7 動爻는 上卦數 90과 下卦數 22를 합하면 112다.
112를 6으로 나누면, 4가 남는다. 四爻가 動爻다.

坎爲水！澤水困

父未 // 命
兄酉 /
兄申 孫亥 乂 應
官午 // 身
父辰 /
財寅 // 世

癸亥生 己丑年

- 卦身은 午月 卦다.
- 初爻에 寅木 財가 持世한 가운데 생년태세의 生扶를 받고, 四爻에서 亥水 孫爻가 動해서 世爻를 生하여 주니 크게 좋아 보인다.
- 그러나 자세히 살펴보면, 이 卦의 身은 三爻에 있는 午火 官鬼이며, 命은 六爻에 있는 未土 父다.
- 身은 생년태세의 克을 받고 空亡을 만나니 眞空이며, 命도 생년태세에 休囚되어 日破를 맞고 空亡이 되니 眞空이다.
- 世는 내 위치이고, 應은 처해 있는 환경이나 배경이다.
- 身은 내 몸이고, 命은 내가 가는 길이다.
- 내 위치나 배경이 아무리 좋아도, 내 몸과 내가 가는 길이 무너지는 것을 무슨 수로 견디겠는가.
- 민주화의 등불도 세월의 바람에 빛을 잃는구나!

신산 김용연의 톡톡톡

신산(神算)이 말하는 비전(秘傳)이란?

세상에 존재하는 모든 분야를 공부하는 데 좋은 책은 있어도, 특별한 비전을 담은 책은 없다. 역학을 공부하는 자 또는 미래예측학을 연구하는 사람 중에 비전을 찾는 사람이 간혹 있으며, 비전을 파는 사람도 가끔 보게 된다. 그 비전이 특별하다면 그 책을 소유한 사람이 우선 사용해야 하며, 그 책을 소유한 사람이 내용을 해독(解讀)하지 못한다면, 여러분도 그 책을 해독하지 못한다. 비전은 오로지 노력과 연구, 그리고 경험에서 나온다는 것을 명심하라.

辛巳生, 金正日

1 김정일 ; 1941년 ~ 2011년, 북한 정치 지도자
小減法 적용
辛卯年 (2011년) 身數

2 辛巳生은 陰生이므로, 천간 순위수를 사용한다.
辛의 천간 순위수가 8이므로, 8을 上卦數로 한다.

3 성명 총획수가 17획이므로, 17을 下卦數로 한다.
그러나 辛巳生이므로, 오행 火에 해당하는 '日'자를 제외하니 13획이 된다. 그래서 13획을 下卦數로 한다.

4 辛卯年(2011년)이면 71세다.
71에서 십단위수인 70은 上卦에 합한다.
단수인 1은 下卦에 합한다.

5 上卦數의 합은 8+70=78, 下卦數의 합은 1+13=14다.

6 上卦數와 下卦數를 각각 8로 나눈다.
上卦는 6이 남고, 下卦도 6이 남는다.
6은 坎宮이다. 坎爲水 卦가 된다.

7 動爻는 上卦數 78과 下卦數 14를 합하면 92다.
92를 6으로 나누면 2가 남는다. 二爻가 動爻다.

水地比 ! 坎爲水	
兄子 // 世	辛巳生
官戌 /	
父申 // 命	
財午 // 應	辛卯年
財巳 官辰 ✕	
孫寅 // 身	

- 卦身은 亥月 卦다.
- 六爻에서 子水 兄爻가 持世하나, 생년태세에 絶이 되고, 당년태세 辛卯年에 休囚된다.
- 四爻에 있는 申金 父爻가 世爻의 原神인데, 생년태세에 克을 받고, 卯年에 絶이 되니 凶하다.
- 엎친 데 덮친 격으로 二爻에서 辰土 官鬼가 旺動하여 世爻와 卦身을 入庫시킨다.
- 절대 권력자도 세월 앞에서는 무력하구나!

신산 김용연의 **톡톡톡**

사주(四柱)는 수학(數學)이 아니다.

사주를 수학 방정식에 비유하는 사람이 많다. 그러나 애석하게도 인간이 살아가는 데는 번외(番外)의 수가 너무 많아 방정식이 될 수 없다. 일부 역술인들 중 손님과의 상담 자료를 모으는 사람이 있는데, 그런 사람 중에서 탁월한 재능을 가진 역술인을 본 적이 없다.

〈후기〉

2002년 초 〈神算六爻 · 이것이 神이 내려주는 점술이다〉가 출판된 지도 벌써 10년이 지났습니다. 당시만 해도 지금과 달리 시중에 나와 있는 육효 관련 책은 몇 권 되지 않았습니다. 더욱이 누구나 육효를 쉽게 이해하고 배울 수 있는 책은 없었다고 해도 과언이 아닙니다. 이 책은 2001년 출판한 〈신산육효 · 이것이 귀신도 곡하는 점술이다〉와 함께 그동안 많은 이를 육효의 세계로 이끌고 육효를 대중화하는 데 큰 역할을 했다고 자부합니다.

육효는 원래 중국에서 발전한 역학의 한 분야입니다. 대표적인 육효 고전(古典)으로는 청나라 때 발간된 〈증산복역(增刪卜易)〉과 〈복서정종(卜筮正宗)〉이 있습니다. 국내에는 복서정종이 먼저 번역돼 나오고, 훨씬 뒤에 증산복역이 번역출판됐습니다. 그러나 두 고전만 하더라도 애매한 내용이 더러 있을 뿐 아니라, 두 고전의 이론이 서로 다른 부분도 있습니다. 육효 초학자로서는 참으로 헷갈리는 일이 아닐 수 없습니다.

김용연 선생님은 이런 육효 고전과 수십년간의 실전 경험을 바탕으로 '신산육효'를 정립했습니다. 그리고 초학자가 굳이 어려운 고전을 읽지 않더라도 육효를 쉽게 배울 수 있도록 출판을 통해 신산육효 이론을 과감하게 공개했습니다. 지금까지 저술한 세 권의 책에는 육효의 일반 이론은 물론 다른 어떤 육효 책에서는 접할 수 없는 '비결(秘訣)'도 들어 있습니다.

이번에 내놓는 〈神算六爻·이것이 神이 내려주는 점술이다〉의 개정증보판인 〈神算六爻精解〉는 기존 내용을 많이 보완하고 더 체계화해 육효를 보다 효율적으로 배울 수 있도록 했습니다. 초학자라도 이 책의 내용만 제대로 익히면 실력이 전문가 수준으로 훌쩍 뛰어오를 수 있을 것입니다. 육효고전과 신산육효 이론의 차이도 분명히 알 수 있습니다.

육효는 육효학이라고도 하고 육효점이라고도 합니다. 역학(易學)이면서 역술(易術)이라는 얘기입니다. 육효를 배운 역술인이라면 일단 미래 예측이 적중해야 합니다. 예측의 적중률을 높이기 위해서는 육효의 학문적 이론이 뒷받침돼야 합니다. 육효 이론이 탄탄하지 않으면 결코 '족집게 도사' 가 될 수 없습니다. 물론 역술인 나름대로 '육효신(六爻神)' 이나 '하늘' 과의 교감이 필요한 것은 말할 나위가 없습니다.

후학을 위해 수십년간 쌓은 경험과 비결을 공개한 김용연 선생님이야말로 이 시대 역학 · 역술계의 귀감이 아닐 수 없습니다. 많은 이가 이 책을 통해 육효의 오묘한 맛을 만끽할 수 있기를 바랍니다.

2012년 12월 신산육효 연구회

노응근

神算 金用淵 先生 講義 案內

신산육효연구회에서는 상담 경력 40여년의 풍부한 경험과 사안별 예단하는 육효 단시점, 인간의 길흉화복과 운명감정에 독보적 입신의 경지에 이르신 神算선생님을 모시고, 역학에 입문하시려는 초학자 분들을 위하여 아래와 같이 강의 개설을 안내합니다.

선생님은 역학의 신비화와 혹세무민 비전을 찾는 그릇된 형태를 늘 경계하고 올바른 역술인으로서의 양식을 늘 강조하신 분으로 현재 많은 제자들이 육효학의 대가로 활동하고 있습니다.

동양철학의 전문지식을 습득하여 자신이나 타인의 운명을 분석하여 부부 및 자식관계 · 직장 · 사업 · 재물 · 건강 등 인생전반에 걸쳐서 삶의 방향과 방책을 제시해 주는 전문가를 양성하는 교육과정입니다.

신산육효학 · 신상상법(관상학) · 명리학 강좌 안내

교육참가대상

- 전문 상담실 개업을 희망하시는 분, 일반인.
- 직업 전환을 원하시는 직장인 · 자영업자 또는 자신의 진로와 미래에 대해 확신을 갖고 싶거나 관심이 많으신 분
- 자신의 현재 직업에 응용할 분.(부동산관련 종사자 · 펀드매니저 · 한의사 · 의사 · 약사 · 풍수지리 · 결혼매니저 · 진학상담교사 · 인사 및 노무 관리자)

수강기간 : 실전반으로 6개월. (각 과목별)

강의일시 : 매주 2회, 1시간씩. (각 과목별)

장　　소 : 신산육효연구회

문의전화 : 02-554-9898